JN422335

셰익스피어의

명구와 명대사

김종환 편역

편역자의 말

수많은 작품을 통해 셰익스피어가 창조한 인물들은 마치 우리 곁에서 함께 숨쉬는 실존 인물처럼 존재한다. 햄릿이 그러하고, 오셀로, 이아고, 데스데모나, 맥베스, 리어왕, 코델리어, 로미오, 줄리엣, 포셔와 샤일록이 그러하다. 햄릿은 생각이 너무 많아 행동하지 못하는 인물로, 오셀로는 질투심에 사로잡힌 연인의 표상으로, 맥베스는 야심에 사로잡혀 악을 자행하는 인물로, 리어는 성급한 성격으로 인해 판단을 흐리는 인물의 전형으로 우리의 기억 속에 남아 있다. 또한 로미오와 줄리엣은 사랑을 위해 죽음도 아랑곳하지 않는 청춘남녀의 전형으로 각인되어 있다. 그러나 셰익스피어를 우리 기억 속에 강력하게 각인시키고 그를 불멸의 작가로 만들어주는 것은 사상의 깊이나 인물의 창조라기보다는 그가 여러 작품에서 보여준 명구와 명대사들이다.

셰익스피어는 맥베스의 입을 통해 "인생은 걸어 다니는 그림자"(life's but a walking shadow)라고 말하고, 제이퀴즈의 입을 통해 "이 세상 모두가 하나의 무대"(all the world's a stage)요, 모든 인간은 배우일 뿐이라고 말한다. "관절이 어긋난 세상"(the time is out of joint)에서 살아가는 햄릿을 통해 그는 이 세상을 "잡초만 무성한 정원"(unweeded garden)이라고 말한다. 그는 또한 햄릿의 입을 통해 "인간이란 얼마나 멋진 걸작인가"(what a piece of work is a man!)를 노래하지만, 요정 퍽을 통해서는 "인간들은 어찌 그리 바보들인가"(what fools these mortals be)라고 반문한다. "시저를 덜 사랑해서가 아니라, 로마를 더 사랑"하기에 시저를 죽였다는 브루터스의 입을 통해 셰익스피어는 "인간만사엔 조수가 있는 법"(there is a tide in the affairs of men)이라고 충고하고, 클레오파트라의 입을 통해 "헤아릴 수 있는 사랑"(the love that can be reckoned)은 이미 사랑이라 할 수 없다고 주장한다. 이처럼 셰익스피어가 등장인물들을 통해 들려주는 명대사들은 서구인들의 일상생활에 깊이 파고들어 여전히 사람들의 입에 회자되고 있다.

셰익스피어에 심취한 수많은 작가들이 셰익스피어 작품에서 문구를 따와 자신들의 작품 제목으로 삼았다. 버지니아 울프(Virginia Woolf)는 "소네트 116"에서 『진실한 영혼들의 결혼』(*A Marriage of True Minds*)이란 작품 제목을 따왔고, 조지 브룩스(George Brookes)는 『당신 좋으실대로』에서 『이 세상 모두가 하나의 무대』(*All the World's a Stage*)라는 제목을 가져왔다. 특히 맥베스의 독백은 많은 작가들의 주목을 받았는데, 윌리엄 포크너(William Faulkner)는 『헛소리와 분노』(*The Sound and the Fury*)라는 제목을, 맥린(A. MacLean)은 『죽음으로 가는 길』(*The Way to Dusty Death*)이란 제목을, 말콤 에반스(Malcolm Evans)는 『아무런 의미도 없는 것』(*Signifying Nothing*)이란 제목을, 헉슬리는(Aldous Huxley)는 『단명한 촛불』(*Brief Candles*)이란 제목과 『내일, 내일, 그리고 또 내일』(*Tomorrow and Tomorrow and Tomorrow*)이란 제목을 맥베스의 독백에서 따왔다. 헉슬리는 또한 『햄릿』으로부터 『삶의 굴레』(*Mortal Coils*)라는 제목을, 『폭풍우』으로부터 『멋진 신세계』(*Brave New World*)란 제목을 가져왔다.

속담처럼 되어버린 많은 구절들, "번쩍이는 것이 다 금은 아니다"(all that glisters is not gold), "간결함은 지혜의 정수"(brevity is the soul of wit),

"개발에 편자"(caviar to the general), "끝이 좋으면 모두 좋다"(all's well that ends well), "엎지른 물을 다시 담을 순 없다"(what's done cannot be undone), "쥐구멍에도 볕들 날이"(dog will have his day), "뭐가 뭔지를 몰라"(it's greek to me) 등의 표현도 셰익스피어의 것이다. 또한 그는 명예를 "영혼의 귀한 보석"(immediate jewel of souls), 청춘을 "풋내기 시절"(salad days), 질투를 "녹색 눈빛의 괴물"(the green-eyed monster), 사랑을 "한숨으로 이루어진 연기"(a smoke made with the fume of sighs), 이별을 "달콤한 슬픔"(sweet sorrow)이라고 말함으로써 수많은 멋진 표현들을 만들어 냈다. "달콤한 독약"(sweet poison), "창백한 불꽃"(pale fire), "잔인한 것도 다 애정 탓"(cruel only to be kind), "복수처럼 달콤한 키스"(a kiss, as sweet as revenge) 등과 같은 기상천외의 어구도 셰익스피어의 것이다. 셰익스피어는 수많은 등장인물들의 명대사를 통해 언어를 자유자재로 요리하여 우리에게 성찬을 제공한다. 그러므로 셰익스피어를 언어의 마술사라고 칭하는 것도 무리는 아니다.

학술적인 참조가 용이하도록 명구와 명대사를 주제별로 23개 항목으로 분류하며, 말미에는 표제어의 작품별 분류를 부가한다. 원문과 원문의 행수는 리버사이드(Riverside)판 셰익스피어를 따르며, 제시된 행수는 표제어의 행을 말한다. 번역에 가장 도움이 되었던 책은 김재남, 신정옥, 이태주 교수의 번역서이다. 셰익스피어가 제공하는 언어의 성찬을 나의 가족뿐만 아니라, 독자들도 함께 즐기기를 기대한다.

2008년 2월

김 종 환

일러두기

- ⊙ 원문과 원문의 행수는 리버사이드(Riverside)판 셰익스피어를 따른다.
- ⊙ 셰익스피어 등장인물명은 『셰익스피어 연극 사전』(2005)을 따른다.
- ⊙ 본문에 명기된 작품의 막과 장, 그리고 행은 표제어가 포함된 행이다.
- ⊙ 표제어는 주제별로 배열하고, 작품별 표제어 목록은 권말에 부가한다.
- ⊙ 원문의 과거형 'd는 모두 ed로 수정했고, th'는 the로, i' the는 in the로, o' th'는 of the로, e'er는 ever로, o'er는 over로 수정했다.
- ⊙ 표제 항목 선정에 가장 도움이 되었던 책은 R. Foakes의 *The Columbia Dictionary of Quotations from Shakespeare* (1998), L. Marder의 *Speak the Speech: the Shakespeare Quotation Book* (1994), Michael Macrone이 편집한 *Brush Up Your Shakespeare* (1990)와 The *Timeless Wisdom of Shakespeare* (1996)이다.

차례

표제 문구 목록 (주제별)

01 | 세상은 무대

02 | 세상과 세태

03 | 인생과 인생무상

04 | 인생과 처세

06 | 삶과 죽음

07 | 인간이란?

08 | 인간의 마음

09 | 근심과 고통

10 | 기쁨과 슬픔

11 | 운명과 신

12 | 선과 악

13 ｜ 진실과 허위

14 | 말과 행동

15 | 명예와 수치

16 ㅣ 음악과 시, 연극

17 ㅣ 사랑과 격정

17-04 헤아릴 수 있는 사랑은 The Love That Can Be Reckoned
17-05 분에 넘치는 사랑 Unmatched Love
17-06 사랑을 가로막는 장애물 Impediments in Fancy's Course
17-07 최대 결점은 사랑에 빠진 것 The Worst Fault Is to Be in Love
17-08 사랑의 날카로운 화살 Love's Keen Arrows
17-09 첫눈에 반한 사랑 Love at First Sight
17-10 사랑을 배우기 전에 Ere I Learn Love
17-11 한 순간 즐기는 향기일 뿐
The Perfume and Suppliance of a Minute
17-12 상사병 Ecstasy of Love
17-13 진리가 거짓이 아닌가를 의심 Doubt Truth to Be a Liar
17-14 여자의 사랑처럼 As Woman's Love
17-15 사랑이 깊으면 Where Love Is Great
17-16 한창 시절의 불길 같던 욕정 The Hey-day in the Blood
17-17 이글거리는 청춘의 불꽃 Flaming Youth
17-18 잔인한 것도 다 애정 탓 Cruel Only to Be Kind
17-19 사랑의 양 Quantity of Love
17-20 사랑은 시를 짓게 한다 Love Hath Taught Me to Rhyme
17-21 사랑하는 사람의 눈 A Lover's Eyes
17-22 어린애처럼 변덕스런 Wanton as a Child
17-23 사랑한다고 말할 땐 If You Speak Love
17-24 미인은 마녀 Beauty Is a Witch
17-25 사랑이 날 굴로 변하게 할지도
Love May Transform Me to an Oyster
17-26 큐피드의 화살 Cupid's Arrows
17-27 새로운 사랑의 맹세 Love's Bonds New-made
17-28 사랑은 눈먼 봉사 Love Is Blind

18 | 연인과 질투

19 | 남성과 여성

20 | 결혼과 부부

21 | 부모와 자식

22 | 돈과 재물

23 | 기 타

23-20 까닭도 이유도 없어 Neither Rhyme nor Reason
23-21 당당하게 싸워 Strive Mightily
23-22 오싹하게 해줄까? Cold Comfort
23-23 견고한 망대 A Tower of Strength
23-24 도대체 뭐지 What the Dickens
23-25 공기처럼 가벼운 것도 Trifles Light as Air
23-26 살 1파운드 A Pound of Flesh
23-27 죽어라, 죽어 Dead, For a Ducat
23-28 쥐구멍에도 볕들 날이 Dog Will Have His Day
23-29 뭐가 뭔지를 몰라 It's Greek to me
23-30 파문 의식 Bell, Book and Candle
23-31 충분한 여유 Elbow Room
23-32 천둥과 번개가 치고 비가 내릴 때 In Thunder, Lightning, or in Rain
23-33 단검의 환상 A Dagger of Mind
23-34 거기에 그런 소문이? Sits the Wind in That Corner?
23-35 매우 건강한 As Sound as a Bell
23-36 음악 속에 사라지는 Fading in Music
23-37 재미있는 까닭이 있지 Hangs a Tale
23-38 어찌하여 이 지경이 In Such a Pickle
23-39 부득이 역경을 참다 To Make a Virtue of Necessity
23-40 창백한 불꽃 Pale Fire
23-41 마치 두 개의 앵두처럼 A Double Cherry
23-42 이토록 적었던 적이 Never So Few
23-43 좋아하는 친구들을 생각하는 것 Remembering My Good Friends
23-44 은밀하게 계획을 실행에 옮기자 Let Us Assay Our Plot
23-45 심상치 않은 일 Something in the Wind
23-46 전쟁이라는 개들 The Dogs of War

23-47 가치 있는 건 그 자체로 가치가 있다 Value Is Precious of Itself
23-48 비둘기 집을 습격하는 독수리처럼 Like an Eagle in a Dove-cote
23-49 끝장낼 거다 We'll Pluck a Crow Together
23-50 차라리 몰랐으면 For Lesser Knowledge
23-51 그물에 걸린 고기 A Fish Hangs in the Net
23-52 늑대보다는 사자의 The Lion Than The Wolf
23-53 제 손에 있는 걸 소중하게 생각하지 않는다
What We Have We Prize Not to The Worth
23-54 두 눈이 있을 때는 넘어졌어 I Stumbled When I Saw
23-55 돌바닥에 누워서도 코를 골 수 있다 Can Snore Upon the Flint
23-56 입을 헤벌린 돼지를 싫어하고 Love Not a Gaping Pig
23-57 각자의 분에 맞게 대접을 한다면 Use Every Man After His Desert
23-58 법률을 허수아비로 Make a Scarecrow of the Law
23-59 신하의 의무는 왕에게 충성하는 것 Subject's Duty Is the King's
23-60 하늘에 빛나는 태양과 같은 Like the Heaven's Glorious Sun
23-61 모든 일에는 이유와 동기가 Occasions and Causes in All Things
23-62 쇠고기를 많이 먹다 보니 I Am a Great Eater of Beef
23-63 휴식도 신물이 나게 되면 Grown Sick of Rest
23-64 교제를 싫어하는 사람에게는 To One Not Sociable
23-65 잃어버린 걸 칭찬하는 건 Praising What Is Lost
23-66 외국여행을 해보지 못한 젊은이 Home-keeping Youth
23-67 제 손가락도 핥을 줄 모르는 Cannot Lick His Own Fingers
23-68 장미를 다른 이름으로 불러도 Call a Rose by Any Other Name
23-69 샘처럼 깊지는 않지만 Not So Deep as a Well

01 | 세상은 무대

【 1-01 】

인생은 걸어 다니는 그림자 Life's but a Walking Shadow

『맥베스』 5막 5장 24행

To-morrow, and to-morrow, and to-morrow,
Creeps in this petty pace from day to day
To the last syllable of recorded time,
And all our yesterdays have lighted fools
The way to dusty death. Out, out, brief candle!
Life's but a walking shadow, a poor player
That struts and frets his hour upon the stage
And then is heard no more: it is a tale
Told by an idiot, full of sound and fury,
Signifying nothing.
내일, 내일, 그리고 또 내일이
정해진 시간의 마지막 음절까지
하루하루 짧은 걸음으로 살금살금 기어서 가고,
우리의 모든 과거 일들은 바보들이 죽음으로 가는 길을
비추어 왔다. 꺼져라, 꺼져라, 단명한 촛불이여!
인생이란 걸어 다니는 그림자에 지나지 않을 뿐.
무대 위에 서있을 땐 뽐내고 떠들어대지만,
시간이 지나면 말없이 사라지는 가련한 배우에 불과할 뿐.
인생이란 아무런 의미도 없는 헛소리와 분노로 가득 찬
바보가 지껄이는 이야기에 지나지 않을 뿐.

【 1-02 】

이 넓은 세상이라는 극장 The Wide and Universal Theater

『당신 좋으실대로』 2막 7장 137행

[W]e are not all alone unhappy:
The wide and universal theater
Presents more woeful pageants than the scene
Wherein we play in.
우리만이 불행한 것은 아니오.
이 넓은 세상이라는 극장에선
우리가 상연하고 있는 장면보다
훨씬 더 비참한 연극이 상연되고 있소.

【 1-03 】

이 세상 모두가 하나의 무대 All the World's a Stage

『당신 좋으실대로』 2막 7장 139행

All the world's a stage,
And all the men and women merely players:
They have their exits and their entrances;
And one man in his time plays many parts,
His acts being seven ages.
이 세상 모두가 하나의 무대요,
모든 남녀는 단지 배우에 불과할 뿐.
각각 무대에 등장했다가 시간이 지나면 퇴장한다.
인간은 살아생전 여러 가지 역을 맡는데
나이에 따라 7막으로 나눌 수 있어.

【 1-04 】

왕국은 무대 A Kingdom for a Stage

『헨리 5세』 프롤로그 3행

A kingdom for a stage, princes to act,
And monarchs to behold the swelling scene!
왕국은 무대요, 군왕들은 배우들이다.
제왕들은 이 웅장한 연극 장면을 관람하라!

【 1-05 】

혼자서 여러 사람의 역을 Play I in One Person Many People

『리처드 2세』 5막 5장 31행

Thus play I in one person many people.
And none contented. Sometimes am I king;
Then treasons make me wish myself a beggar,
And so I am.
그리하여 난 이렇게 혼자서 여러 사람의 역을 한다.
그러나 한 번도 만족한 적이 없어. 어떤 때 난 국왕이 된다.
그리곤 반역을 당하여 차라리 걸인이 되기를 원한다.
그래서 걸인도 되어 본다.

【 1-06 】

배우는 한 시대의 축도 Abstract & Brief Chronicles of the Time

『햄릿』 2막 2장 524행

Let them be well used, for they are the abstract

and brief chronicles of the time.
배우들을 잘 대접하게. 배우는 한 시대의 축도요
간략한 연대기니까.

【 1-07 】

미지의 언어로 Accents yet Unknown

『줄리어스 시저』 3막 1장 113행

How many ages hence
Shall this our lofty scene he acted in
In states unborn and accents yet unknown!
지금으로부터 수많은 세월이 지나가도
우리들의 이 당당한 장면은 되풀이 되어 연기될 것이다.
아직도 탄생하지 않은 나라에서, 미지의 언어로!

【 1-08 】

나는 태양을 모방하겠다 I Imitate the Sun

『헨리 4세 1부』 1막 2장 197행

I know you all, and will awhile uphold
The unyoked humour of your idleness,
Yet herein will I imitate the sun,
Who doth permit the base contagious clouds
To smother up his beauty from the world,
That, when he please again to be himself,
Being wanted, he may be more wondered at
By breaking through the foul and ugly mists

Of vapours that did seem to strangle him.
난 너희들을 잘 알고 있지만, 당분간은 너희들이
마음 내키는 대로, 방종하게 놀도록 내버려 두겠다.
하지만 나는 태양을 모방하겠다.
잠시 천하고 유해한 구름이 이 세상에서
태양의 아름다움을 덮도록 내버려두겠다.
하지만 다시 그 자체로 나타나 빛을 밝힐 필요가 있으면,
그걸 가로막고 있는 것 같은
더럽고도 추한 운무를 홀연히 헤치고 나와,
세상을 더욱 놀라게 하는 태양을 모방하겠다.

02 | 세상과 세태

【2-01】

멋진 신세계 Brave New World

『폭풍우』 5막 1장 183행

O, wonder!
How many goodly creatures are there here!
How beauteous mankind is! O brave new world,
That has such people in't!
아, 신기하기도 해라!
여기에 멋진 분들이 이렇게도 많다니!
인간이란 얼마나 멋진 존재인가? 아 멋진 신세계,
거기에 이런 멋진 분들이 살고 있다니!

【 2-02 】

이 천지간에는 In Heaven and Earth

『햄릿』 1막 5장 166행

And therefore as a stranger give it welcome.
There are more things in heaven and earth, Horatio,
Than are dreamt of in your philosophy.
그러니 귀한 손님으로 유령을 반겨 주게.
이 넓은 천지간에는 우리의 학문으론
도저히 상상할 수 없는 희한한 일들이 얼마든지 있다네.

【 2-03 】

관절이 어긋난 세상 The Time Is Out of Joint

『햄릿』 1막 5장 188행

The time is out of joint—O cursed spite,
That ever I was born to set it right!
세상은 관절이 어긋나 있어! 아! 저주받은 운명이여,
그걸 제자리에 넣어야 하는 운명으로 태어나다니!

【 2-04 】

울면서 태어난 세상 We Came Crying Hither

『리어 왕』 4막 6장 178행

If thou wilt weep my fortunes, take my eyes.
I know thee well enough; thy name is Gloucester;
Thou must be patient; we came crying hither:

Thou know'st, the first time that we smell the air
We wawl and cry.
그대가 내 운명을 생각하고 울겠다면, 내 눈을 가져라.
난 그대를 잘 알고 있다. 네 이름은 글로스터.
넌 참아야 해. 인간은 울면서 이 세상에 태어났지.
너는 알 거야. 우리가 처음 공기 냄새를 맡았을 때,
우리는 울면서 소리를 질렀다는 걸.

【 2-05 】

겉으로만 따르는 놈은 Follows but for Form

『리어 왕』 2막 4장 79행

That sir, which serves and seeks for gain,
And follows but for form,
Will pack, when it begins to rain,
And leave thee in the storm.
덕을 보기 위해 봉사를 하고
겉으로만 따르는 놈은,
비가 오기 시작하면 보따리 싸고,
폭풍우가 일면 당신 홀로 남겨 둘 거요.

【 2-06 】

출세하면 원수도 친구가 되고 Advanced Makes Friends of Enemies

『햄릿』 3막 2장 205행

The great man down, you mark his favourite flies,
The poor advanced makes friends of enemies.

And hitherto doth love on fortune tend,
For who not needs shall never lack a friend,
And who in want a hollow friend doth try,
Directly seasons him his enemy.
권력자가 몰락하면 심복마저 도망가 버리고,
비천한 자라도 출세하면, 원수도 친구가 된다고들 하지 않소.
이제까지 경험으로 보아, 호의는 운명과 더불어 변하는 것.
재물이 풍부한 자는 결코 친구가 모자라는 법이 없지만,
가난한 자가 친구를 시험하려다 보면
당장 그의 원수가 되어버리기 때문이오.

【 2-07 】

지는 해를 향해 Against a Setting Sun

『아테네의 타이몬』 1막 2장 145행

Men shut their doors against a setting sun.
인간은 지는 해를 향해 문을 굳게 닫아 버린다.

【 2-08 】

세상 돌아가는 대로 Let the World Slip

『말괄량이 길들이기』 서막 2장 143행

SLY: Marry, I will, let them play it. Is not a comonty
a Christmas gambold, or a tumbling-trick?
PAGE: No my good lord, it is more pleasing stuff.
SLY: What, household stuff?
PAGE: It is a kind of history.

SLY: Well, we'll see't. Come, madam wife, sit by my side,
and let the world slip, we shall never be younger.

슬라이: 좋소, 연극을 상연하게 하시오. 도대체 희극이란 게
크리스마스 때 추는 춤이냐? 아니면 곡예사의 묘기냐?

시 동: 아니옵니다. 나리, 그건 훨씬 더 즐거운 겁니다.

슬라이: 아니 그럼, 살림살이 물건이란 말이냐?

시 동: 그건 옛날이야기 같은 것입니다.

슬라이: 좋아, 그걸 보도록 하세. 부인, 이리 와서
내 곁에 앉으시오. 세상 돌아가는 대로 두고 봅시다.
우리가 다시 젊어질 수는 없으니.

【2-09】

세상만사 내 뜻대로 The World's Mine Oyster

『윈저의 즐거운 아낙네들』 2막 2장 3행

FALSTAFF: I will not lend thee a penny.

PISTOL: Why, then the world's mine oyster.
Which I with sword will open.

폴스타프: 한 푼도 빌려줄 수 없다.

피스톨: 할 수 없군요. 그럼 세상만사 내 뜻대로 생각하고,
칼로 굴 껍질을 열어 속을 따낼 수밖에.

【2-10】

세상은 잡초만 무성한 정원 'Tis an Unweeded Garden

『햄릿』 1막 2장 133행

How weary, stale, flat, and unprofitable

Seem to me all the uses of this world!
Fie on't, ah fie! 'tis an unweeded garden.
세상만사가 나에겐 왜 이렇게
지겹고, 맥 빠지고, 밋밋하고, 부질없어 보이는가!
역겹구나! 역겨워! 이 세상은 잡초만 무성한 정원.

03 | 인생과 인생무상

【3-01】

인생은 봄에 피는 꽃 Flower in the Spring Time

『당신 좋으실대로』 5막 3장 28행

How that a life was but a flower
In the spring time.
And therefore take the present time,
With a hey, and a ho, and a hey nonino;
For love is crowned with the prime
In spring time, etc.
인생은
봄에 피는 꽃과 같아요.
그러니 때를 놓치지 마세요.
헤이, 호, 헤이 노니노,
사랑은 봄철에 한창이니까요.

【 3-02 】

되풀이되는 이야기처럼 지루한 As Tedious as a Twice-told Tale

『존 왕』 3막 4장 108행

Life is as tedious as a twice-told tale
Vexing the dull ear of a drowsy man;
인생은 되풀이되는 이야기처럼 지루하다.
나른한 몸과 멍청한 귀를 괴롭히면서……

【 3-03 】

인생이란 음악 The Music of Men's Lives

『리처드 2세』 5막 5장 44행

How sour sweet music is
When time is broke and no proportion kept!
So is it in the music of men's lives.
박자가 틀리고 조화가 깨지면,
아름다운 음악도 소용이 없다.
인생이란 음악도 이와 같다.

【 3-04 】

인생의 발작적인 열병 Life's Fitful Fever

『맥베스』 3막 2장 23행

Better be with the dead,
Whom we, to gain our peace, have sent to peace,
Than on the torture of the mind to lie

In restless ecstasy. Duncan is in his grave;
After life's fitful fever he sleeps well.
마음의 고통으로 미칠 듯이 불안에 떨고 있느니,
마음의 평화를 누리기 위해, 내가 무덤 속의 평화로
보내버린 던컨 왕처럼 이 세상을 하직하는 게 낫겠소.
던컨은 무덤 속에 잠들어 있소.
인생의 발작적인 열병을 치른 후 고이 잠자고 있소.

【 3-05 】

인생 항로의 종착지 Sea-mark of My Utmost Sail

『오셀로』 5막 2장 268행

Who can control his fate? 'tis not so now.
Be not afraid, though you do see me weaponed;
Here is my journey's end, here is my butt,
And very sea-mark of my utmost sail.
누가 운명을 거역할 수 있겠습니까? 이젠 모든 게 끝이오.
제 손에 든 칼을 보고 겁내지 마십시오.
여기가 제 인생 여정의 끝입니다. 여기가 제 목적지이고,
여기가 바로 제 인생 항로의 종착지입니다.

【 3-06 】

우리를 짓누르던 불만의 겨울 The Winter of Our Discontent

『리처드 3세』 1막 1장 1행

Now is the winter of our discontent
Made glorious summer by this sun of York;

And all the clouds that low'red upon our house
In the deep bosom of the ocean buried.
이제 우리를 짓누르던 불만의 겨울이 가고,
요크 가문의 태양이 찬란하게 비치는 여름이 찾아왔다.
우리 가문을 짓누르던 먹구름도 모두
저 대양의 깊은 가슴 속에 깊이 묻혀 버렸다.

【 3-07 】

시저도 죽어 한 줌 흙이 되면 Caesar, Dead and Turned to Clay

『햄릿』 5막 1장 213행

Imperious Caesar, dead and turned to clay,
Might stop a hole to keep the wind away.
제왕 시저도 죽어 한 줌 흙이 되면
바람 새는 벽의 바람막이 신세.

【 3-08 】

텅 빈 왕관 속에는 죽음이 Death, Within the Hollow Crown

『리처드 2세』 3막 2장 160행

All murdered—for within the hollow crown
That rounds the mortal temples of a king
Keeps Death his court.
왕들 모두 살해당했지. 죽어야 할 운명의
왕의 육신을 감싸고 있는 저 텅 빈 왕관 속에는,
죽음이 왕궁을 지키고 있으니까.

【 3-09 】

거대한 왕국을 작은 무덤으로 Large Kingdom for a Little Grave

『리처드 2세』 3막 3장 153행

My large kingdom for a little grave,
A little, little grave, an obscure grave.
내 거대한 왕국을 하나의 작은 무덤으로,
작고 작은 하나의 무덤, 이름 없는 무덤으로 바꾸리라.

【 3-10 】

아, 불쌍한 요릭! Alas, Poor Yorick!

『햄릿』 5막 1장 184행

Alas, poor Yorick! I knew him, Horatio: a fellow of infinite jest, of most excellent fancy: he hath borne me on his back a thousand times; and now, how abhorred in my imagination it is! my gorge rises at it. Here hung those lips that I have kissed I know not how oft. Where be your gibes now? your gambols? your songs? your flashes of merriment, that were wont to set the table on a roar?

아, 불쌍한 요릭? 난 그를 알고 있네, 호레이쇼. 재담은 끝이 없고 기막힌 상상력을 지닌 친구였지. 나는 천 번도 더 그의 등에 업혀 다녔네. 그런데 지금 이 꼴이 되다니, 생각만 해도 소름이 끼치네. 보기만 해도 구역질이 나는 것 같아. 입술이 여기 달려 있었는데, 난 그 입술에 얼마나 자주 입을 맞췄는지 몰라. 좌중을 온통 웃음바다로 만들었던 그대의 익살, 광대 춤, 노래, 그 신명나던 재담은 지금 다 어디로 가 버렸나?

【 3-11 】

어떤 사람은 죄를 짓고도 출세하고 Some Rise by Sin

『자에는 자로』 2막 1장 38행

Some rise by sin, and some by virtue fall;
Some run from brakes of ice, and answer none,
And some condemned for a fault alone.
어떤 이는 죄를 짓고도 출세하고, 누구는 덕이 있어도 몰락한다.
어떤 이는 죄의 대가를 치르지 않고도 악의 소굴에서 빠져 나오고,
어떤 사람은 한 번의 과오로 인해 영원히 저주를 받기도 한다.

【 3-12 】

모두가 흙으로 돌아갈 것이니 All Follow This, and Come to Dust

『심벨린』 4막 2장 269행

Fear no more the frown of the great,
Thou art past the tyrant's stroke;
Care no more to clothe and eat,
To thee the reed is as the oak.
The sceptre, learning, physic, must
All follow this, and come to dust.
두려워하지 마라, 왕의 찌푸린 얼굴을.
폭군의 질책도 이미 지나가버린 일이니.
걱정하지 마라, 입을 옷과 먹을 양식을.
가난한 갈대도 풍성한 참나무와 다를 바 없으니.
왕자나, 학자나, 의사도 모두
이 길을 따라 흙으로 돌아 갈 것이니.

【 3-13 】

대지도, 끝없는 바다도 Nor Earth, nor Boundless Sea

『소네트』 65번 1행

Since brass, nor stone, nor earth, nor boundless sea,
But sad mortality in -sways their power,
How with this rage shall beauty hold a plea,
Whose action is no stronger than a flower?
황동도, 돌도, 대지도, 끝없는 바다도,
모두 슬픈 죽음이 지배하고 있는데,
어찌 아름다움이 죽음의 폭력 앞에 애원할 수 있겠는가?
아름다움이란 한 떨기 꽃보다도 강하지 못한데.

【 3-14 】

왕이 누릴 수 없는 안락 Heart's Ease, Kings Neglect

『헨리 5세』 4막 1장 236행

What infinite heart's ease
Must kings neglect, that private men enjoy!
And what have kings, that privates have not too,
Save ceremony, save general ceremony?
And what are thou, thou idol Ceremony?
보통 사람들이 즐기는
끝없는 안락을 왕은 누릴 수가 없다니!
왕이 되어 보통 사람들이 가지지 않은 것을 가진 게 뭣일까?
의식, 국민들이 올리는 의식뿐인가?
그리고 무의미한 의식이여, 넌 대체 무엇이냐?

【3-15】

황금의 왕관은 깊은 우물 같은 것 Golden Crown Like a Deep Well

『리처드 2세』 4막 1장 184행

Now is this golden crown like a deep well
That owes two buckets, filling one another,
The emptier ever dancing in the air,
The other down, unseen and full of water:
That bucket down and full of tears am I,
Drinking my griefs, whilst you mount up on high.
황금의 왕관은 깊은 우물 같은 것.
번갈아가며 물을 퍼내는 두 개의 물통 중에
한쪽은 언제나 비어 있어 허공에서 춤을 추지만
보이지 않는 바닥에 잠긴 다른 물통에는 물이 가득해.
바닥에 잠긴 물통은 내 슬픔을 삼키고 눈물로 가득 찬 나 자신이야.
하늘 높이 춤추고 있는 그 물통은 자네고.

【3-16】

왕관을 쓴 제왕은 The Head that Wears a Crown

『헨리 4세 2부』 3막 1장 31행

Canst thou, O partial sleep, give thy repose
To the wet sea-boy in an hour so rude,
And in the calmest and most stillest night,
With all appliances and means to boot,
Deny it to a king? Then happy low, lie down!
Uneasy lies the head that wears a crown.

아, 공정하지 못한 수면이여!
파도가 높이 치는 날 밤에도 뱃사공은 편히 자게 하면서,
너무나도 조용한 밤중에 잠들기 위해, 온갖 수단과 방법을
강구하고 있는 왕은 왜 잠들지 못하게 한단 말인가?
그럼 행복한 천민들아, 잘 자거라!
왕관을 쓴 제왕은 편히 잠을 자본 적이 없어.

【3-17】

어떻게 살던 결국 죽게 마련 Live We How We Can, yet Die We Must

『헨리 6세 3부』 5막 2장 28행

For who lived king, but I could dig his grave?
And who durst mine when Warwick bent his brow?
Lo, now my glory smeared in dust and blood!
My parks, my walks, my manors that I had,
Even now forsake me; and of all my lands
Is nothing left me but my body's length.
Why, what is pomp, rule, reign, but earth and dust?
And live we how we can, yet die we must.
내가 무덤으로 보내지 못했던 왕은 없었으니 말이다.
이 워릭이 이맛살을 찌푸릴 때, 감히 웃을 수 있는 자가 누구였던가?
그러나 이제 내 영광도 피와 먼지로 더럽혀져 버렸다!
내 수렵장과 산책로, 그리고 내 장원(莊園),
이것들도 이제 날 버리는구나. 내 영지도 이젠 내 육신의
길이만큼만 남아 있구나. 아, 부귀영화도 권세와 힘도 결국
흙과 먼지에 지나지 않는 것이란 말인가?
어떻게 살던 우리는 결국 죽게 마련이지.

04 | 인생과 처세

【 4-01 】

극소수만을 믿어 Trust a Few

『끝이 좋으면 모두 좋다』 1막 1장 64행

Love all, trust a few
Do wrong to none.
모든 사람을 사랑하되 극소수만을 믿어라.
그리고 아무에게도 해를 끼치지 마라.

【 4-02 】

아는 것보다는 덜 말해야 해 Speak Less Than Thou Knowest

『리어 왕』 1막 4장 119행

Have more than thou showest,
Speak less than thou knowest,
Lend less than thou owest.
Ride more than thou goest,
Learn more than thou trowest,
Set less than thou throwest.
보여준 것보다는 더 많이 갖고 있고,
아는 것보다는 덜 말해야 하고,
가진 것보다는 덜 빌려주어야 해.
걷기보다는 말을 타고 가고,
듣는 것 모두를 믿지는 말고,

가진 것 모두를 단 한판에 걸지 말아야 해.

【 4-03 】

솔직하고 정직한 건 To Be Direct and Honest

『오셀로』 3막 3장 378행

Take note, take note, O world,
To be direct and honest is not safe.
명심하라, 명심하라, 아, 세상 사람들이여,
솔직하고 정직한 건 안전하지 못하다는 것을.

【 4-04 】

말이 통하지 않으면 If She Respect Not Words

『베로나의 두 신사』 3막 1장 89행

Win her with gifts, if she respect not words:
Dumb jewels often in their silent kind
More than quick words do move a woman's mind.
말이 통하지 않으면 선물을 안겨요.
말 못하는 보석은 가끔 그 조용한 성격 때문에,
말보다 더 빨리 여인의 마음을 움직인답니다.

【 4-05 】

팔 수 있을 때 팔아 Sell When You Can

『당신 좋으실대로』 3막 5장 60행

Sell when you can: you are not for all markets:

Cry the man mercy; love him; take his offer:

Foul is most foul, being foul to be a scoffer.

So take her to thee, shepherd:

팔 수 있을 때 팔아. 시장에서 항상 잘 팔리는 건 아니야.

남자의 자비를 구하고, 그를 사랑하고, 아내가 되도록 해.

잘 생기지도 못한 주제에 남을 깔보는 건 정말 몹쓸 짓이야.

자 양치기 양반, 그 여자를 데리고 가요.

【 4-06 】

사려는 물건을 헐뜯어 Dispraise the Thing That You Desire to Buy

『트로일러스와 크레시다』 4막 1장 77행

You do as chapmen do,

Dispraise the thing that you desire to buy.

행상인처럼 흥정하고,

네가 사려는 물건을 헐뜯어라.

【 4-07 】

약간의 거짓말은 신성한 장난 'Tis Holy Sport to Be a Little Vain

『실수연발』 3막 2장 27행

Shame hath a bastard fame, well managed;

Ill deeds are doubled with an evil word. [. . .]

'Tis holy sport to be a little vain,

When the sweet breath of flattery conquers strife.

불명예스런 일도 잘 처리하면 명예의 서자라도 되지만,

악한 행동은 악한 말로 인해 갑절이 됩니다. [. . .]

달콤한 아첨의 말로 갈등을 잠재울 수 있다면,
약간의 거짓말은 신성한 장난이랍니다.

【 4-08 】

약한 모닥불로 With Weak Straws

『줄리어스 시저』 1막 3장 108행

Those that with haste will make a mighty fire
Begin it with weak straws.
급하게 큰 불을 피우려는 사람도
처음은 약한 모닥불로 시작한다.

【 4-09 】

자신에게 충실하라 To Thine Own Self Be True

『햄릿』 1막 3장 78행

This above all: to thine ownself be true,
And it must follow, as the night the day,
Thou canst not then be false to any man.
Farewell: my blessing season this in thee!
무엇보다 자신에게 충실하도록 해라.
그러면 밤이 낮을 따르듯 반드시
너도 남에게 거짓으로 대하지 않게 될 것이다.
잘 가거라. 내 충고를 가슴 깊이 새기고!

【 4-10 】

왕국을 얻을 수 있다면 For a Kingdom

『헨리 6세 3부』 1막 2장 16행

For a kingdom any oath may be broken.
I would break a thousand oaths to reign one year.
왕국을 얻을 수 있다면 어떤 맹세인들 깨뜨리지 못할까.
왕국을 한 해라도 통치할 수 있다면 천 번이라도 맹세를 깰 수 있어.

【 4-11 】

모닥불은 빨리 밟아 끌 수 있지만 A Little Fire Is Quickly Trodden Out

『헨리 6세 3부』 4막 8장 7행

A little fire is quickly trodden out,
Which, being suffered, rivers cannot quench.
모닥불은 재빨리 밟아 뭉개 끌 수 있지만,
그 불을 타게 두면 강물로도 끌 수 없다.

【 4-12 】

나쁜 소식을 전하는 건 좋은 일이 아니다 It Is Never Good to Bring Bad News

『안토니와 클레오파트라』 2막 5장 85행

Though it be honest, it is never good
To bring bad news: give to a gracious message.
An host of tongues; but let ill tidings tell
Themselves when they be felt.
정직하다곤 해도
나쁜 소식을 전하는 건 좋은 일이 아니오.

기쁜 소식은 길게 전해도 좋으나,
나쁜 소식은 저절로 느껴지도록 해야 할 것이오.

【 4-13 】

분수에 맞아야 하는 Things Must Be as They May

『페리클레스』 2막 1장 113행

O, sir, things must be as they may; and what a man cannot get, he may lawfully deal for his wife's soul.

여보시오. 무엇이나 분수에 맞아야 하는 법이요. 분수에 맞지 않는 걸 탐하게 되면 아내의 영혼마저도 버젓이 팔아넘기게 될 거요.

【 4-14 】

시간을 선용하고 기회를 잡아

Make Use of Time, Let Not Advantage Slip

『비너스와 아도니스』 129행

Make use of time, let not advantage slip,
Beauty within itself should not be wasted.
Fair flowers that are not gathered in their prime
Rot, and consume themselves in little time.
시간을 선용하고 기회를 놓치지 말아요.
아름다움이 그 자체 안에서 헛되이 낭비되어서는 안돼니까.
아름다운 꽃도 한창일 때 꺾이지 않으면
이내 곧 시들어 사라져버리니까요.

【 4-15 】

독수리는 새들이 재잘거리는 걸 개의치 않는다

The Eagle Suffers Little Birds to Sing

『타이터스 안드로니커스』 4막 4장 83행

King, be thy thoughts imperious, like thy name.
Is the sun dimmed, that gnats do fly in it?
The eagle suffers little birds to sing,
And is not careful what they mean thereby,
Knowing that with the shadow of his wings
He can at pleasure stint their melody;
Even so mayst thou the giddy men of Rome.
폐하, 황제라는 칭호에 맞게 위엄을 갖추어 생각하십시오.
태양 가운데 모기가 날아다닌다고 태양빛이 흐려지겠습니까?
독수리는 새들이 재잘거리는 걸 개의치 않습니다.
그게 무얼 의미하든 상관하지 않지요.
독수리는 자신의 날개를 펼쳐 그늘만 드리워도
마음대로 새들의 노래를 중단시킬 수 있다는 걸 알기 때문이죠.
로마의 변덕스런 민중들도 폐하께서 그리 하실 수 있죠.

【 4-16 】

우정이 쇠락하기 시작하면 When Love Begins to Decay

『줄리어스 시저』 4막 2장 20행

When love begins to sicken and decay,
It useth an enforced ceremony.
There are no tricks in plain and simple faith;

But hollow men, like horses hot at hand.
우정이 병들어 쇠락하기 시작하면
억지로 예를 갖춘다는 걸 명심해.
솔직하고 단순한 신의엔 책략이 없어.
하지만 속 빈 인간은, 처음에는 기세등등한 말과 같아.

【 4-17 】

개도 감투를 쓰면 A Dog in Office

『리어 왕』 4막 6장 153행

And the creature run from the cur?
There thou mightst behold the great image of authority:
a dog is obeyed in office.
또 그 거지가 개를 보고 달아나는 걸 본적이 있지?
거기서 그대는 권위의 위대한 모습을 볼 수 있을 거야.
개도 감투를 쓰면 사람을 복종시킬 수 있지.

【 4-18 】

의심하기 전에 먼저 잘 살피고 I'll See Before I Doubt

『오셀로』 3막 3장 190행

The smallest fear or doubt of her revolt;
For she had eyes, and chose me. No, Iago;
I'll see before I doubt; when I doubt, prove;
And on the proof, there is no more but this,
Away at once with love or jealousy!
아내가 서방질을 할까봐 걱정하거나 의심하진 않아.

자신의 눈으로 날 골랐으니까. 아니 그런가, 이아고?
난 의심하기 전에 먼저 살피고, 일단 의심하면 증거를 확보해.
증거가 확보되면 방법은 하나.
즉시 사랑을 포기하든가, 질투심을 버리든가!

【 4-19 】

바보 같은 현자보단 영리한 바보 A Witty Fool, Than a Foolish Wit

『십이야』 1막 5장 36행

Those wits, that think they have thee, do very oft prove fools;
and I, that am sure I lack thee, may pass for a wise man:
for what says Quinapalus? 'Better a witty fool, than a foolish wit.'
지혜가 있다고 생각하는 자들이 사실은 바보인 경우가 허다하죠.
지혜가 없다고 확신하는 저야말로 현자로 통할지도 모릅니다.
퀴나펄러스가 하는 말인 즉 "바보 같은 현자보다 영리한 바보가 낫다."

【 4-20 】

미워하는 사람을 소중히 하라 Cherish Those Hearts That Hate Thee

『헨리 8세』 3막 2장 443행

By that sin fell the angels; how can man, then,
The image of his Maker, hope to win by it?
Love thyself last: cherish those hearts that hate thee;
Corruption wins not more than honesty.
야심은 천사도 타락케 한 최대의 죄악이다. 그럼 인간,
신과 닮은 우리 인간이 어찌 야심으로 이길 희망을 가질 수 있단 말이냐?
네 자신을 맨 나중 사랑하고, 널 미워하는 사람을 소중히 해라.

부정은 정직을 결코 이기지 못한다.

【 4-21 】

친구를 대하는 것처럼 As You Would to Your Friend

『헨리 8세』 1막 1장 35행

[T]o climb steep hills
Requires slow pace at first: anger is like
A full-hot horse, who being allowed his way,
Self-mettle tires him. Not a man in England
Can advise me like you: be to yourself
As you would to your friend.
험한 산을 오르려면
처음에는 서서히 걸어야 합니다.
분노는 용을 쓰는 말 같은 것입니다.
제 멋대로 달려가게 해 두면, 제풀에 지치고 말지요.
영국 안에 당신만큼 좋은 충고를 해주시는 분은 없습니다.
친구를 대하는 것처럼 자신에게도 그리 하십시오.

【 4-22 】

자신을 소중하게 다루는 것 Self-love

『헨리 5세』 2막 4장 74행

Take up the English short, and let them know
Of what a monarchy you are the head:
Self-love, my liege, is not so vile a sin
As self-neglecting.

맞붙어서 잉글랜드인을 납작하게 해주고,
폐하가 얼마나 위대한 왕국의 수장인질 알게 해주세요.
폐하, 자신을 소중하게 다루는 건
자신을 무시하는 것보단 죄가 되지 않습니다.

【 4-23 】

친구를 네 영혼에 묶어 두라 Grapple Them to Thy Soul

『햄 릿』 1막 3장 62행

Nor any unproportioned thought his act.
Be thou familiar, but by no means vulgar.
Those friends thou hast, and their adoption tried,
Grapple them to thy soul with hoops of steel;
But do not dull thy palm with entertainment
Of each new-hatched, unfledged comrade.
엉뚱한 생각일랑 섣불리 행동으로 옮기지 마라.
누구하고나 사귀되, 함부로 접근하도록 하지 말고,
일단 사귀어서 진정한 친구가 되면,
쇠사슬로 너의 영혼에 꽁꽁 묶어 두어라.
하지만, 머리에 피도 마르지 않은 햇병아리들과 노느라
손바닥이 무뎌져서는 안 될 것이니라.

【 4-24 】

마음의 밧줄을 늦추지 마라 Be Sure You Be Not Loose

『헨리 8세』 2막 1장 127행

Be sure you be not loose; for those you make friends

And give your hearts to, when they once perceive
The least rub in your fortunes, fall away
Like water from ye, never found again.
절대 마음의 밧줄을 늦추지 마시오. 이쪽에서는
막역한 친구라 생각해서 마음을 내주어도, 그가
운명의 수레바퀴에 조그만 고장이 난 것만 알아채면,
당장 썰물같이 물러가 버리고, 다시는 접근도 하지 않을 거요.

【 4-25 】

비싼 선물이라도 초라해진다 Rich Gifts Wax Poor

『햄 릿』 3막 1장 99행

And, with them, words of so sweet breath composed
As made the things more rich: their perfume lost,
Take these again; for to the noble mind
Rich gifts wax poor when givers prove unkind.
왕자님께선 그 선물들을 값지게 만든 달콤한 말씀까지
덧붙여 주시질 않습니까? 이젠 그 향기 모두 사라졌으니
이것들을 가져가시죠. 고상한 사람들 사이에선,
선물에 담긴 정성이 사라지면, 비싼 선물도 초라해지고 말죠.

【 4-26 】

조롱받은 슬픔은 이중의 죽음 Sorrow Flouted at Is Double Death

『타이터스 안드로니커스』 3막 1장 244행

These miseries are more than may be borne.
To weep with them that weep doth ease some deal;

But sorrow flouted at is double death.
이 참경은 참을 수 있는 한계를 넘었구나!
같이 울어주는 이들과 같이 울면, 마음이 조금은 가벼워지지만,
조롱받은 슬픔은 이중의 죽음 같구나.

【 4-27 】

싸움판에 말려드는 걸 조심 Beware of Entrance to a Quarrel

『햄 릿』 1막 3장 65행

Beware of entrance to a quarrel, but being in,
Bear't that the opposed may beware of thee.
Give every man thy ear, but few thy voice;
Take each man's censure, but reserve thy judgment.
싸움판에 말려드는 것을 조심하되, 일단 말려들면,
상대가 다시는 널 얕보지 못하도록 혼을 내줘라.
다른 사람의 말에 귀를 기울이되, 가능하면 말을 적게 해라.
다른 이의 의견을 경청하되, 함부로 판단하지 마라.

【 4-28 】

비방하는 말은 끝없이 새끼를 친다 Slander Lives Upon Succession

『실수연발』 3막 1장 105행

That may with foul intrusion enter in
And dwell upon your grave when you are dead;
For slander lives upon succession.
당신이 죽었을 때, 그 고약한 소문은
무덤 속까지 따라가서, 거기 진을 칠겁니다.

남을 비방하는 말은 끝없이 새끼를 치니까요.

【 4-29 】

움직이는 게 눈에 더 잘 띈다 Things in Motion Sooner Catch the Eye

『트로일러스와 크레시다』 3막 3장 183행

Then marvel not, thou great and complete man,
That all the Greeks begin to worship Ajax;
Since things in motion sooner catch the eye
Than what not stirs.
장군은 위대하고 완벽한 사람이니,
그리스인 모두 에이잭스를 숭배하기 시작한다고 해서,
그리 놀랄 것은 없소. 움직이지 않는 것보단
움직이는 게 사람들 눈에 더 잘 띄니까.

【 4-30 】

불청객이 환영받는 때 When Unbidden Guests Are Welcomest

『헨리 6세 1부』 2막 2장 55행

No, truly; it is more than manners will:
And I have heard it said, unbidden guests
Are often welcomest when they are gone.
아니오, 그건 예의가 아닙니다.
그리고 난 사람들이 하는 말을 들었습니다.
불청객이 가장 환영 받는 때는 대개 물러 갈 때라고….

【 4-31 】

인생이란 피륙 The Web of Our Life

『끝이 좋으면 모두 좋다』 4막 3장 71행

The web of our life is of a mingled yarn, good and ill together:
our virtues would be proud, if our faults whipped them not;
and our crimes would despair, if they were not cherished
by our virtues.
인생이란 피륙은 선과 악이란 올의 합사로 엮어졌소.
과오로 인해 미덕이 매질만 당하지 않는다면, 우리는 미덕을
자랑해도 좋을 거요. 그리고 죄가 미덕에 의해 도닥거려지지 못한다면,
죄를 지었을 때 우리는 절망하고 말겁니다.

【 4-32 】

적을 과대평가하는 것 To Weigh the Enemy More Mighty

『헨리 5세』 2막 4장 43행

In cases of defence 'tis best to weigh
The enemy more mighty than he seems:
So the proportions of defence are filled;
Which of a weak or niggardly projection
Doth, like a miser, spoil his coat with scanting.
방어하는 경우에 있어서는 겉으로 보이는 것보다
적을 과대평가하는 게 최선입니다.
그래야 방어 태세가 완벽해질 테니까요.
만약 방어를 약하게, 그리고 인색한 규모로 방어한다면,
천을 아끼려다 옷 전체를 망치는 구두쇠나 마찬가지니까요.

【 4-33 】

썩은 사과를 고를 사람은 없다

There Is Small Choice in Rotten Apples

『말괄량이 길들이기』 1막 1장 134행

As you say, there is small choice in rotten apples. But come; since this bar in law makes us friends, it shall be so far forth friendly maintained all by helping Baptista's eldest daughter to a husband we set his youngest free for a husband, and then have to it a fresh.

당신 말처럼, 썩은 사과를 고를 사람은 별로 없을 거요. 하지만 자, 이런 처지에 놓이면 피차 친구가 될 수밖에 없어요. 그러니 당분간 힘을 합쳐 밥티스터 어른의 큰 딸에게 신랑을 구해 주고, 작은 딸이 마음대로 신랑을 고를 수 있도록 해줍시다. 그런 다음 다시 경쟁합시다.

【 4-34 】

더 좋은 이유가 있으면 양보 Give Place to Better

『줄리어스 시저』 4막 3장 203행

Good reasons must, of force, give place to better.
The people 'twixt Philippi and this ground
Do stand but in a forced affection.

좋은 이유라도 더 좋은 이유가 있으면 자리를 비켜야 하오.
필리파이와 이곳 사이의 주민들은
하는 수 없이 우리 편에 협력하고 있을 뿐이오.

05 | 시간과 세월

【 5-01 】

다양한 시간의 걸음걸이 Time Travels in Divers Paces

『당신 좋으실대로』 3막 2장 308행

Time travels in divers paces with divers persons. I will tell you who Time ambles withal, who Time trots withal, who Time gallops withal, and who he stands still withal.

시간은 다양한 사람들 속에서 다양한 속도로 흘러가고 있어요. 제가 말씀드리죠. 시간이 어떤 사람과는 느릿느릿 걷고, 어떤 이와는 빨리 걷고, 어떤 이와는 빨리 달리고, 어떤 분과는 제 자리에 서 있는가를.

【 5-02 】

현재는 최악 Things Present Worst

『헨리 4세 2부』 1막 3장 108행

Past and to come seem best; things present worst.

과거와 미래는 좋아 보인다. 현재는 최악이다.

【 5-03 】

시간은 너의 것 Time Be Thine

『햄릿』 1막 2장 62행

Take thy fair hour, Laertes, time be thine,

And thy best graces spend it at thy will!

레어티즈, 편리한 시간을 택해 떠나라. 시간은 네 것이다.
가서 네 뜻대로 마음껏 너의 시간을 즐겨라.

【 5-04 】

진실을 밝히는 시간 Time, Bring Truth to Light.

『루크리스의 능욕』 940행

Time's glory is to calm contending kings,
To unmask falsehood and bring truth to light.
시간의 영광은 서로 다투는 제왕들을 잠재우며,
허위를 폭로하고 진실을 밝혀낸다.

【 5-05 】

시간을 알리는 소리 Sound That Tells What Hour It Is

『리처드 2세』 5막 5장 55행

[T]he sound that tells what hour it is
Are clamorous groans, which strike upon my heart,
Which is the bell. So sighs and tears and groans
Show minutes, times, and hours.
시시각각 시간을 알리는 소리는
내 요란한 신음소리고 되고, 종이 된 내 심장을 때린다.
그리하여 한숨과 눈물과 신음소리는
분초와 시간을 재고 매 시간을 알린다.

【 5-06 】

시간은 시류를 타는 여관집 주인 Time Is Like a Fashionable Host

『트로일러스와 크레시다』 3막 3장 165행

Time is like a fashionable host
That slightly shakes his parting guest by the hand,
And with his arms outstretched, as he would fly,
Grasps in the comer.
시간은 시류를 타는 여관집 주인과 같아서,
떠나는 자에게는 손을 가볍게 흔들어 작별인사를 하지만,
새로 오는 손님들은 양팔을 벌리고 달려가
반갑게 맞이하는 법.

【 5-07 】

시간의 씨앗 The Seeds of Time

『맥베스』 1막 3장 58행

If you can look into the seeds of time,
And say which grain will grow and which will not,
Speak then to me.
그대가 시간의 씨앗을 볼 수 있다면, 그리고
자랄 수 있는 씨앗과 자랄 수 없는 씨앗을 알 수 있다면,
나에게 말하라.

【 5-08 】

세월의 골짜기 Vale of Years

『오셀로』 3막 3장 266행

Haply, for I am black,

And have not those soft parts of conversation
That chamberers have, or for I am declined
Into the vale of years,—yet that's not much—
She's gone. I am abused; and my relief
Must be to loathe her. O curse of marriage!
혹시 내 피부가 검고
한량들처럼 세련된 사교술이 없다고 해서,
또는 내 나이가 한창 때를 지났다고 해서
(아직은 그다지 늙진 않았는데) 날 버렸는지도 모르지.
난 모욕을 당했어. 날 구하는 길은
그녀를 미워하는 것뿐이야. 아, 저주스런 결혼이여!

【 5-09 】

지나간 일들의 추억 Remembrance of Things Past

『소네트』 30번 2행

When to the sessions of sweet silent thought
I summon up remembrance of things past.
감미롭고 조용한 사색의 시간으로
지나간 일들의 추억을 불러오면.

【 5-10 】

소리 없는 시간의 발걸음 Noiseless Foot of Time

『끝이 좋으면 모두 좋다』 5막 3장 41행

Let's take the instant by the forward top;
For we are old, and on our quick'st decrees

The inaudible and noiseless foot of Time
Steals ere we can effect them.
지금 바로 이 기회를 놓치지 않도록 해야 할 것이오.
늙었고, 아무리 재빨리 명령을 내려도, 그것이
시행되기도 전에, 들리지 않고, 소리 없는 시간의 발자국이
몰래 따라오게 될 것이기 때문이오.

【 5-11 】

주름살은 싫어! Wrinkles Forbid!

『안토니와 클레오파트라』 1막 2장 20행

IRAS: No, you shall paint when you are old.
CHARMIAN: Wrinkles forbid!
아이라스: 그렇지 않아. 나이가 들면 분칠을 할 거야.
차미안: 주름살은 싫어

【 5-12 】

비옥한 겨울 같은 노년 My Age Is as a Lusty Winter

『당신 좋으실대로』 2막 3장 52행

Unregarded age in corners thrown. [. . .]
My age is as a lusty winter,
Frosty, but kindly.
무시당한 늙은이는 방구석에 버림받은 신세와 같다. [. . .]
난 나이를 먹었지만 비옥한 겨울과 같다.
흰 서리는 내렸지만 푸근하다.

【 5-13 】

늙으면 다시 어린애가 된다 An Old Man Is Twice a Child

『햄릿』 2막 2장 385행

[He] is second time come to them,
for they say an old man is twice a child.
그가 다시 한 번 기저귀를 차는 모양이죠.
늙으면 다시 어린애가 된다고들 하죠.

【 5-14 】

모든 늙은이의 눈엔 In Every Old Man's Eye

『로미오와 줄리엣』 2막 3장 35행

Care keeps his watch in every old man's eye,
And where care lodges, sleep will never lie;
But where unbruised youth with unstuffed brain
Doth couch his limbs, there golden sleep doth reign:
모든 늙은이의 눈엔 근심 걱정으로 잠이 깃들지 못해.
근심 걱정이 있는 곳엔 잠이 깃들지 못하는 법이니까.
하지만 근심 걱정 없는 젊은이가 사지를 펴고 누우면
너무나도 감미로운 잠이 지배하는 법이지.

【 5-15 】

여름날 아침 같은 청춘 Youth Like Summer Morn

『열정적인 순례자』 12연 3행

Youth is full of pleasance, age is full of care,

Youth like summer morn, age like winter weather,
Youth like summer brave, age like winter bare.
청춘은 기쁨으로 충만하고 노년은 근심으로 가득 차 있다.
청춘은 여름날 아침이고 노년은 겨울 날씨와 같다.
청춘은 찬란한 여름 같고 노년은 벌거벗은 겨울 같다.

【 5-16 】

4월과 5월의 향기 He Smells April and May

『윈저의 즐거운 아낙네들』 3막 2장 68행

He writes verses, he speaks holiday,
he smells April and May.
그는 시를 쓰고 세련된 말을 구사한다.
그에게는 4월과 5월의 향기가 감돌고 있다.

【 5-17 】

춤을 출 시기 Dancing Days

『로미오와 줄리엣』 1막 5장 31행

Ah, sirrah, this unlooked-for sport comes well.
Nay, sit, nay, sit, good cousin Capulet;
For you and I are past our dancing days:
How long is't now since last yourself and I
Were in a mask?
아, 여봐라, 뜻밖에 흥겨운 놀이가 될 것 같아.
아니 앉으시죠, 앉아요, 캐플럿 숙부님,
숙부님과 저는 춤을 출 시기는 지났으니까요.

숙부님과 제가 마지막으로 가면무도회에 참가한지가
얼마나 되었지요?

【5-18】

시간의 낫질 Time's Scythe

『소네트』 12번 13행

Thou among the wastes of time must go,
Since sweets and beauties do themselves forsake,
And die as fast as they see other grow,
And nothing against Time's scythe can make defence.
시간은 분명 그대를 파괴할 것이다.
달콤하고 아름다운 것은 쇠락하게 마련이고,
다른 것들이 자라는 것을 보자마자 죽게 마련이다.
아무 것도 시간의 낫질을 막을 수는 없다.

【5-19】

좋은 시절 Better Days

『당신 좋으실대로』 2막 7장 120행

True is it that we have seen better days,
And have with holy bell been knolled to church
And sat at good men's feasts and wiped our eyes
Of drops that sacred pity hath engendered.
사실 우리는 좋은 시절을 보냈고,
성스런 종소리에 맞춰 교회에 다니기도 했고,
훌륭한 사람들의 잔치에 초대를 받기도 했고,

성스런 연민의 정으로 흘린 눈물을 닦기도 했지요.

【 5-20 】

앞으로의 일은 언제나 알 수 없는 것 What's to Come Is Still Unsure

『십이야』 2막 3장 50행

What is love? 'tis not hereafter;
Present mirth hath present laughter;
What's to come is still unsure:
In delay there lies no plenty;
Then come kiss me, sweet and twenty,
Youth's a stuff will not endure.
사랑이 무엇일까? 그건 내일 일이 아니고,
현재의 환락은 현재의 웃음일 뿐.
앞으로의 일은 언제나 알 수 없는 것.
미뤄 봐도 아무런 소득이 없으니,
자 나에게 키스하시오, 어여쁘고 어여쁜 그대여.
젊음이란 오래가지 않는 그 무엇일 뿐이라오.

【 5-21 】

양심이 뭔지를 알기엔 To Know What Conscience Is

『소네트』 151번 1행

Love is too young to know what conscience is;
Yet who knows not conscience is born of love?
Then, gentle cheater, urge not my amiss,
Lest guilty of my faults thy sweet self prove:

사랑의 큐피드는 양심이 뭔지를 알기에는 너무 어립니다.
하지만 양심이 사랑의 소산임을 누가 모르겠습니까?
그러니, 마음씨 고운 배신자여, 내 허물을 비난치 마시오.
내 허물이 아름다운 그대의 죄가 돼선 아니 될 테니.

【 5-22 】

시간은 등에 배낭을 메고 있다 Time Hath a Wallet at His Back

『트로일러스와 크레시다』 3막 3장 145행

Time hath, my lord, a wallet at his back,
Wherein he puts alms for oblivion,
A great-sized monster of ingratitudes.
장군, 시간이란 그 등에 배낭을 메고 있는데,
거기에 망각이라는 의연품을 넣고 다니고 있소.
배은망덕이란 어마어마하게 큰 괴물 말이오.

【 5-23 】

제철을 만나 양념이 처져야 By Season Seasoned

『베니스의 상인』 5막 1장 107행

The nightingale, if she should sing by day,
When every goose is cackling, would be thought
No better a musician than the wren.
How many things by season seasoned are
To their right praise and true perfection!
모든 거위들이 꽥꽥거리며 돌아다니면,
대낮에 울어대는 소쩍새의 아름다운 소리도

굴뚝새 소리보다 더 낫다는 생각이 들지 않을 거야.
세상만사가 다 제철을 만나 적당한 양념이 쳐져야
정당한 칭찬도 받고 진가도 발휘할 수 있는 법이니까!

【 5-24 】

나이가 들면 지혜는 사라지고 When the Age Is in, the Wit Is out

『헛소동』 3막 5장 33행

As they say, when the age is in, the wit is out: [. . .] two men ride of a horse, one must ride behind.
속담에 "나이가 들면 지혜는 사라진다."는 말이 있어요. [. . .] 한 필의 말 등에 두 사람이 타게 되면, 한 사람은 뒤쪽에 걸터앉게 마련이지.

【 5-25 】

아름다움은 노인을 광내게 하고 Beauty Doth Varnish Age

『사랑의 헛수고』 4막 3장 240행

A withered hermit, five-score winters worn,
Might shake off fifty, looking in her eye:
Beauty doth varnish age, as if new-born,
And gives the crutch the cradle's infancy:
O, 'tis the sun that maketh all things shine.
100번의 겨울을 나면서 지쳐버린 초췌한 은자라도,
그녀의 눈을 보기만 하면, 금방 50년은 젊어질 겁니다.
아름다움은 노인을 갓난애처럼 광내게 하고,
요람에 있는 아이에게 목발을 주는 것 같은 마력을 지녔죠.
오, 모든 걸 빛나게 하는 건 바로 태양이랍니다.

【 5-26 】

시간은 인간을 지배하는 왕 Time Is the King of Men

『페리클레스』 2막 3장 45행

I see that Time is the king of men,
He's both their parent, and he is their grave,
And gives them what he will, not what they crave.
난 알게 되었소. 시간은 인간을 지배하는 왕이요,
인간의 부모이자 무덤이고, 주고 싶은 상대에게는 안겨 주지만,
갈망하는 사람에게는 주지 않는다는 것을.

【 5-27 】

생명은 시간의 장난감 Life Is Time's Fool

『헨리 4세 1부』 5막 4장 81행

They wound my thoughts worse than sword my flesh:
But thought is the slave of life, and life time's fool;
And time, that takes survey of all the world,
Must have a stop.
네 칼에 내 살이 찔린 것보다 그 일이 더 마음 아프다.
하지만 마음이란 생명의 노예요, 생명은 시간의 장난감이지.
그리고 이 세상의 지배자인 시간 또한
언젠가는 그 운행을 멈춰야 하는 거야.

06 | 삶과 죽음

【 6-01 】

생자필멸 All That Lives Must Die

『햄릿』 1막 2장 72행

Thou know'st 'tis common, all that lives must die,
Passing through nature to eternity.
너도 알지 않느냐. 생자필멸(生者必滅)이니,
누구나 이승으로부터 영겁의 세계로 떠나감이 당연한 일임을.

【 6-02 】

참느냐, 마느냐 To Be, or Not to Be

『햄릿』 3막 1장 55행

To be, or not to be, that is the question:
Whether 'tis nobler in the mind to suffer
The slings and arrows of outrageous fortune,
Or to take arms against a sea of troubles,
And by opposing end them. To die—to sleep;
No more; and by a sleep to say we end
The heart-ache and the thousand natural shocks
That flesh is heir to: 'tis a consummation
Devoutly to be wished. To die, to sleep;
To sleep, perchance to dream—ay, there's the rub:
For in that sleep of death what dreams may come,

When we have shuffled off this mortal coil,
Must give us pause—there's the respect
That makes calamity of so long life.
참느냐, 마느냐. 그것이 문제로구나.
이 포악한 운명의 돌팔매와 화살을
참고 견디는 것이 고상한 일인가? 아니면,
무기를 들어 밀려오는 고난의 바다에 대항해
이를 근절시키는 것이 더 고상한 일인가?
죽는다, 잠든다, 그뿐이다. 잠듦으로써
육신이 받는 온갖 고통과 번뇌를 끝장낼 수 있다면,
이는 우리가 바라는 삶의 극치가 아니겠는가?
죽는다, 잠든다. 잠들 뿐이다.
그러면 꿈을 꾸겠지. 아, 그게 문제로구나.
우리가 이 삶의 굴레를 벗어났을 때,
죽음과도 같은 잠 속에서 어떤 꿈을 꾸게 될 것인지가,
우리를 망설이게 하는구나. 그것이 바로
이 기나긴 인생을 불행하게 만드는 이유가 아니겠는가?

【 6-03 】

구원의 천사 A Ministering Angel

『햄릿』 5막 1장 241행

Lay her in the earth,
And from her fair and unpolluted flesh
May violets spring! I tell thee, churlish priest,
A minist'ring angel shall my sister be
When thou liest howling.

그럼 어서 묻으시오.
동생의 아름답고 순결한 몸에서 제비꽃이여 피어나라!
내 말을 들어라, 무정하기 짝이 없는 신부야.
당신이 지옥에 떨어져 아우성치고 있을 때,
내 누이동생은 구원의 천사가 되어 있을 것이다.

【6-04】

어여쁜 처녀에게 예쁜 꽃을 Sweets to the Sweet

『햄릿』 5막 1장 243행

[Scattering flowers] Sweets to the sweet, farewell!
I hoped thou shouldst have been my Hamlet's wife:
I thought thy bride-bed to have decked, sweet maid,
And not have strewed thy grave.
(꽃을 뿌리면서) 어여쁜 처녀에게 예쁜 꽃을. 잘 가거라!
나는 그대가 햄릿의 아내가 되길 바랐지.
아름다운 처녀야, 네 신방을 꾸며 주려고 했던 이 꽃을
너의 무덤에 뿌리게 될 줄이야.

【6-05】

하나를 세기도 전에 No More Than to Say One

『햄릿』 5막 2장 74행

[T]he interim's mine,
And a man's life's no more than to say "one."
그동안의 시간은 내 것일세.
사람의 목숨은 하나를 세기도 전에 끝나버리지.

【 6-06 】

늙고 부유하게 되면 When Thou Art Old and Rich

『자에는 자로』 3막 1장 36행

When thou art old and rich,
Thou hast neither heat, affection, limb, nor beauty,
To make thy riches pleasant. What's yet in this
That bears the name of life? Yet in this life
Lie hid (more) thousand deaths: yet death we fear
That makes these odds all even.
그대가 늙고 부유하게 되면
그대의 부를 즐길만한 열정도 애정도
활력에 넘치는 사지도 아름다운 용모도 사라져 버린다.
그럼 살아 있다는 게 도대체 무슨 의미가 있는가?
우리의 삶에는 수없이 많은 죽음이 도사리고 있는데.
그러나 우린 이 모든 역경을 사라지게 해줄 죽음을 두려워한다.

【 6-07 】

돌에도 생명을 Breathe Life into a Stone

『끝이 좋으면 모두 좋다』 2막 1장 73행

That's able to breathe life into a stone,
Quicken a rock, and make you dance canary
With spritely fire and motion; whose simple touch,
Is powerful to araise King Pepin.
그 의사는 돌에도 생명을 불어넣을 수 있고,
바위라도 살려 낼 수 있으며, 폐하께서 불길처럼 활달하게 움직이고

카나리아 춤도 추게 할 수 있습니다. 손끝만 대도
죽은 피핀 왕을 일어나게 할 수 있는 힘을 가지고 있지요.

【 6-08 】

인생의 종말 The End of Life

『헨리 4세 1부』 3막 2장 157행

The end of life cancels all bands.
인생의 종말은 모든 약속을 파기한다.

【 6-09 】

숨을 거두다 Breathed His Last

『헨리 6세 3부』 5막 2장 40행

Ah, Warwick! Montague hath breathed his last;
And to the latest gasp cried out for Warwick,
And said 'Commend me to my valiant brother.'
아, 워릭! 몬태규는 벌써 숨을 거두고 말았소.
마지막 숨을 거두는 순간까지 워릭을 부르며,
'용감한 내 동생에게 안부를 전해주시오' 라고 하셨습니다.

【 6-10 】

거지가 죽는다고 When Beggars Die

『줄리어스 시저』 2막 2장 30행

When beggars die there are no comets seen;
The heavens themselves blaze forth the death of princes.

거지가 죽는다고 혜성이 나타나진 않아요.

하늘은 군주들이 죽을 때만 불꽃을 뿜어 그걸 알려주죠.

【 6-11 】

용자의 죽음 Death of the Valiant

『줄리어스 시저』 2막 2장 32행

Cowards die many times before their deaths,
The valiant never taste of death but once.
겁쟁이는 몇 번이든 되풀이하여 죽지만
용감한 자는 단 한 번 죽음을 맞이하는 법이다.

【 6-12 】

우리 일은 끝났다 Our Deeds Are Done

『줄리어스 시저』 5막 3장 63행

The sun of Rome is set. Our day is gone,
Clouds, dews, and dangers come; our deeds are done!
로마의 태양은 저물었고 우리의 낮도 저물어버렸다.
구름과 이슬이여, 위험이여 오너라! 이제 우리 일은 끝났다!

【 6-13 】

타인의 죽음에 의지한 생명 Life Achieved by Others' Death

『존 왕』 4막 2장 104행

There is no sure foundation set on blood;
No certain life achieved by others' death.

유혈로 세운 기초는 흔들리기 마련이다.
타인의 죽음에 의지한 어떤 생명이고 완전할 수 없다.

【6-14】

임종의 고백과 참회 Deathbed Confession and Repentance

『맥베스』 1막 4장 7행

I have spoke
With one that saw him die: who did report
That very frankly he confessed his treasons,
Implored your highness' pardon and set forth
A deep repentance: nothing in his life
Became him like the leaving it.
그가 죽는 걸 지켜본 사람의 보고에 따르면
코더 영주는 솔직하게 자신의 반역죄를 고백하고,
폐하의 용서를 간절히 빌었다고 합니다.
뿐만 아니라 진심으로 참회의 뜻을 비쳤다고 합니다.
그의 일생을 통해 임종의 순간처럼
당당한 순간은 아무 것도 없었답니다.

【6-15】

지옥으로 부르는 조종 소리 A Knell, That Summons to Hell

『맥베스』 2막 1장 63행

I go, and it is done; the bell invites me.
Hear it not, Duncan, for it is a knell,
That summons thee to heaven or to hell.

내가 가면 일은 끝난다. 종소리가 날 부른다.
던컨이여! 저 소리를 듣지 마라.
그건 당신을 천당 혹은 지옥으로 부르는 조종 소리니.

【6-16】

죽음 속에서 생명을 Seeking Death, Find Life

『자에는 자로』 3막 1장 43행

I find I seek to die,
And, seeking death, find life.
나는 죽음을 각오했다.
그리하여 죽음 속에서 생명을 발견했다.

【6-17】

잘 익은 과일이 먼저 떨어지는 법 The Ripest Fruit First Falls

『리처드 2세』 2막 1장 153행

The ripest fruit first falls, and so doth he;
His time is spent, our pilgimage must be.
잘 익은 과일이 먼저 떨어지는 법. 그의 경우가 바로 그러하오.
그의 생애는 끝났지만, 내 생의 순례는 계속될 것이오.

【6-18】

뼈는 산호가 되고 Bones Are Coral Made

『폭풍우』 1막 2장 398행

Full fathom five thy father lies,

Of his bones are coral made:
Those are pearls that were his eyes:
Nothing of him that doth fade,
But doth suffer a sea-change
Into something rich and strange.
Sea-nymphs hourly ring his knell.
애비는 다섯 길 깊은 바다 속에 누워 있네,
그의 뼈는 산호가 되고,
두 눈알은 진주가 되었네.
그의 몸은 멀쩡하지만,
바다가 모든 걸 변하게 하네.
애비는 값지고 기이한 보물이 되었다네.
바다의 요정이여, 매 시간마다 조종을 울려라.

【6-19】

살기 아니면 죽기 Hob Nob

『십이야』 3막 4장 240행

He is knight, dubbed with unhatched rapier and on carpet consideration; but he is a devil in private brawl: souls and bodies hath he divorced three; and his incensement at this moment is so implacable, that satisfaction can be none but by pangs of death and sepulchre. Hob, nob, is his word; give't or take't.
그는 기사요. 전쟁터에서의 공이 아니라 왕실의 배려로 받은 칭호이긴 하지만, 싸움이라면 악마 뺨치는 자요. 그는 이미 세 사람을 황천으로 보낸 자요. 지금 이 순간 무쩍 화가 나, 상대를 죽여 묻지 않으면 성이 차지 않는다고 야단이오. 살기 아니면 죽기라는 것이오. 다시 말해 죽이느냐

죽느냐는 것이오.

【 6-20 】

목을 쳐라 Off with His Head!

『리처드 3세』 3막 4장 76행

Thou art a traitor.
Off with his head!
놈은 반역자이니,
그놈의 목을 쳐라.

【 6-21 】

의사 자신도 죽음을 면할 순 없다 Death Will Seize the Doctor Too

『심벨린』 5막 5장 290행

CORNELIUS: Hail, great king!
To sour your happiness, I must report
The queen is dead.
CYMBELINE: Who worse than a physician
Would this report become? But I consider,
By medicine life may be prolonged, yet death
Will seize the doctor too.
코넬리어스: 대왕 폐하 만세!
이렇게 기쁜 순간 나쁜 소식을 전해 죄송합니다.
왕비께서 돌아가셨습니다.
심벨린: 의사가 전해주기에는
어울리지 않는 소식이 아닌가? 그러나

의술이란 잠시 생명을 연장시키는 수단일 뿐.
의사 자신도 죽음을 면할 순 없지.

【 6-22 】

죽음 뒤에 올 그 어떤 두려움 The Dread of Something After Death

『햄 릿』 3막 1장 75행

When he himself might his quietus make
With a bare bodkin? who would fardels bear,
To grunt and sweat under a weary life,
But that the dread of something after death,
The undiscovered country from whose bourn
No traveller returns, puzzles the will
And makes us rather bear those ills we have
Than fly to others that we know not of?
단 한 자루의 단도로 모든 것을 끝장낼 수 있는데 …
그 어느 누가 이 지루한 인생의 무거운 짐을 지고
땀을 뻘뻘 흘리고 신음하면서 살아가겠는가?
하지만 죽음 뒤에 닥쳐 올 그 무엇에 대한 두려움과
나그네 한 번 가면 다시는 돌아 올 수 없는 미지의 세계가
우리의 결심을 망설이게 하고,
우리가 알지도 못하는 미지의 세계로 날아가느니
차라리 현세에서 당하는 번뇌를 참고 견디도록
하는 것이 아니겠는가?

【 6-23 】

너무나도 혐오스런 이승의 삶 Most Loathed Worldly Life

『자에는 자로』 3막 1장 128행

The weariest and most loathed worldly life
That age, ache, penury and imprisonment
Can lay on nature is a paradise
To what we fear of death.
늙음, 병마, 궁핍 그리고 투옥이 육신에 가할 수 있는
가장 진저리나고 혐오스러운 이승에서의 삶도,
죽음을 앞두고 우리가 느끼는 공포에 비하면
천국과 같은 것이다.

【 6-24 】

죽음을 맞는 건 불가피한 하늘의 뜻 Death, a Necessary End

『줄리어스 시저』 2막 2장 36행

Of all the wonders that I yet have heard.
It seems to me most strange that men should fear;
Seeing that death, a necessary end,
Will come when it will come.
지금까지 들어온 많은 일 가운데
가장 이상한 일은 사람들이 죽음을 두려워한다는 거요.
죽음을 맞이하는 건 불가피한 하늘의 뜻이니,
죽음은 올 때가 되면 오기 마련이오.

【 6-25 】

잔인한 저승사자 This Fell Sergeant, Death

『햄 릿』 5막 2장 336행

That are but mutes or audience to this act,
Had I but time–as this fell sergeant, death,
Is strict in his arrest–O, I could tell you–
But let it be.
이 비극에서 무언의 역을 맡았거나 관객에 불과한 여러분,
내게 시간만 좀 더 있다면 … 이 잔인한 저승사자가
어김없이 날 잡아가려고 하는데 … 아, 하고 싶은 말이 많은데 …
하지만 그만 두겠소.

【 6-26 】

모두에게 죽음은 필연적 Death Is Certain to All

『헨리 4세 2부』 3막 2장 37행

Certain, 'tis certain; very sure, very sure: death,
as the Psalmist saith, is certain to all; all shall die.
How a good yoke of bullocks?
그렇죠. 분명합니다. 분명해. 시편의 작가가 말하고 있듯이,
모든 인간에게 죽음은 필연적입니다. 누구나 죽게 마련이죠.
그런데 참한 송아지 한 쌍이 얼마던가요?

【 6-27 】

모두가 죽어서 진토가 된다 All Must Come to Dust

『심벨린』 4막 2장 262행

Thou thy worldly task hast done,
Home art gone, and ta'en thy wages:
Golden lads and girls all must,

As chimney-sweepers, come to dust.
그대는 이승에서의 일을 다 하고도,
노자도 없이 저승길을 떠나네.
멋진 총각들과 처녀들도
굴뚝 청소부처럼, 죽어서는 진토가 된다네.

【 6-28 】

아프긴 하지만 바랄만한 것 Which Hurts, and Is Desired

『안토니와 클레오파트라』 5막 2장 296행

Have I the aspic in my lips? Dost fall?
If thou and nature can so gently part,
The stroke of death is as a lover's pinch,
Which hurts, and is desired.
내 입술에 독사의 독이라도 묻었단 말인가? 쓰러지다니?
너와 생명이 그렇게 쉽게 헤어질 수 있다면,
죽음의 타격도 애인이 꼬집는 것 같아서
아프긴 하지만 간절히 바랄만한 것이로구나.

【 6-29 】

죽으면 사람 얼굴이 몹시 변한다 Death Is a Great Disguiser

『자에는 자로』 4막 2장 174행

O, death is a great disguiser; and you may add to it. Shave the head, and tie the beard; and say it was the desire of the penitent to be so bared before his death: you know the course is common.
아, 죽으면 사람 얼굴이 몹시 변하지만, 그걸 좀 더 손질할 수 있소. 머리를 깎고, 수염을 다듬고, 그가 죽기 전에 참회하면서 그렇게 해주기를 바랐다고 말하시오. 당신도 알다시피, 그런 일은 흔하오.

【 6-30 】

준비도 없이 죽는다는 건 To Die When Men Are Unprepared

『리처드 3세』 3막 2장 62행

CATESBY: 'Tis a vile thing to die, my gracious lord
  When men are unprepared and look not for it.
HASTINGS: O monstrous, monstrous! and so falls it out
  With Rivers, Vaughan, Grey.
케이츠비: 죽는다는 건 비참한 일입니다, 대감.
  죽을 준비도 안됐고, 예상치도 못했을 때 죽는 게 말입니다.
헤스팅스: 아, 끔찍한 일이죠!
  그런데 리버즈, 본, 그레이 같은 자들이 그 꼴이 되었어요.

【 6-31 】

죽으면 모든 빚이 다 없어진다 He That Dies Pays All Debt

『폭풍우』 3막 2장 131행

STEPHANO: If thou beest a devil, take't as thou list.
TRINCULO: O, forgive me my sins!
STEPHANO: He that dies pays all debts: I defy thee. Mercy upon us!
스테파노: 악마라면 네 멋대로 하고 나타나거라.
드링큘로: 아, 내 죄를 용서하세요!
스테파노: 죽으면 모든 빚이 다 없어진다. 덤벼라. 우리에게 자비를!

【 6-32 】

위인에 대한 기억 Great Man's Memory

『햄 릿』 3막 2장 131행

O heavens! die two months ago, and not forgotten yet? Then there's hope a great man's memory may outlive his life half a year:

오, 맙소사! 돌아가신 지 두 달이나 되었는데, 아직도 잊히지 않다니! 그렇다면 위인은 죽어서도 반년은 기억 속에 남아 있겠는 걸.

07 ㅣ 인간이란

【 7-01 】

인간이란 얼마나 멋진 걸작인가! What a Piece of Work Is a Man!

『햄릿』 2막 2장 303행

What a piece of work is a man!
how noble in reason! how infinite in faculty,
in form and moving how express and admirable,
in action how like an angel!
in apprehension how like a god! the beauty of the
world! the paragon of animals—And yet, to me,
what is this quintessence of dust?
man delights not me—nor woman neither.
인간이란 얼마나 멋들어진 걸작인가!
그 이성은 얼마나 고매하고, 그 능력은 얼마나 무한한가?

그 자태와 거동은 얼마나 우아하고 경탄할 만한가?
그 행동은 그 얼마나 천사와 같고,
그 이해력 또한 얼마나 신에 필적할만한가?
이 세상의 아름다움이요, 만물의 영장이 아니던가?
그런데 지금 내게는, 인간이 한낱 진토로밖에 보이질 않다니!
난 어떤 인간과 같이 있어도 즐겁지 않아.
그 어떤 여자도 날 즐겁게 할 수 없어.

【 7-02 】

풍속의 거울 The Glass of Fashion

『햄릿』 3막 1장 153행

O, what a noble mind is here in thrown!
The courtier's, soldier's, scholar's, eye, tongue, sword;
The expectancy and rose of the fair state,
The glass of fashion and the mould of form,
The observed of all observers, quite, quite down!
아, 그렇게도 고결하던 정신이 이제 깨어져 버렸구나!
궁정인의 구변과 무사의 무술과 학자의 안목을 겸비하셨던 분,
이 나라의 희망이요 꽃이었던 분, 풍속의 거울이요
예의범절의 귀감으로 모든 사람이 존경하던 분이셨건만,
이제, 정말, 그분의 정신이 무너져버렸구나.

【 7-03 】

인간이란 무엇인가? What Is a Man

『햄릿』 4막 4장 33행

What is a man,
If his chief good and market of his time
Be but to sleep and feed? a beast, no more.
인간이란 무엇인가?
그가 하는 주된 일이
자고 먹는 일에만 그친다면, 짐승에 지나지 않을 뿐.

【 7-04 】

눈을 끔뻑이는 바보 A Blinking Idiot

『베니스의 상인』 2막 9장 54행

What's here? the portrait of a blinking idiot,
Presenting me a schedule! I will read it.
How much unlike art thou to Portia!
How much unlike my hopes and my deservings!
'Who chooseth me shall have as much as he deserves.'
Did I deserve no more than a fool's head?
이게 뭐지? 눈을 끔뻑이는 바보의 초상화 하나가
나에게 두루마리를 내밀고 있군! 어디 읽어보자.
그대는 포셔 아씨와는 그 모습이 너무나 다르구나!
내 소망과 내 가치에 비춰 봐도 너무나 거리가 멀어!
'나를 선택하는 자, 그 신분에 합당한 것을 얻으리라.'
내게 합당한 게 바보의 머리통에 불과하단 말인가?

【 7-05 】

감히 무슨 일을 하려고 What Men Dare Do

『헛소동』 4막 1장 19행

O, what men dare do! What men may do! What men daily do, not knowing what they do!
아, 인간이여, 감히 무슨 일을 하려는 것인가! 무얼 하고 있는지 알지도 못하면서, 매일 무슨 짓을 한단 말인가!

【 7-06 】

잠자는 늑대 A Sleeping Wolf

『헨리 4세 2부』 1막 2장 154행

CHIEF JUSTICE: But since all well, keep it so, wake not a sleeping wolf.
FALSTAFF: To wake a wolf is as bad as smell a fox.
대법관: 모든 게 그런대로 괜찮으니, 그대로 두어라. 잠자는 늑대를 깨우지 마라.
폴스타프: 그건 여우 냄새를 맡는 것처럼 나쁜 일이지요.

【 7-07 】

우리 모두가 죄인 We Are Sinners All

『헨리 6세 2부』 3막 3장 31행

Forbear to judge, for we are sinners all.
우리 모두가 죄인이니 심판하기를 삼가라.

【 7-08 】

법률가 놈들을 모조리 죽이자 Let's Kill All the Lawyers

『헨리 6세 2부』 4막 2장 77행

CADE: I thank you, good people—there shall be no money;
  all shall eat and drink on my score, and
  I will apparel them all in one livery, that they
  may agree like brothers and worship me their lord.
DICK: The first thing we do, let's kill all the lawyers.
CADE: Nay, that I mean to do.
케이드: 여러분, 고맙소. 돈은 더 이상 필요 없소.
  누가 마시고 먹든, 내가 계산할 거야.
  모든 사람들에게 똑같은 옷을 입히겠소.
  그럼 형제처럼 되어, 날 그들의 왕으로 존경하게 되겠지.
딕: 먼저 해야 할 일이 있는데, 법률가 놈들을 모조리 죽입시다.
케이드: 그래야지. 나도 그렇게 생각하고 있소.

【 7-09 】

여위고 굶주린 인상 A Lean and Hungry Look

『줄리어스 시저』 1막 2장 194행

Let me have men about me that are fat,
Sleek-headed men and such as sleep a-nights:
Yond Cassius has a lean and hungry look,
He thinks too much; such men are dangerous.
내 주위엔 살찐 사람들만 둬야겠어.
윤기 나는 머리를 하고 밤에 잠을 잘 자는 사람들 말이야.
저 카시어스는 여위고 굶주린 인상을 하고 있어.
생각이 너무 많아. 그런 자는 위험해.

【 7-10 】

좀 더 냉혹한 자질 Sterner Stuff

『줄리어스 시저』 3막 2장 92행

When that the poor have cried, Caesar hath wept;
Ambition should be made of sterner stuff:
Yet Brutus says he was ambitious,
And Brutus is an honorable man.
가난한 자들이 울면 시저도 울었습니다.
야심이란 좀 더 냉혹한 자질로 구성돼야 하죠.
그러나 브루터스는 시저가 야심을 품었다고 말합니다.
그리고 브루터스는 고결하신 분입니다.

【 7-11 】

가장 잔인한 일격 The Most Unkindest Cut of All

『줄리어스 시저』 3막 2장 183행

For Brutus, as you know, was Caesar's angel:
Judge, O you gods, how dearly Caesar loved him!
This was the most unkindest cut of all;
For when the noble Caesar saw him stab,
Ingratitude, more strong than traitors' arms,
Quite vanquished him: then burst his mighty heart;
알다시피 브루터스는 시저가 가장 사랑하는 자였소.
신들이여, 시저가 그를 얼마나 사랑했는지 판단해주소서!
이야말로 가장 잔인한 일격이었소.
고결한 시저는 자기를 찌르는 브루터스를 보자,

반역자의 무기보다 훨씬 더 무서운 그 배은망덕에,
완전히 압도되고 말았소. 그래서 그의 거대한 심장은 터져버렸소.

【7-12】

가련하고 벌거벗은 두 발 짐승 A Poor, Bare, Forked Animal

『리어 왕』 3막 4장 108행

Unaccommodated man is no more but such a poor,
bare, forked animal as thou art.
외관을 갖추지 않으면 인간은 단지 너처럼
가련하고 벌거벗은 두 발 짐승에 지나지 않아.

【7-13】

어느 모로 보나 왕 Every Inch a King

『리어 왕』 4막 6장 107행

GLOUCESTER: The trick of that voice I do well remember:
Is 't not the king?
LEAR: Ay, every inch a king:
글로스터: 저 목소리의 특징을 난 잘 알고 있어.
국왕 폐하가 아니신가요?
리 어: 그렇지, 어느 모로 보나 왕이지.

【7-14】

중요한 건 마음의 준비 Ripeness Is All

『리어 왕』 5막 2장 11행

Men must endure
Their going hence even as their coming hither,
Ripeness is all.
인간은 세상을 하직하는 것도 참아내야 합니다.
세상에 나올 때와 마찬가지로 말입니다.
중요한 건 준비하고 있어야 한다는 점이죠.

【7-15】

웬 고약한 놈이 이리로 Something Wicked This Way Comes

『맥베스』 4막 1장 45행

By the pricking of my thumbs,
Something wicked this way comes. [Knocking]
Open, locks,
Whoever knocks!
엄지손가락이 따끔따끔한 걸 보니
웬 고약한 놈이 이리로 오는가 보다. (문 두드리는 소리)
어느 누가 문을 두드리든
자물쇠를 열어라.

【7-16】

인간은 어지러운 존재 Man Is a Giddy Thing

『헛소동』 5막 4장 108행

Man is a giddy thing, and this is my conclusion.
인간은 어지러운 존재입니다. 이것이 내 결론입니다.

【 7-17 】

인간들이란 어찌 그리 바보들인지! What Fools These Mortals Be!

『한여름 밤의 꿈』 3막 2장 115행

Captain of our fairy band,
Helena is here at hand;
And the youth, mistook by me,
Pleading for a lover's fee.
Shall we their fond pageant see?
Lord, what fools these mortals be!
우리 요정 무리의 대장님,
헬레나가 여기에 가까이 와 있습니다.
그리고 제가 착각을 한 그 젊은이도,
사랑의 보상을 간청하며 이리 오고 있습니다.
그들의 어리석은 짓을 구경하시렵니까?
원 참, 인간들이란 어찌 그리 바보들인지!

【 7-18 】

음악에 감동하지 않는 That Is Not Moved with Sounds

『베니스의 상인』 5막 1장 84행

The man that hath no music in himself,
Nor is not moved with concord of sweet sounds,
Is fit for treasons, stratagems, and spoils.
마음속에 음악적 소양이 없는 사람과
감미로운 음악의 조화에 아무런 감동을 느낄 수 없는 인간은
배신과 음모와 강도질이나 일삼는 인간일 것이요.

【 7-19 】

선천적 특성 Touch of Nature

『트로일러스와 크레시다』 3막 3장 175행

Let not virtue seek
Remuneration for the thing it was;
For beauty, wit,
High birth, vigour of bone, desert in service,
Love, friendship, charity, are subjects all
To envious and calumniating Time.
One touch of nature makes the whole world kin,
That all with one consent praise new-born gawds,
Though they are made and moulded of things past,
And give to dust that is a little gilt
More laud than gilt overdusted.
덕이 있는 사람은 과거의 공적에 대한
그 어떤 보상도 기대하지 않소.
아름다움도, 지혜도,
고귀한 태생도, 활력이 넘치는 육신도, 훌륭한 공적도,
사랑도, 우정도, 자비도, 이 모든 것은
시기하며 비방을 일삼는 시간의 지배를 받고 있기 때문이오.
한 가지 선천적 특성이 사람들을 비슷한 인간으로 만들죠.
모두가 새로 나온 하찮은 걸 칭찬하고,
비록 그것들이 과거의 것을 바탕으로 만들어진 것이라고 해도,
먼지 덮인 황금보다는 얇게 금도금이 되어 있는
먼지 같은 것을 이구동성으로 칭찬합니다.

【 7-20 】

생각도 못한 자와 동침 Strange Bedfellows

『폭풍우』 2막 2장 40행

Legged like a man and his fins like arms! Warm, o' my troth! I do now let loose my opinion; hold it no longer: this is no fish, but an islander, that hath lately suffered by a thunder-bolt. [Thunder] Alas, the storm is come again! my best way is to creep under his gaberdine; there is no other shelter hereabouts: misery acquaints a man with strange bed-fellows. I will here shroud till the dregs of the storm be past.

사람처럼 다리가 있네. 지느러미는 팔 같고! 정말 따뜻하군! 내 생각을 바꿔야겠어. 더 이상 고집부릴 수가 없군. 이건 물고기가 아니라 최근에 벼락 맞은 섬사람이야. (천둥소리) 아이고, 폭풍이 다시 몰려오는군! 이 외투 속으로 기어 들어가는 것이 상책이다. 이 근처엔 달리 몸 피할 곳이 없어. 워낙 궁색하다보니 생각도 못한 자와 동침하게 됐군. 난 여기서 폭풍의 마지막 자락이 지나갈 때까지 이렇게 하고 있어야지.

【 7-21 】

꿈과 같은 성질로 된 인간 Such Stuff as Dreams Are Made on

『폭풍우』 4막 1장 156행

Our revels now are ended. These our actors,
As I foretold you, were all spirits, and
Are melted into air, into thin air:
And like the baseless fabric of this vision,
The cloud-capped tow'rs, the gorgeous palaces,
The solemn temples, the great globe itself,

Yea, all which it inherit, shall dissolve,
And, like this insubstantial pageant faded,
Leave not a rack behind. We are such stuff
As dreams are made on; and our little life
Is rounded with a sleep.
우리의 여흥은 이제 끝났어. 자네에게 말했듯이,
여기 이 배우들은 모두가 요정들이라서, 공기 속으로,
엷은 공기 속으로 녹아들어 가버렸네.
그리곤 토대 없는 건물 같은 이 환영처럼,
구름을 찌르듯 치솟은 탑도, 멋들어진 궁전도,
장엄한 사원도, 거대한 지구 자체도,
그래, 이 지구상의 모든 생물들도 녹아 들어가,
사라져버린 허망한 꿈같은 축제 행렬처럼,
그 뒤에 아무런 흔적도 남기지 않게 될 거야.
우리 인간도 꿈과 같은 성질로 되어 있어서,
보잘것없는 우리 인생은 잠으로 그 막을 내리게 되지.

【 7-22 】

이 사악한 놈 This Thing of Darkness

『폭풍우』 5막 1장 275행

Mark but the badges of these men, my lords,
Then say if they be true. This mis-shapen knave—
His mother was a witch …
These three have robbed me, and this demi-devil—
For he's a bastard one—had plotted with them
To take my life. Two of these fellows you

Must know and own; this thing of darkness I
Acknowledge mine.
여러분, 이놈들이 걸치고 있는 배지만 봐도
이들의 정체를 아실 겁니다. 이 병신은,
이놈의 어미는 마녀였습니다 …
이들 세 놈이 내 물건을 훔쳤습니다.
악마와 다를 바 없는 이놈이, 하긴 애비 없는 자식이지만,
저놈하고 공모하여 제 목숨을 노렸습니다.
두 놈은 잘 아실 겁니다. 당신 부하가 아닌가요?
이 사악한 놈은 제 하인이라는 걸 인정하죠.

【7-23】

시저를 덜 사랑해서가 아니라 Not That I Loved Caesar Less

『줄리어스 시저』 3막 2장 21행

Not that I loved Caesar less, but that I loved Rome more.
Had you rather Caesar were living, and die all slaves, than
that Caesar were dead, to live all freemen?
시저를 덜 사랑해서가 아니라, 로마를 더 사랑하기에 난 시저를 죽였소.
시저 혼자 살고 여러분 모두가 노예로 죽기를 원하시오,
아니면 시저가 죽고 모두가 자유인으로 살기를 원하시오?

【7-24】

옆구리가 터져 꿰맬 때까지 웃기 Laugh Yourself into Stitches

『십이야』 3막 2장 68행

If you desire the spleen, and will laugh yourself into stitches, follow

me. Yond gull Malvolio is turned heathen, a very renegado; for there is no Christian, that means to be saved by believing rightly, can ever believe such impossible passages of grossness.
비장(脾臟)병에 걸리고 싶거나, 옆구리가 터져 꿰맬 때까지 웃고 싶다면 따라 와요. 저기 멍청한 말보리오가 이교도가 되어, 신앙을 저버린 자가 됐어요. 엉뚱한 편지를 믿고 구원받기를 기대할 기독교인은 아마 없을 것이니 말입니다.

【 7-25】

야심을 버려라 Fling Away Ambition

『헨리 8세』 3막 2장 440행

Cromwell, I charge thee, fling away ambition!
By that sin fell the angels.
크롬웰, 그대에게 명하노니 야심을 버려라.
그 죄로 인해 천사들이 추락했으니까.

【 7-26】

우리의 의지는 정원사 Our Wills Are Gardeners

『오셀로』 1막 3장 320행

Our bodies are our gardens, to the which our wills are gardeners; so that if we will plant nettles or sow lettuce, set hyssop and weed up tine, supply it with one gender of herbs of distract it with many, either to have it sterile with idleness or manured with industry—why, the power and corrigible authority of this lies in our wills.
우리들의 몸이 정원이라면 우리들의 의지는 정원사이지. 쐐기풀을 심던,

상추를 심던 우슬초를 심어서 백리 향을 내던, 한 가지 종류의 풀을 기르든 여러 가지의 풀을 기르든지, 내버려둬서 시들게 하든 부지런히 거름을 주던, 이를 고치고 결정하는 힘 모두가 다 우리들 의지의 소산이지.

【 7-27】

날뛰는 야심 Vaulting Ambition

『맥베스』 1막 7장 27행

I have no spur
To prick the sides of my intent, but only
Vaulting ambition, which in leaps itself
And falls on the other.
난 계획의 옆구리를 자극할 박차가 없어.
다만 있는 건 날뛰는 야심뿐.
야심이 지나쳐 저쪽으로
나가떨어질 지경이로구나.

【 7-28 】

최상의 용기는 분별력 The Better Part of Valour Is Discretion

『헨리 4세 1부』 5막 4장 120행

To die, is to be a counterfeit; for he is but
the counterfeit of a man who hath not the life of
a man: but to counterfeit dying, when a man thereby
liveth, is to be no counterfeit, but the true and
perfect image of life indeed. The better part of
valour is discretion; in the which better part

I have saved my life.
죽는 게 오히려 가짜가 되는 거야.
생명 없는 인간은 단지 가짜 인간일 뿐이니까.
그러나 죽은 것처럼 가장해서라도
목숨을 건질 수만 있다면, 이건 가짜이기는커녕
오히려 완전히 살아있는 진짜 인간이지.
최상의 용기는 분별력이지.
이 분별력 덕에 난 목숨을 건지게 되었지.

【 7-29 】

용기를 있는 대로 짜내 Screw Your Courage to the Sticking Place

『맥베스』 1막 7장 60행

But screw your courage to the sticking place,
And we'll not fail.
용기를 있는 대로 짜내 보세요.
그럼 우린 절대로 실패하지 않을 겁니다.

【 7-30 】

북극성처럼 확고부동한 Constant as the Northern Star

『줄리어스 시저』 3막 1장 60행

I am constant as the northern star,
Of whose true-fixed and resting quality.
나는 하늘에서 그 자리를 바꾸지 않는
북극성처럼 확고부동한 사람이오.

【 7-31 】

불쌍하고 헐벗은 자들 Poor Naked Wretches

『리어 왕』 3막 4장 28행

Poor naked wretches, whereso'er you are,
That bide the pelting of this pitiless storm,
How shall your houseless heads and unfed sides,
Your looped and windowed raggedness, defend you
From seasons such as these? O, I have ta'en
Too little care of this! Take physic, pomp;
Expose thyself to feel what wretches feel,
That thou mayst shake the superflux to them,
And show the heavens more just.
불쌍하고 헐벗은 자들아. 지금 너희들이 어디에 있든
이 잔인한 폭풍을 참아 견뎌야 할 것이다.
머리를 눕힐 집도 없이, 허기진 배를 움켜잡고
창문처럼 구멍 난 누더기를 걸치고,
어찌 이 고약한 날씨를 견디겠느냐? 아, 난 지금까지
헐벗은 자들에게 너무 무관심했다. 부귀영화를 누리는 자들아,
이를 약으로 삼고, 헐벗은 자들의 고통을 몸소 느껴보아라.
너희들에게 남는 것을 훌훌 떨어내어
하늘이 좀 더 공평하다는 것을 보여주어라.

【 7-32 】

일시적으로 부여받은 권력 Brief Authority

『자에는 자로』 2막 2장 118행

[P]roud man,
Drest in a little brief authority,
Most ignorant of what he's most assured,
His glassy essence, like an angry ape,
Plays such fantastic tricks before high heaven
As make the angels weep; who, with our spleens,
Would all themselves laugh mortal.
거만한 인간은, 일시적으로 부여받은 하찮은 권력을 걸치고서
그걸 확고부동한 것으로 믿는 어리석음을 범하고,
유리알처럼 덧없는 본질임에도 불구하고, 성난 원숭이처럼
드높은 하늘 앞에서 터무니없는 농간을 부리니
천사들이 가엾게 생각해서 눈물을 흘리지요.
천사들이 우리처럼 비장(脾臟)이 있어
웃을 수 있다면, 그걸 보고 숨넘어가도록 웃을 것입니다.

【 7-33 】

염색공의 손 The Dyer's Hand

『소네트』 111번 7행

My nature is subdued
To what it works in, like the dyer's hand.
내 천성은 내가 하는 일에 묶여
염색공의 손처럼 천해졌다.

【 7-34 】

어린 것이 너무 영리하면 So Wise So Young

『리처드 3세』 3막 1장 79행

GLOUCESTER: So wise so young, they say do never live long.

PRINCE: What say you, uncle?

GLOUCESTER: I say, without characters, fame lives long.

글로스터: 옛말에 어린 것이 너무 영리하면 오래 살지 못한다고 했지.

태 자: 삼촌, 무슨 말씀인가요?

글로스터: 기록이 없어도 명성은 오래간다고 했습니다.

【 7-35 】

바보는 금방 제 밑천을 드러낸다 A Fool's Bolt Is Soon Shot

『헨리 5세』 3막 7장 122행

CONSTABLE: I will cap that proverb with "There is flattery in friendship."

ORLEANS: And I will take up that with "Give the devil his due."

CONSTABLE: Well placed: there stands your friend for the devil: have at the very eye of that proverb with "A pox of the devil."

ORLEANS: You are the better at proverbs, by how much "A fool's bolt is soon shot."

사령관: 그 속담에 모자를 씌워, "우정에도 아첨이 따른다."고 해두지요.

올리언즈: 그걸 되받아 "싫은 이도 공평하게 대해야 한다."고 해두지요.

사령관: 말씀 잘하셨소. 그 싫은 사람이란 바로 당신의 친구인 황태자요. 그 속담의 여린 부분을 공격하여 "염병에나 걸려라."고 해 둡시다.

올리언즈: 속담 주워섬기는 일에는 당신이 상수요. 하지만 "바보는 금방 제 밑천을 드러낸다."는 말이 있죠.

【 7-36 】

자비란 강요할 수 없는 것 The Quality of Mercy Is Not Strained

『베니스의 상인』 4막 1장 184행

The quality of mercy is not strained,
It droppeth as the gentle rain from heaven
Upon the place beneath: it is twice blest;
It blesseth him that gives and him that takes
' Tis mightiest in the mightiest; it becomes
The throned monarch better than his crown;
His sceptre shows the force of temporal power,
The attribute to awe and majesty,
Wherein doth sit the dread and fear of kings;
But mercy is above this sceptred sway,
It is enthroned in the hearts of kings,
It is an attribute to God himself,
And earthly power doth then show likest God's
When mercy seasons justice.
자비는 그 성질상 강요할 수 있는 게 아니요.
자비는 하늘에서 땅으로 내리는 부드러운 비와 같소.
자비는 이중의 축복을 내려 줄 수 있으니,
자비를 베푸는 자와 받는 자를 동시에 축복해줍니다.
자비는 강력한 힘을 가진 이에게 더욱 큰 미덕이요,
왕좌에 앉은 왕에게는 왕관보다 더 멋진 미덕이지요.
왕의 홀은 현세에서의 권력을 나타내 줄 뿐,
그것은 경외와 위엄의 상징으로
군왕을 두려움과 공포의 대상으로 보게 합니다.

그러나 자비는 이 위력을 훨씬 능가하는 것이요.
자비는 왕들의 가슴 속에 자리 잡고 앉아
하나님 자신을 드러내는 덕성이라고 할 수 있소.
지상의 권세는 자비로서 엄한 정의를 완화시킬 때
비로소 신의 권세와 가장 비슷한 모습을 보여줄 것이오.

【 7-37 】

희망은 왕을 신으로 만들고 Kings It(hope) Makes Gods

『리처드 3세』 5막 2장 23행

True hope is swift and flies with swallow's wings;
Kings it makes gods, and meaner creatures king.
진정한 희망은 속도가 빨라서, 제비의 날개를 타고 날고,
희망은 왕을 신으로 만들고, 천민들을 왕으로 만든다.

【 7-38 】

자신의 손에 달린 치유책 Remedies in Ourselves

『끝이 좋으면 모두 좋다』 1막 1장 216행

Our remedies oft in ourselves do lie,
Which we ascribe to Heaven
치유책이 하늘에 달려 있다고 생각하지만,
종종 우리 자신의 손에 달려 있다.

【 7-39 】

어지러운 사람은 세상이 돈다고 생각

He That Is Giddy Thinks the World Turns Round

『말괄량이 길들이기』 5막 2장 26행

KATHARINA: "He that is giddy thinks the world turns round":
I pray you, tell me what you meant by that.
Widow: Your husband, being troubled with a shrew,
Measures my husband's sorrow by his woe:
캐서리너: "자신이 어지러운 사람은 세상이 돈다고 생각한다"고요?
이 말 뜻이 도대체 뭔지를 좀 이야기해 줘요.
미망인: 당신 남편은 말괄량이 때문에 애를 먹고는, 자신의
비참한 처지에 빗대어 남의 남편도 그러려니 생각한단 말이죠.

【 7-40 】

짐승도 제 친구는 알아본다 Beasts to Know Their Friends

『코리오레이너스』 2막 1장 6행

SICINIUS: Nature teaches beasts to know their friends.
MENENIUS: Pray you, who does the wolf love?
SICINIUS: The lamb.
MENENIUS: Ay, to devour him; as the hungry plebeians
would the noble Marcius.
시시니어스: 짐승도 제 친구는 알아보는 게 대자연의 이치요.
메네니어스: 그럼 묻겠는데, 늑대가 좋아하는 게 뭐요?
시시니어스: 어린양이오.
메네니어스: 그렇소, 잡아먹기 위해서죠. 굶주린 평민들이
고결한 마르시어스 장군을 잡아먹으려고 하듯이 말이오.

【 7-41 】

어떻게 태어났던 간에, 나는 나 I Am I, However I Was Begot

『존 왕』 1막 1장 175행

And have is have, however men do catch:
Near or far off, well won is still well shot,
And I am I, however I was begot.
어떻게 손에 넣건, 손에 들어온 건 손에 들어온 거죠.
과녁이 가까이 있건 멀리 있건, 멋지게 승리만하면 잘 쏜 셈이죠.
어떻게 태어났던 간에, 나는 나란 말입니다.

08 | 인간의 마음

【 8-01 】

내 마음의 눈 In My Mind's Eye

『햄릿』 1막 2장 185행

HAMLET: My father!—methinks I see my father—
HORATIO: Where, my lord?
HAMLET: In my mind's eye, Horatio.
HORATIO: I saw him once, he was a goodly king.
햄 릿: 내 아버님, 아버님의 모습을 보는 것 같아.
호레이쇼: 어디서 말입니까? 왕자님!
햄 릿: 내 마음의 눈으로 말이네, 호레이쇼.
호레이쇼: 저도 뵌 적이 있는데, 훌륭하신 왕이셨죠.

【 8-02 】

처음부터 좋고 나쁜 건 없어 There Is Nothing Either Good or Bad

『햄릿』 2막 2장 250행

HAMLET: Denmark's a prison.
ROSENCRANTZ: Then is the world one.
HAMLET: A goodly one; in which there are many
confines, wards and dungeons, Denmark being
one of the worst.
ROSENCRANTZ: We think not so, my lord.
HAMLET: Why, then, 'tis none to you; for
there is nothing either good or bad,
but thinking makes it so. To me it is a prison.

햄 릿: 덴마크는 바로 감옥일세.
로젠크랜츠: 그렇다면 이 세상도 감옥이지요.
햄 릿: 대단히 훌륭한 감옥이지.
거기엔 수많은 구치소와 감방과 토굴이 있는데,
그 가운데 덴마크는 최악의 지독한 감방이지.
로젠크랜츠: 저희들 생각엔 그렇지 않습니다, 왕자님.
햄 릿: 그래. 자네들에겐 그렇지 않다는 거군.
처음부터 좋고 나쁜 게 따로 있는 게 아니라,
생각하기에 달려 있지. 어쨌든 나에겐 감옥일세.

【 8-03 】

내 마음 속 한 가운데 In My Heart of Heart

『햄릿』 3막 2장 73행

Give me that man
That is not passion's slave, and I will wear him
In my heart's core, ay, in my heart of heart.
격정의 노예가 아닌 사람이 있다면
나에게 소개해주게. 난 그 사람을
내 마음 속 깊은 곳 한 가운데 간직하겠네.

【8-04】

광대한 우주의 제왕 A King of Infinite Space

『햄릿』 2막 2장 256행

HAMLET: O God, I could be bounded in a nut shell and count myself a king of infinite space, were it not that I have bad dreams.

GUILDENSTERN: Which dreams indeed are ambition, for the very substance of the ambitious is merely the shadow of a dream.

햄 릿: 아, 하느님. 호두 껍데기 속에 갇혀 있다 해도, 난 자신을 이 무한한 우주의 제왕으로 생각할 수 있어. 악몽에 시달리지만 않는다면 말이야.

길던스턴: 사실 그런 꿈 자체가 야망이지요. 왜냐하면 야망에 차 있는 사람의 본질은 바로 꿈의 그림자에 불과하기 때문입니다.

【8-05】

왕관이라면 천륜도 배반 Nature Falls into Revolt for the Crown

『헨리 4세 2부』 4막 5장 65행

How quickly nature falls into revolt
When gold becomes her object!
For this foolish over-careful fathers
Have broke their sleep with thoughts.
황금 왕관을 제 것으로 하려는 목적이 있으면
부자간의 천륜도 배반하는 법!
이로 인해 어리석고 근심 많은 아버지들은
이런 생각으로 밤마다 잠을 설친다.

【 8-06 】

아무도 믿지 말라 Trust None

『헨리 5세』 2막 3장 50행

Trust none;
For oaths are straws, men's faiths are wafer-cakes.
아무도 믿지 말라. 맹세는 지푸라기와 같고,
인간들의 신의는 부서지기 쉬운 양과자와 같다.

【 8-07 】

모든 죄는 마음에서 All Offences Come From the Heart

『헨리 5세』 4막 8장 46행

All offences, my lord, come from the heart.
Never came any from mine that might offend your Majesty.
폐하, 모든 죄는 마음으로부터 생겨나는 법입니다.
제 마음에서 폐하의 기분을 상하게 하려고 한 적은 결코 없습니다.

【 8-08 】

이 세상 그 어떤 권세와도 바꿀 수 없는 Above All Earthly Dignities

『헨리 8세』 3막 2장 379행

And I feel within me
A peace above all earthly dignities,
A still and quiet conscience.
나는 느끼고 있다.
이 세상 그 어떤 권세와도 바꿀 수 없는
마음의 평화와 고요하고 안정된 양심을.

【 8-09 】

내 마음속의 왕관 My Crown Is in My Heart

『헨리 6세 3부』 3막 1장 62행

My crown is in my heart, not on my head;
not decked with diamonds and Indian stones,
Nor to be seen. My crown is called content,
A crown it is that seldom kings enjoy.
내 왕관은 머리 위가 아니라 내 마음속에 있다.
그 왕관이 다이아몬드나 인도 보석으로 장식된 것이 아니며,
눈에 보이는 것도 아니다. 그건 바로 만족이라고 부르는 것으로,
왕들이 거의 즐길 수 없는 왕관이다.

【 8-10 】

창녀의 맹세를 신뢰하는 자 One Who Trusts a Whore's Oath

『리어 왕』 3막 6장 19행

He's mad that trusts in the tameness of a wolf, a horse's health, a boy's love, or a whore's oath.
이리가 온순하다고, 말이 건강하다고, 소년의 사랑이 영원하다고, 창녀의 맹세를 진실하다고 믿는 놈은 모두 미친놈이죠.

【 8-11 】

최악의 상황이 웃을 수 있는 상황으로 The Worst Returns to Laughter

『리어 왕』 4막 1장 6행

To be worst,
The lowest and most dejected thing of fortune,
Stands still in esperance, lives not in fear.
The lamentable change is from the best,
The worst returns to laughter.
최악의 상황이 된다고 해도
가장 천하고 처참한 운명에 빠지더라도
두려움 속에 살지 말고 희망을 가지고 살아야지.
가장 좋은 상황도 슬픈 상황으로 바뀔 수 있고
가장 나쁜 상황도 웃을 수 있는 상황으로 바뀔 수 있으니.

【 8-12】

새장 속의 새들처럼 Like Birds in the Cage

『리어 왕』 5막 3장 9행

We two alone will sing like birds in the cage;
When thou dost ask me blessing, I'll kneel down
And ask of thee forgiveness.

우리 둘이 새장 속의 새들처럼 노래를 부르자.
네가 나에게 축복을 청하면,
난 무릎을 꿇고 네 용서를 구하겠다.

【8-13】

인정이란 젖 The Milk of Human Kindness

『맥베스』 1막 5장 17행

Glamis thou art, and Cawdor, and shalt be
What thou art promised. Yet do I fear thy nature,
It is too full of the milk of human kindness
To catch the nearest way.
당신은 글래미스 영주, 또한 코도 영주가 되셨으니
장차 약속된 왕도 되실 분. 하지만 당신 성품이 걱정됩니다.
당신은 지름길을 취하기에는
인정이란 젖이 넘쳐흐르는 분이기 때문이죠.

【8-14】

심지가 굳지 못한 Infirm of Purpose

『맥베스』 2막 2장 49행

MACBETH: I'll go no more.
I am afraid to think what I have done;
Look on't again I dare not.
LADY MACBETH: Infirm of purpose!
Give me the daggers. The sleeping and the dead
Are but as pictures; 'tis the eye of childhood

That fears a painted devil.

맥베스: 난 더 이상은 할 수 없소.
내가 저지른 일을 생각만 해도 소름이 끼쳐,
도저히 다시 보지 못하겠소.
맥베스 부인: 정말 심지가 굳지 못한 사람이군요!
칼을 이리 주세요. 잠든 자와 죽은 자는 그림이나 마찬가지.
어린애가 아니고서야 그 어느 누가
그림으로 그려진 악마를 두려워하겠어요.

【 8-15 】

탕, 탕! 게 누구냐? Knock, Knock! Who's There?

『맥베스』 2막 3장 4행

Here's a knocking indeed! If a man were
porter of hell-gate, he should have turning the key.
[Knock] Knock, knock, knock! Who's there, in the
name of Beelzebub?…… [Knock] Knock, knock!
Who's there, in the other devil's name?
정말 무섭게 문을 두드리는구나! 지옥의 문지기라면
열쇠가 불이 나도록 돌려야 할 판이군.
(문을 두드리는 소리) 탕, 탕, 탕! 염라대왕 비엘저버브를
대신해서 묻노니…… (문을 두드리는 소리) 탕, 탕!
또 다른 염라대왕의 이름으로 묻노니, 게 누구냐?

【 8-16 】

자비의 힘 The Power of Mercy

『자에는 자로』 2막 2장 63행

Not the king's crown, nor the deputed sword,
The marshal's truncheon, nor the judge's robe,
Become them with one half so good a grace
As mercy does.
제왕의 왕관도, 직권을 위임받은 대행자의 칼도,
대원수의 지휘봉도, 법관의 복장도,
자비의 반만큼도 우아하게 보일 순 없습니다.

【 8-17 】

유일한 치료약은 희망 No Other Medicine but Only Hope

『자에는 자로』 3막 1장 2행

The miserable have no other medicine
But only hope.
I've hope to live, and am prepared to die.
불행한 사람들의 유일한 치료약은
오직 희망뿐이다.
난 살기를 희망했지만, 지금은 죽을 준비가 됐다.

【 8-18 】

그리 생각한 건 그러길 바랐기 때문 Thy Wish Was Father to That Thought

『헨리 4세 2부』 4막 5장 93행

Thy wish was father, Harry, to that thought:
I stay too long by thee, I weary thee.
Dost thou so hunger for mine empty chair
That thou wilt needs invest thee with my honours

Before thy hour be ripe? O foolish youth,
Thou seekest the greatness that will overwhelm thee.
해리야, 네가 그리 생각한 건 그러길 바랐기 때문이다.
내가 곁에 너무 오래 머물러 있어 널 지치게 한 모양이다.
넌 내 옥좌가 비기를 그렇게도 목마르게 기다렸단 말이냐.
시간이 무르익어 네게 떨어지기도 전에
내 명예를 차지하고 싶을 만큼 말이다. 아 어리석은 젊은 놈아!
널 압도해버릴 수도 있는 권력을 추구하고 있다니.

【8-19】

마음속에 간직해야 할 것을 What He His Heart Should Make

『리어 왕』 3막 2장 32행

The man that makes his toe
What he his heart should make,
Shall of a corn cry woe,
And turn his sleep to wake.
마음속에 간직해야 할 것을
발가락에 달고 다니는 자는
티눈 때문에 아파 슬피 울고,
밤새 뜬눈으로 지새워야 해.

09 | 근심과 고통

【 9-01 】

다른 고통으로 덜어지는 Lessened by Another's Anguish

『로미오와 줄리엣』 1막 2장 46행

One fire burns out another's burning,
One pain is lessened by another's anguish;
Turn giddy, and be holp by backward turning;
One desperate grief cures with another's languish:
하나의 불을 다른 불로 끄고,
하나의 고통은 다른 고통이 오면 덜어지는 법.
맴돌아 어지러운 것도 거꾸로 돌면 좋아지고,
하나의 깊은 슬픔도 다른 슬픔이 오면 치유되는 법.

【 9-02 】

큰 병을 앓고 있을 땐 Where the Greater Malady Is Fixed

『리어 왕』 3막 4장 8행

Where the greater malady is fixed,
The lesser is scarce felt.
큰 병을 앓고 있을 때는,
사소한 병은 거의 느껴지지 않는다.

【 9-03 】

그렇게 생각하니 미칠 것 같군 That Way Madness Lies

『리어 왕』 3막 4장 21행

No, I will weep no more. In such a night
To shut me out! Pour on; I will endure.
In such a night as this! O Regan, Goneril!
Your old kind father, whose frank heart gave all—
O, that way madness lies; let me shun that;
No more of that.
아니야. 난 더 이상 울지 않을 거야. 이런 밤에
날 내쫓다니! 억수같이 퍼부어라. 나는 참을 거야.
이런 밤에! 아, 리건, 거너릴!
사심 없이 모든 걸 준 늙고 인자한 아비가 아니냐.
아, 그리 생각하니 미칠 것 같구나. 그만두자.
그런 생각은 그만두기로 하자.

【 9-04 】

불 수레에 결박되어 Bound Upon a Wheel of Fire

『리어 왕』 4막 7장 46행

Thou art a soul in bliss, but I am bound
Upon a wheel of fire, that mine own tears
Do scald like molten lead.
넌 축복 받은 영혼이다. 그러나 난
불 수레에 결박되어, 내 눈에서 흘러내리는 눈물이
납을 녹여 흐르듯 내 볼을 태운다.

【 9-05 】

비통한 마음은 눈물을 자아내고 Grief Would Have Tears

『끝이 좋으면 모두 좋다』 3막 4장 42행

My heart is heavy and mine age is weak;
Grief would have tears, and sorrow bids me speak.
마음은 무겁고, 몸은 늙어 허약하다.
비통한 마음은 눈물을 자아내고, 슬픈 심정은 말하게 한다.

【 9-06 】

불어라, 불어라, 겨울바람아! Blow, Blow, Thou Winter Wind

『당신 좋으실대로』 2막 7장 174행

Blow, blow, thou winter wind,
Thou art not so unkind
As man's ingratitude;
Thy tooth is not so keen.
불어라, 불어라, 모진 겨울바람아!
그대는 은혜를 모르는 인간만큼
몰인정하지는 않아.
그대 이빨도 그들보다 날카롭지는 않아.

【 9-07 】

타인의 눈으로 보는 행복 Happiness Through Another Man's Eyes

『당신 좋으실대로』 5막 2장 43행

O, how bitter a thing it is to look into happiness

through another man's eyes!
아, 다른 사람의 눈으로 행복을 보는 건
그 얼마나 괴로운 일이더냐!

【 9-08 】

한 숨도 눈을 붙이지 못했다 I Have Not Slept One Wink

『심벨린』 3막 4장 100행

Since I received command to do this business
I have not slept one wink.
이 일을 하라는 명령을 받았기 때문에
한 숨도 눈을 붙이지 못했다.

【 9-09 】

신록이 우거진 그늘 밑의 낮잠 Sleep Under a Fresh Tree's Shade

『헨리 6세 3부』 2막 5장 49행

His wonted sleep under a fresh tree' s shade,
All which secure and sweetly he enjoys,
Is far beyond a prince' s delicates— luxury
His viands sparkling in a golden cup,
His body couched in a curious bed,
When care, mistrust, and treason waits on him.
신록 우거진 그늘에서 양치기가 누리는
안전하고 달콤한 일상적인 낮잠이
군주가 누리는 호사스런 것들보다 훨씬 낫다.
근심과 의혹과 배신이 난무하는 궁궐에서

진기한 침대에 누운 몸뚱이도
황금 잔에서 거품 넘치는 맛 좋은 술도 이보다는 못해.

【9-10】

고통도 머지않아 미소를 Affliction May One Day Smile Again

『사랑의 헛수고』 1막 1장 314행

Welcome the sour cup of prosperity!
Affliction may one day smile again,
and till then, sit thee down, sorrow!
행복의 쓴 잔을 감수하지요.
고통도 머지않아 미소를 보여 줄 겁니다.
슬픔이여 그 때까진 가만히 있어다오!

【9-11】

얻은 것은 없고 모든 것이 허사 Nought's Had, All's Spent

『맥베스』 3막 2장 4행

Nought's had, all's spent,
Where our desire is got without content.
'Tis safer to be that which we destroy
Than by destruction dwell in doubtful joy.
뜻대로 되었으나 만족이 없으니,
얻은 것은 없고 모든 것이 허사로다.
살해로 인해 의혹에 찬 기쁨밖에 남은 게 없다면,
차라리 내가 죽인 이의 처지가 되는 것이 더 낫겠군.

【9-12】

고생도 두 배, 근심도 두 배 Double, Double Toil and Trouble

『맥베스』 4막 1장 10행

Double, double toil and trouble;
Fire burn and cauldron bubble.
고생도 두 배, 근심도 두 배로,
불꽃아 타올라라, 가마솥아 끓어라.

【9-13】

비참한 꼴 A Sorry Sight

『맥베스』 2막 2장 18행

MACBETH: This is a sorry sight.
LADY MACBETH: A foolish thought, to say a sorry sight.
MACBETH: There's one did laugh in's sleep, and one cried, "Murther!"
맥베스: 이 무슨 비참한 꼴이냐.
맥베스부인: 바보 같은 생각을 하다니, 비참한 꼴이라고.
맥베스: 한 놈은 잠결에 웃고, 또 한 놈은 "살인!"이라고 외쳤소.

【9-14】

근심 걱정이 미치지 못하는 곳 On the Windy Side of Care

『헛소동』 2막 1장 315행

BEATRICE: Speak, cousin, or (if you cannot) stop his mouth with a kiss, and let not him speak neither.
DON PEDRO: In faith, lady, you have a merry heart.

BEATRICE: Yea, my lord, I thank it, poor fool, it keeps on the windy side of care.

베아트리체: 말을 해 봐, 히어로. 말을 못 하겠으면 키스로 저분 입을 틀어막고 말하지 못하게 해야지.

돈 페드로: 아가씨는 정말 유쾌한 심성을 갖고 있군.

베아트리체: 네, 영주님. 그걸 감사하고 있습니다. 그건 가련한 광대처럼, 근심 걱정이 미치지 못하는 곳에 있죠.

【 9-15 】

참을 수 없는 치통 Unendurable Toothache

『헛소동』 5막 1장 36행

I pray thee, peace. I will be flesh and blood;
For there was never yet philosopher
That could endure the toothache patiently,
However they have writ the style of gods,
And made a push at chance and sufferance.

제발 조용하세요. 난 살과 피로 된 인간이 되겠소.
치통을 참을 수 있었던 철학자는
지금까지 아무도 없었기 때문이오.
철학자가 아무리 멋들어진 글을 쓰고
불운과 고통을 아랑곳하지 않는 체해도 말이요.

【 9-16 】

같이 먹고 마시진 못해 I Will Not Eat With You, Drink With You

『베니스의 상인』 1막 3장 37행

I will buy with you, sell with you, talk with you, walk with you, and so following; but I will not eat with you, drink with you, nor pray with you.

당신들과 장사도 하고, 얘기도 하고, 같이 걷기도 하고, 그밖에 다른 일도 같이 하겠지만, 같이 먹고, 같이 마시고, 같이 기도하는 짓은 사양하겠소.

【9-17】

유대인은 눈도 없소? Hath Not a Jew Eyes?

『베니스의 상인』 3막 1장 58행

I am a Jew. Hath not a Jew eyes? hath not a Jew hands, organs, dimensions, senses, affections, passions? fed with the same food, hurt with the same weapons, subject to the same diseases, healed by the same means, warmed and cooled by the same winter and summer, as a Christian is? If you prick us, do we not bleed? if you tickle us, do we not laugh? if you poison us, do we not die? and if you wrong us, shall we not revenge? If we are like you in the rest, we will resemble you in that.

난 유대인이요. 하지만 유대인은 눈이 없소? 유대인은 손과 오장육부도, 사지와 감각도, 욕구와 감정도 없단 말이요? 우리 유대인도 당신네 기독교인들처럼 같은 음식을 먹고, 같은 무기에 상처를 입고, 같은 병은 같은 약으로 치료되고, 당신들처럼 여름이면 덥고 겨울이면 같은 추위를 느끼죠. 유대인은 당신들이 찔러도 피가 나지 않는 것으로 아시오? 당신들이 간지려도 우리 유대인들은 웃지 않고, 독약을 먹어도 죽지 않을 것으로 아시오? 당신들이 우리에게 부당한 짓을 해도 우리가 복수하지 않을 것으로 생각하시오? 다른 일에 있어서 우리가 당신들과 같을진대 이 일에 있어서도 우린 당신들을 닮았소.

【 9-18 】

여인의 짠 눈물 Her Salt Tears

『오셀로』 4막 3장 46행

The poor soul sat sighing by a sycamore tree,
   Sing all a green willow;
Her hand on her bosom, her head on her knee,
   Sing willow, willow, willow.
The fresh streams ran by her, and murmured her moans.
   Sing willow, willow, willow;
Her salt tears from her, and soft'ned the stones,
   Sing willow.
가련한 여인이 무화과나무 그늘 아래 한숨지으며 앉아
   푸른 버들 나무 노래를 하네.
손을 가슴에 얹고 머리를 무릎에 놓은 채
   버들, 버들, 버들 노래를 부르네.
맑은 시냇물 그녀 곁에 흐르면서 함께 한숨짓네.
   버들, 버들, 버들 노래 부르네.
여인의 짠 눈물 흐르자 바위는 녹아내리고,
   버들, 버들, 버들 노래 부르네.

【 9-19 】

불안과 근심 가득한 세상 A World of Restless Cares

『리처드 3세』 1막 4장 81행

Sorrow breaks seasons and reposing hours,
Makes the night morning, and the noon-tide night:
Princes have but their tides for their glories,
An outward honor for an inward toil,
And for imaginations
They often feel a world of restless cares.
슬픔은 시간의 흐름과 휴식의 시간을 깨뜨린다.
슬픔은 밤을 아침으로 대낮을 밤으로 만든다.
군왕들은 영고성쇠의 조수를 맞이한다.
외적인 영예와 내적인 고통이란 조수를.
그들은 허망한 꿈을 따라
불안과 근심 가득한 세상에서 신음하고 있다.

【 9-20 】

바람아 불어라 Blow, Winds

『리어 왕』 3막 2장 1행

Blow, winds, and crack your cheeks! rage, blow!
You cataracts and hurricanoes, spout
Till you have drenched our steeples, drowned the cocks!
바람아 불어라, 네 빰이 터지도록! 세차게 불어라!
억수 같은 폭풍우를 퍼부어
뾰족탑과 탑 위 바람개비를 물속에 잠기게 하라!

【 9-21 】

낮은 밤에 밤은 낮에 의해 Day by Night and Night by Day

『소네트』 28번 4행

When day's oppression is not eased by night,
But day by night and night by day oppressed.
낮의 고통은 밤이 되어도 편안해 지는 일이 없고,
낮은 밤에 의해 밤은 낮에 의해 시달린다.

【 9-22 】

환자 스스로 고쳐야 해 The Patient Must Minister to Himself

『맥베스』 5막 3장 45행

MACBETH: Canst thou not minister to a mind diseased,
Pluck from the memory a rooted sorrow,
Raze out the written troubles of the brain,
And with some sweet oblivious antidote
Cleanse the stuffed bosom of that perilous stuff
Which weighs upon the heart?
DOCTOR: Therein the patient
Must minister to himself.
맥베스: 그대는 병든 마음을 고칠 수 없단 말이오?
뿌리 깊은 근심을 기억으로부터 뽑아내고
뇌리 속에 스며든 고통을 지워버리고,
모든 일을 잊게 할 수 있는 달콤한 망각제를 써서
가슴을 짓누르는 위험한 생각들을 답답한 가슴으로부터
깨끗이 씻어내 후련하게 해 줄 수 없단 말이오?
시 의: 그런 병은 환자 스스로 고치려고
마음먹어야 합니다.

【 9-23 】

누구나 남의 고통은 참을 수 있다

Every One Can Master A Grief But He That Has It

『헛소동』 3막 2장 28행

DON PEDRO: What? Sigh for the toothache?
LEONATO: Where is but a humour or a worm.
BENEDICK: Well, every one can master a grief but he that has it.
CLAUDIO: Yet say I, he is in love.
돈 페드로: 아니? 이가 아프다고 한숨을 짓나?
레오나토: 체액이나 벌레 때문인가?
베네딕: 누구나 남의 고통은 참을 수 있죠.
클로디오: 그럼 자넨 사랑을 하고 있군.

【 9-24 】

고통에 잠긴 사람을 움직일 순 없다 Cannot Move a Soul in Agony

『사랑의 헛수고』 5막 2장 857행

To move wild laughter in the throat of death?
It cannot be; it is impossible:
Mirth cannot move a soul in agony
죽어가는 사람 목에 폭소를 자아내게 하라는 겁니까?
그건 무리입니다, 불가능합니다.
환락도 고통에 잠긴 사람을 움직일 순 없으니까요.

【 9-25 】

독에도 약효가 있다 In Poison There Is Physic

『헨리 4세 2부』 1막 1장 137행

In poison there is physic; and these news,
Having been well, that would have made me sick,
Being sick, have in some measure made me well:
독에도 약효가 있다. 이 소식은
건강했더라면 날 병들게 했겠지만,
와병중인지라, 어느 정도는 날 건강하게 해주었다.

【 9-26 】
스스로 불러들인 고통 The Injuries That They Themselves Procure
『리어 왕』 2막 4장 302행

O, sir, to wilful men,
The injuries that they themselves procure
Must be their schoolmasters. Shut up your doors:
아! 백작, 고집 센 사람들에게는
자신이 스스로 불러들인 고통이 그를 가르치는
교사가 되어야 합니다. 성문을 닫아 버리세요.

【 9-27 】
사악한 자들의 우정 The Love of Wicked Men
『리처드 2세』 5막 1장 66행

The love of wicked men converts to fear;
That fear to hate, and hate turns one or both
To worthy danger and deserved death.

사악한 자들의 우정은 두려움으로 바뀌고,
그 두려움은 증오심으로 바뀌며, 그 증오심은 한쪽이나 양쪽 모두를
당연히 위험한 존재로, 그래서 죽어 마땅한 존재로 바꾸어버린다.

【 9-28 】

증오가 주는 드러난 상처보다 Than Hate's Known Injury

『소네트』 40번 11행

And yet, love knows, it is a greater grief
To bear love's wrong than hate's known injury.
Lascivious grace, in whom all ill well shows,
Kill me with spites; yet we must not be foes.
그러나 사랑은 압니다. 증오가 주는 드러난 상처보다
사랑의 과오를 견디는 게 더 고통스럽다는 걸.
악행도 다 선행으로 보이게 하는 도발적인 품위를 지닌 그대여,
날 괴롭혀 죽이시오. 하지만 우린 적일 수 없습니다.

【 9-29 】

터무니없는 두려움으로 가득 찬 So Full of Artless Jealousy

『햄 릿』 4막 5장 19행

To my sick soul, as sin's true nature is,
Each toy seems prologue to some great amiss:
So full of artless jealousy is guilt,
It spills itself in fearing to be spilt.
죄의 본성이 원래 그러하지만, 병든 나의 영혼엔
사소한 일 하나 하나도 커다란 재앙의 전주곡처럼 보이는구나.

죄지은 자의 마음은 터무니없는 두려움으로 가득 차,
드러날까 두려워할수록 더욱 더 드러나는구나.

【 9-30 】

자신을 지키지 못한다 Never Made Good Guard for Itself

『안토니와 클레오파트라』 4막 1장 9행

When one so great begins to rage, he is hunted
Even to falling. Give him no breath, but now
Make boot of his distraction: never anger
Made good guard for itself.
그렇게 큰 인물이 격분하게 되면 쓰러지는 순간조차도
쫓기게 된답니다. 그에게 숨 돌릴 틈도 주지 말고,
당장 그의 흐트러진 마음을 이용하십시오.
격분한 자는 결코 자신을 지키지 못한답니다.

【 9-31 】

분노는 용을 쓰는 말 같은 것 Anger Is Like a Full-hot Horse

『헨리 8세』 1막 1장 132행

And let your reason with your choler question
What 'tis you go about: to climb steep hills
Requires slow pace at first: anger is like
A full-hot horse, who being allowed his way,
Self-mettle tires him.
홧김에 지금 뭘 하려는 질 잊어버리지 말고
이성적으로 차근차근 따져 보세요.

험한 산에 오르려면 처음에는 천천히 걷습니다.
분노는 용을 쓰는 말 같은 것이죠.
멋대로 달려가게 하면, 제풀에 지치고 맙니다.

【 9-32 】

자주 두려워하던 건 That Which We Often Fear

『안토니와 클레오파트라』 1막 3장 12행

Tempt him not so too far; I wish, forbear:
In time we hate that which we often fear.
But here comes Antony.
도에 넘치도록 그분을 시험하지 마세요. 그만 두세요.
자주 두려워하던 건 때가 되면 미워하기 마련이니까요.
안토니 장군께서 오십니다.

10 ǀ 기쁨과 슬픔

【 10-01 】

큰 기쁨 있는 곳에 Where Joy Most Revels

『햄릿』 3막 2장 198행

The violence of either grief or joy
Their own enactures with themselves destroy:
Where joy most revels, grief doth most lament;
Grief joys, joy grieves, on slender accident.

슬픔이나 기쁨의 격렬함이 사라지면,
결심을 실현할 힘도 제풀에 꺾여 사그라지고 말지요.
큰 기쁨 있는 곳에 큰 슬픔이 함께 하는 법,
사소한 일에 기쁨과 슬픔의 자리가 뒤바뀌지는 않소.

【 10-02 】

추방이 아닌 자유로 To Liberty, and Not to Banishment

『당신 좋으실대로』 1막 3장 137행

Now go we in content
To liberty, and not to banishment.
자, 이제, 우린 만족한다.
추방이 아닌 자유로 생각하면서……

【 10-03 】

만족이 없는 사람은 One That Wants Content

『당신 좋으실대로』 3막 2장 25행

He that wants money, means, and content is
without three good friends.
돈과 힘과 만족이 없는 사람은
좋은 친구 셋이 없는 것과 마찬가지다.

【 10-04 】

모든 쾌락은 헛된 것 All Delights Are Vain

『사랑의 헛수고』 1막 1장 72행

All delights are vain; but that most vain,
Which with pain purchased doth inherit pain:
As, painfully to pore upon a book
To seek the light of truth; while truth the while
Doth falsely blind the eyesight of his look:
Light, seeking light, doth light of light beguile;
So, ere you find where light in darkness lies,
Your light grows dark by losing of your eyes.
모든 쾌락은 헛되고도 헛된 것입니다.
그 중 가장 헛된 건 애써 얻은 것에서 고통 받게 될 때죠.
다시 말해 진리의 빛을 찾으려고 고통스럽게
책을 열심히 읽지만, 그 진리 탐구에 기만당해서
부당하게도 자신의 시력을 잃어버릴 때입니다.
그러니, 진리의 빛을 구하다 그 빛에 기만당한 셈이죠.
어둠 속에서 빛을 찾지만 그걸 찾기도 전에
시력을 잃어 당신의 빛은 어둠 속으로 사라져 버리지요.

【 10-05 】

기쁨의 비를 알맞게 내려 In Measure Rain The Joy

『베니스의 상인』 3막 2장 112행

In measure rain the joy, scant this excess!
I feel too much the blessing; make it less,
For fear I surfeit!.
기쁨의 비를 알맞게 내려, 도를 넘지 않게 하라!
나의 행운 너무나 크니, 제발 그걸 줄여다오.
식상하지 않을까 두려우니!

【10-06】

덧없는 기쁨 Fool's Paradise

『로미오와 줄리엣』 2막 4장 166행

First let me tell ye, if ye should lead her in a fool's paradise, as they say, it were a very gross kind of behavior.

먼저 당신에게 말하죠. 만약 줄리엣을 덧없는 기쁨으로 몰아넣는다면, 사람들이 말하듯이, 그건 정말 야비한 행동이죠.

【10-07】

부자가 되면 난 행복하다 If Wealthily, Then Happily

『말괄량이 길들이기』 1막 2장 76행

I come to wive it wealthily in Padua;
If wealthily, then happily in Padua

난 부자 아내를 얻기 위해 패두어에 왔다.
부자가 되면 난 패두어에서 행복하다.

【10-08】

역경이 가져다주는 것 The Uses of Adversity

『당신 좋으실대로』 2막 1장 12행

Sweet are the uses of adversity,
Which, like the toad, ugly and venomous,
Wears yet a precious jewel in his head;
And this our life exempt from public haunt
Finds tongues in trees, books in the running brooks,

Sermons in stones and good in every thing.
역경이 가져다주는 것은 달콤하기 그지없다.
그건 두꺼비처럼 흉하고 독을 지녔지만
그 이마에 귀한 보석을 달고 있어.
속세를 벗어나 우리가 이렇게 살고 있지만
우리는 나무들의 말을 듣고, 흐르는 시냇물에서 지식을 얻고
바위 돌에서 설교를 듣고, 우주 만물 속에서 선을 발견한다.

【 10-09 】

지나친 슬픔은 Excessive Grief

『끝이 좋으면 모두 좋다』 1막 1장 56행

Moderate lamentation is the right of the dead,
excessive grief the enemy to the living.
적당한 애도는 죽은 이들에 대한 의무지만,
지나친 슬픔은 살아 있는 이들에게 반감을 사는 일이다.

【 10-10 】

어떤 슬픔은 약이 된다 Some Griefs Are Medicinable

『심벨린』 3막 2장 33행

Some griefs are medicinable, that is one of them,
For it doth physic love:
어떤 슬픔은 약이 되지요. 그것은 그 중의 하나죠.
슬픔은 사랑의 고통을 치료하는 약이니까요.

【 10-11 】

성났다기보다는 슬픈 More in Sorrow Than in Anger

『햄릿』 1막 2장 232행

HAMLET: What, looked he frowningly?
HORATIO: A countenance more
　In sorrow than in anger.
햄　릿: 안색이 어떻던가? 성난 얼굴이었나?
호레이쇼: 성났다기보다는
　슬픈 표정이었습니다.

【 10-12 】

슬픔은 떼를 지어 한꺼번에 Sorrows Come in Battalions

『햄릿』 4막 5장 78행

O, this is the poison of deep grief, it springs
All from her father's death—and now behold!
O Gertrude, Gertrude,
When sorrows come, they come not single spies
But in battalions.
아, 이는 깊은 슬픔의 독 탓.
모두가 제 아비의 죽음 때문이지. 자, 보시오.
아, 거트루드, 거트루드.
슬픔이 밀어닥칠 때, 그건 하나 씩 오는 게 아니라
떼를 지어 한꺼번에 밀어닥치는 법이오.

【 10-13 】

황금으로 된 슬픔의 관 A Golden Sorrow

『헨리 8세』 2막 3장 22행

I swear, 'tis better to be lowly born,
And range with humble livers in content,
Than to be perked up in a glist'ring grief
And wear a golden sorrow.
맹세합니다. 미천한 신분으로 태어나
낮은 신분의 사람들과 어울려 만족하는 것이,
번쩍이는 비탄의 의상을 걸치고
황금으로 된 슬픔의 관을 쓰고 빼개는 것보다 좋습니다.

【 10-14 】

브루터스, 너마저도? Et tu, Brute?

『줄리어스 시저』 3막 1장 77행

Et tu, Brute? Then fall Caesar!
브루터스, 너마저도? 그렇다면 시저는 끝장이다!

【 10-15 】

비탄의 땅에서 여정을 마친 사람 A Journeyman to Grief

『리처드 2세』 1막 3장 274행

To foreign passages, and in the end,
Having my freedom, boast of nothing else
But that I was a journeyman to grief?

외국으로의 긴 여정을 마치고 마침내
자유를 얻는다 한들 무얼 얻을 게 있겠습니까?
비탄의 땅에서 여정을 마친 사람이란 것 밖에는……

【 10-16 】

스무 가지 그림자를 가진 슬픔 A Grief Hath Twenty Shadows

『리처드 2세』 2막 2장 14행

Each substance of a grief hath twenty shadows,
Which show like grief itself, but are not so.
For sorrow's eye, glazed with blinding tears,
Divides one thing entire to many objects.
하나의 슬픔은 스무 가지 그림자를 가지고 있어
그것이 모두 슬픔 자체로 보이는 것 같지만, 그게 아니다.
슬퍼하는 눈은 눈을 어지럽히는 눈물로 흐려져
온전한 하나의 사물을 수많은 것으로 보게 하니까.

【 10-17 】

과거지사를 슬퍼해봐야 소용없는 일
What's Past Help, Should Be Past Grief

『겨울이야기』 3막 2장 222행

All faults I make, when I shall come to know them,
I do repent. Alas, I have showed too much
The rashness of a woman; he is touched
To the noble heart. What's gone and what's past help
Should be past grief:

무슨 죄를 지었던 제가 그걸 알게 되었을 때는
그걸 후회합니다. 아! 아녀자의 성급한 소견을 너무 드러냈군요.
폐하께서 그 고결하신 가슴에 상처를 입고 계신데.
이미 지나간 일과 과거지사는 슬퍼해봐야 소용없는 일이죠.

【10-18】

드러낼 수 없는 슬픔은 Sorrow Concealed

『타이터스 안드로니커스』 2막 4장 36행

O, that I knew thy heart, and knew the beast,
That I might rail at him, to ease my mind!
Sorrow concealed, like an oven stopped,
Doth burn the heart to cinders where it is.
아, 네 마음을 알고 널 유린한 야수를 알았으면 좋겠구나.
그럼 속 시원히 욕할 수 있을 텐데!
드러낼 수 없는 슬픔은 밀폐된 가마솥처럼
그 안에 있는 가슴을 불살라 재로 만들어 버리는 법.

【10-19】

슬픔은 슬픔을 벗으로 삼을 때 가장 큰 위안을

Grief Best Is Pleased with Grief's Society

『루크리스의 능욕』 1111행

For mirth doth search the bottom of annoy,
Sad souls are slain in merry company,
Grief best is pleased with grief's society.
True sorrow then is feelingly suffered

When with like semblance it is sympathized.
기쁨은 슬픔의 바닥까지 뚫고 들어가
슬픈 이들은 즐거운 이들과 함께 있으면 처절한 생각이 든다.
슬픔은 슬픔을 벗으로 삼을 때 가장 큰 위안을 얻는다.
진정한 슬픔은 비슷한 슬픔의 동정을 받게 될 때,
진심으로 함께 느끼게 된다.

【 10-20 】

기쁜 일이 기다리고 있다는 희망 Hope to Joy

『리처드 2세』 2막 3장 15행

But theirs is sweetened with the hope to have
The present benefit which I possess;
And hope to joy is little less in joy
Than hope enjoyed: by this the weary lords
Shall make their way seem short, as mine hath done
By sight of what I have, your noble company.
하지만 그들도 제가 지금 누리고 있는 혜택을
장차 누리게 되리라는 희망이 있으니 위로가 되겠죠.
기쁜 일이 기다리고 있다는 희망은
그 희망이 이루어질 때의 기쁨 못지않게 즐거운 것이니까요.
그러니 행군에 지친 두 분도 길이 가깝다고 생각할 겁니다.
귀한 공작 각하를 동행한 제가 그리 생각하듯 말입니다.

【 10-21 】

침묵은 기쁨의 더 이상 없는 전령 Silence Is the Perfectest Herald of Joy

『헛소동』 2막 1장 306행

Silence is the perfectest herald of joy: I were but little happy, if I could say how much. Lady, as you are mine, I am yours: I give away myself for you and dote upon the exchange.
침묵은 기쁨의 더 이상 없는 전령. 말로 못할 정도의 기쁨이 아니라면, 그리 행복하다고는 할 수 없소. 숙녀여, 이제 당신은 내 것이고 난 당신 것. 내 모든 걸 당신께 바치겠소. 그 대신 당신을 맹목적으로 사랑하겠소.

【 10-22 】

즐겨하는 수고는 수고가 아니다
The Labour We Delight in Physics Pain

『맥베스』 2막 3장 50행

MACDUFF: I know this is a joyful trouble to you;
But yet 'tis one.
MACBETH: The labour we delight in physics pain.
맥더프: 이번 일은 즐거운 수고인 줄로 압니다만,
그래도 수고는 수고일 수밖에 없죠.
맥베스: 즐겨하는 수고는 수고라고 할 것도 없죠.

【 10-23 】

호의만 넘치면 즐거운 향연 Great Welcome Makes a Merry Feast

『실수연발』 3막 1장 26행

BALTHAZAR: Small cheer and great welcome makes a merry feast.
ANTIPHOLUS OF EPHESUS: Ay, to a niggardly host, and more sparing guest: But though my cates be mean, take them in good part; Better cheer may you have, but not with better heart.

발사자: 호의만 넘치면 변변찮은 음식으로도 즐거운 향연이 됩니다.
에피서스의 안티폴러스: 인색한 주인이나, 더 인색한 손님에게는 정말 그렇습니다. 음식이 초라해도 좋게 생각하세요. 밖에서 더 좋은 식사를 할 수 있겠지만, 이보다 더 좋은 환대는 없을 겁니다.

【 10-24 】

기쁨은 기쁨을 기뻐하는 법 Joy Delights in Joy

『소네트』 8번 2행

Why hear'st thou music sadly?
Sweets with sweets war not, joy delights in joy.
Why lovest thou that which thou receivest not gladly,
Or else receivest with pleasure thine annoy?
If the true concord of well-tuned sounds,
By unions married, do offend thine ear.
왜 그대에게는 음악이 슬프게 들리는가?
미는 미와 갈등하지 않고, 기쁨은 기쁨을 기뻐하는 법이라오.
왜 그대는 그대가 달가워하지 않는 걸 사랑하는가?
왜 그대는 자신의 슬픔을 기꺼이 받아들이고 있는가?
여러 가지 음이 만드는 아름다운 화음이
그대의 귀에는 유쾌하지 않단 말인가?

【 10-25 】

이미 끝난 일을 That Is Past and Gone

『오셀로』 1막 3장 204행

When remedies are past, the griefs are ended
By seeing the worst, which late on hopes depended.

To mourn a mischief that is past and gone
Is the next way to draw new mischief on.
What cannot be preserved when fortune takes
Patience her injury a mockery makes.
어쩔 도리가 없다고 체념하면 슬픔도 끝나는 법.
최악을 보고 지금까지의 혹시나 하는 희망을 버린 탓이오.
이미 끝난 일을 언제까지나 마음에 두고 슬퍼하는 건
다시 새로운 슬픔을 불러일으키는 법.
우리가 지킬 수 없는 걸 운명의 여신이 앗아가도,
참고 견디면 어쩔 도리가 없는 손실을 웃어넘길 수 있는 법.

【 10-26 】

종달새 소리처럼 아름답게 As Sweetly as the Lark

『베니스의 상인』 5막 1장 102행

The crow doth sing as sweetly as the lark,
When neither is attended, and I think
The nightingale, if she should sing by day,
When every goose is cackling, would be thought
No better a musician than the wren.
주위에 아무도 없으면 까마귀 울음소리도
종달새 울음소리처럼 아름답게 들리지.
반대로 거위들이 꽥꽥거리며 돌아다니면
대낮에 울어대는 소쩍새의 아름다운 소리도
굴뚝새 소리보다 더 낫다는 생각이 들지 않을 거야.

11 | 운명과 신

【 11-01 】

세월의 수레바퀴 The Whirligig of Time

『십이야』 5막 1장 376행

I was one, sir, in this interlude—one Sir Topas, sir; but that's all one. "By the Lord, fool, I am not mad." But do you remember? "Madam, why laugh you at such a barren rascal? And you smile not, he's gagged." And thus the whirligig of time brings in his revenges.

저도 이 즉흥극에 끼어들어 토파스 목사 역을 했습니다. 그러나 그건 아무래도 좋아요. "이 바보야, 난 미치지 않았어." 하지만 기억나시나요? "아씨, 왜 이 천한 악당을 보고 웃으시죠? 웃지 않으면 이놈 입에 재갈을 물린 거나 다름없죠." 그러니 보세요. 세월과 운명은 돌고 도는 수레바퀴, 이게 인과응보라는 것이죠.

【 11-02 】

운명의 수레바퀴 The Wheel of Fortune

『리어 왕』 2막 2장 173행

Fortune, good night; smile once more, turn thy wheel.

운명의 여신이여, 안녕. 다시 미소를 짓고 운명의 수레바퀴를 돌려라.

【 11-03 】

이것이 최악 This Is the Worst

『리어 왕』 4막 1장 27행

The worst is not
So long as we can say, "This is the worst."
"이것이 최악"이라고 말할 수 있는 한
실제로 최악의 상태는 아니다.

【 11-04 】

우리의 상태를 좌우하는 별들 The Stars, Govern Our Conditions

『리어 왕』 4막 3장 33행

It is the stars,
The stars above us, govern our conditions.
저 별들이다.
우리의 상태를 좌우하는 건 창공에 떠 있는 저 별들이다.

【 11-05 】

운명이 등을 돌리면 Once Fallen Out with Fortune

『트로일러스와 크레시다』 3막 3장 75행

'Tis certain, greatness, once fallen out with fortune,
Must fall out with men too. What the declined is
He shall as soon read in the eyes of others
As feel in his own fall; for men, like butterflies,
Show not their mealy wings but to the summer,
And not a man, for being simply man.
아무리 위대한 인간이라도 운명이 등을 돌리면,
사람들도 등을 돌리게 되지. 몰락하게 되면
스스로 자신의 몰락을 느끼는 순간

다른 사람의 눈빛도 그걸 감지하는 법. 인간은 나비와 같아서
여름이 지나면 아름다운 가루가 묻은 날개를 보여주지 않아.
인간은 누구나, 단지 인간이기에 존경받는 건 아니야.

【 11-06 】

의도와 운명 Wills and Fates

『햄릿』 3막 2장 211행

Our wills and fates do so contrary run
That our devices still are overthrown.
우리의 의도와 운명은 상반되기 마련이어서
우리의 계획은 항상 뒤집어지고 만다.

【 11-07 】

한치 앞의 일 What We May Be

『햄릿』 4막 5장 43행

We know what we are,
but we know not what we may be.
우리는 우리의 현재 상태를 알고 있는 것 같지만,
우리 인간은 한치 앞의 일도 알 수 없다.

【 11-08 】

운명이 내게 왕관을 씌워줄지도 모를 일 Chance May Crown Me

『맥베스』 1막 3장 143행

MACBETH: [Aside]   Present fears

Are less than horrible imaginings:
My thought, whose murder yet is but fantastical,
Shakes so my single state of man that function
Is smothered in surmise, and nothing is
But what is not.

BANQUO: Look, how our partner's rapt.

MACBETH: [Aside] If chance will have me king, why,
chance may crown me, Without my stir.

맥베스: (방백) 현재의 두려움은
상상 속의 공포에 비하면 아무 것도 아니다.
시역이란 생각은 아직 공상에 불과하지만,
그 공상으로 인해 내 마음의 평형은 깨어지고
온갖 억측으로 내 분별력은 질식되어, 존재하지 않는
환영만이 눈앞에 어른거리는구나.

뱅쿠오: 보시오, 맥베스 장군이 넋이 빠졌소.

맥베스: (방백) 내가 왕이 될 운이 있다면, 글쎄,
애쓰지 않아도 운명이 내게 왕관을 씌워줄지도 모를 일.

【 11-09 】

해치워 당장 끝낼 수 있다면 If It Were Done When 'Tis Done

『맥베스』 1막 7장 5행

If it were done when 'tis done, then 'twere well
It were done quickly: if the assassination
Could trammel up the consequence, and catch
With his surcease success; that but this blow
Might be the be-all and the end-all—here,

But here, upon this bank and shoal of time,
We'd jump the life to come.
해치워 당장 끝낼 수 있다면,
빨리 해치울수록 좋을 거다. 만약 암살을 통해,
뒤따라 올 모든 것을 그물로 거둬들일 수 있고,
던컨의 죽음과 함께 내 목적을 달성할 수만 있다면,
만약 이 한 칼에, 여기, 이 시간의 기슭과 여울에서,
이 세상 모든 일을 이룰 수가 있고, 모든 게 끝장난다면,
저 세상에서의 일은 내가 알 바 아니다.

【11-10】

이미 지난 일은 어쩔 수가 없는 일 What's Done is Done

『맥베스』 3막 2장 12행

How now, my lord! why do you keep alone,
Of sorriest fancies your companions making,
Using those thoughts which should indeed have died
With them they think on? Things without all remedy
Should be without regard: what's done, is done.
왜 이러시죠, 폐하! 왜 이리 혼자 쓸쓸히 계세요?
서글픈 공상을 벗 삼아서,
생각할 대상이 사라지면 당연히 없어질 망상에 사로잡힌 채……
돌이킬 수 없는 일은 생각할 필요가 없는 법.
이미 지나가 버린 일은 어쩔 수가 없는 일이니까요.

【11-11】

최후 심판일의 뇌명(雷鳴) The Crack of Doom

『맥베스』 4막 1장 117행

Thou art too like the spirit of Banquo: down!
Thy crown does sear mine eye-balls. And thy hair,
Thou other gold-bound brow, is like the first.
A third is like the former. Filthy hags!
Why do you show me this? A fourth! Start, eyes!
What, will the line stretch out to the crack of doom?
네 놈은 뱅쿠오의 유령과 흡사하구나. 꺼져라!
네 놈이 쓴 왕관을 보니 눈알이 타는 것 같구나.
또 다른 금관을 이마에 쓰고 있는 놈, 네 놈도 첫째 놈과 비슷해.
셋째 놈도 비슷하구나. 이 더러운 마귀할멈들!
왜 이걸 보여주느냐? 넷째 놈이군! 눈알이 튀어나올 것 같다!
뭐야, 최후 심판일의 뇌명이 울릴 때까지 행렬을 계속할 셈인가?

【 11-12 】

미리 정해진 결과 Foregone Conclusion

『오셀로』 3막 3장 428행

OTHELLO: O monstrous! monstrous!
IAGO: Nay, this was but his dream.
OTHELLO: But this denoted a foregone conclusion:
'Tis a shrewd doubt, though it be but a dream.
오셀로: 아, 망측하다! 망측해!
이아고: 아니, 꿈결에 한 짓일 뿐입니다.
오셀로: 하지만 이는 미리 정해진 결과를 드러냈어.
꿈이라곤 해도 분명 의심이 되는군.

【 11-13 】

어떤 이는 높은 신분을 타고나고 Some Are Born Great

『십이야』 2막 5장 145행

Some are born great, some achieve greatness, and some have greatness thrust upon 'em.

어떤 이는 높은 신분을 타고나고, 어떤 이는 높은 신분을 성취하고, 어떤 이는 다른 이에게서 높은 신분을 부여 받지요.

【 11-14 】

한번뿐인 기회 Only One Chance

『안토니와 클레오파트라』 2막 7장 84행

Who seek, and will not take when once 'tis offered,
Shall never find it more

애타게 찾고 있을 때, 준다고 해도 받지 않으면,
두 번 다시 그걸 얻지 못할 것이다.

【 11-15 】

운명과 인간의 분별력 Fortune and Men's Judgments

『안토니와 클레오파트라』 3막 13장 31행

Men's judgments are
A parcel of their fortunes, and things outward
Do draw the inward quality after them
To suffer all alike.

인간의 분별력은

운명과 연결되어 있어, 인생의 외적인 일들은
인생의 내적인 일들을 끌어들여
고통을 함께 나누려고 한다.

【 11-16 】

운명의 여신의 종 Fortune's Knave

『안토니와 클레오파트라』 5막 2장 3행

'Tis paltry to be Caesar;
Not being Fortune, he's but Fortune's knave,
A minister of her will:
시저가 된다는 것도 별 게 아니지.
그도 운명의 여신은 될 수 없어. 종일뿐이지.
그 여신의 뜻을 대행하는 자일뿐이지.

【 11-17 】

운명의 여신은 성공과 실패에 관여할 뿐 Fortune Reigns in Gifts

『당신 좋으실대로』 1막 2장 41행

Fortune reigns in gifts of the world,
not in the lineaments of Nature.
운명의 여신은 세상에서의 성공과 실패에 관여할 뿐,
자연이 주는 용모와는 관계없다.

【 11-18 】

키를 잃은 배 Boats That Are Not Steered

『심벨린』 4막 3장 46행

Fortune brings in some boats that are not steered.
운명은 방향을 잃은 배와 같다.

【11-19】

운명의 책 The Book of Fate

『헨리 4세 2부』 3막 1장 53행

O, if this[the book of fate] were seen,
The happiest youth, viewing his progress through,
What perils past, what crosses to ensue,
Would shut the book, and sit him down and die.
만약 운명의 책을 미리 보았다면,
아무리 행복한 젊은이도 그의 인생행로를 보고,
지나온 위기와 앞으로 닥쳐올 불행을 생각하며,
운명의 책을 덮고, 앉은 자리에서 죽게 될 것이다.

【11-20】

내 모든 위대함과 이별 Farewell to All My Greatness

『헨리 8세』 3막 2장 351행

Farewell! a long farewell, to all my greatness!
This is the state of man: to-day he puts forth
The tender leaves of hopes, to-morrow blossoms,
And bears his blushing honors thick upon him;
The third day comes a frost, a killing frost,
And, when he thinks, good easy man, full surely
His greatness is a-ripening, nips his root,

And then he falls, as I do.
이제 내 모든 위대함과도 영원한 이별이다!
이게 인간이 처한 운명이로구나.
오늘 가냘픈 희망의 싹이 돋아나고,
내일은 꽃이 피어 찬란한 명예로 온 몸이 빛난다.
하지만 사흘째는 서리가, 된서리가 내린다.
그리하여 인간이 의기양양하게
자신의 영광이 무르익어 갈 것이라고 확신할 때,
마치 나처럼, 그 뿌리가 뽑혀 쓰러진다.

【 11-21 】

운명의 멍에 Fortune's Yoke

『헨리 6세 3부』 3막 3장 17행

Yield not thy neck
To Fortune's yoke.
너의 목을
운명의 멍에에 맡기지 마라.

【 11-22 】

삼월 보름날을 조심하라 Beware the Ides of March

『줄리어스 시저』 1막 2장 18행

Soothsayer: Beware the ides of March.
CAESAR: What man is that?
BRUTUS: A soothsayer bids you beware the ides of March.
예언자: 삼월 보름날을 조심하십시오.

시 저: 저자는 누구냐?

브루터스: 점쟁이인데, 삼월 보름날을 조심하라고 합니다.

【 11-23 】

운명의 지배자 Masters of Their Fates

『줄리어스 시저』 1막 2장 139행

We petty men
Walk under his huge legs and peep about
To find ourselves dishonorable graves.
Men at some time are masters of their fates;
The fault, dear Brutus, is not in our stars,
But in ourselves, that we are underlings.
보잘것없는 우리들은 시저의 거대한 가랑이 밑을 걷고
불명예스런 무덤을 찾기 위해 겁먹은 얼굴로 엿보죠.
때론 인간이 자신의 운명을 지배할 수 있어요.
브루터스, 우릴 열등하게 만드는 죄는
운명의 별 탓이 아니라 우리 자신에게 있소.

【 11-24 】

인간만사엔 조수가 있는 법 There Is a Tide in the Affairs of Men

『줄리어스 시저』 4막 3장 218행

There is a tide in the affairs of men,
Which, taken at the flood, leads on to fortune;
Omitted, all the voyage of their life
Is bound in shallows and in miseries.

On such a full sea are we now afloat,
And we must take the current when it serves,
Or lose our ventures.
인간만사엔 조수가 있는 법이지.
밀물을 잘 타면 행운을 잡을 수 있지만,
그걸 놓치면 우리의 인생항로는
여울에 처박혀 불행에 빠지게 되고 말지.
우리는 지금 그런 만조 위에 떠 있는 셈.
유리할 때 이 조류를 타지 못하면
우리의 일들은 허사가 되고 마는 법.

【 11-25 】

매춘부 같은 운명 Strumpet Fortune

『존 왕』 3막 1장 61행

France is a bawd to Fortune and King John,
That strumpet Fortune, that usurping John!
프랑스 왕은 운명의 여신과 존 왕의 뚜쟁이야.
저 매춘부 같은 운명과 찬탈자 존의 뚜쟁이지!

【 11-26 】

왕국을 줄 테니, 말 한필을! My Kingdom for a Horse!

『리처드 3세』 5막 4장 7행

RICHARD: A horse! a horse! My kingdom for a horse!
CATESBY: Withdraw, my lord; I'll help you to a horse.
RICHARD: Slave, I have set my life upon a cast,
And I will stand the hazard of the die:

리처드: 말, 말을! 왕국을 줄 테니, 말 한필을 다오!
케츠비: 들어가십시오, 폐하. 제가 말 구하는 걸 돕겠습니다.
리처드: 이놈아, 이번 주사위 패에 생사를 건 나다.
죽을 위험이 있더라도 절대 물러서지 않을 것이다.

【 11-27 】

불길한 사랑의 탄생 Prodigious Birth of Love

『로미오와 줄리엣』 1막 5장 140행

My only love sprung from my only hate!
Too early seen unknown, and known too late!
Prodigious birth of love it is to me
That I must love a loathed enemy.
단 하나의 내 사랑이 증오로부터 솟아오르다니!
알도 못한 채 너무 일찍 보았고, 알고 보니 너무 늦었어!
내 사랑의 불길한 탄생이여!
가증스런 원수를 사랑해야 하다니.

【 11-28 】

두 집안에 저주가 있길 A Plague a'(on) Both Your Houses

『로미오와 줄리엣』 3막 1장 91행

I am hurt.
A plague a'(on) both your houses! I am sped.
Is he gone, and hath nothing?
난 찔렸어.
두 집안에 저주가 있기를! 난 끝났어.

그는 상처입지 않고 도망쳤지?

【 11-29 】

운명의 노리개 Fortune's Fool

『로미오와 줄리엣』 3막 1장 136행

BENVOLIO: Romeo, away, be gone!
  The citizens are up, and Tybalt slain.
  Stand not amazed: the prince will doom thee death,
  If thou art taken: hence, be gone, away!
ROMEO: O, I am fortune's fool.
벤볼리오: 로미오, 달아나, 어서 달아나!
  시민들이 일어섰고, 티볼트는 쓰러졌어.
  멍하니 서있지 말게. 잡히면 영주는 사형을 내릴 거야.
  그러니 어서 달아나, 어서!
로미오: 아, 난 운명의 노리개로구나.

【 11-30 】

한 쌍의 불운한 연인 A Pair of Star-crossed Lovers

『로미오와 줄리엣』 프롤로그 6행

Two households, both alike in dignity,
In fair Verona, where we lay our scene,
From ancient grudge break to new mutiny,
Where civil blood makes civil hands unclean.
From forth the fatal loins of these two foes
A pair of star-crossed lovers take their life;

Whose misadventureed piteous overthrow
Doth with their death bury their parent's strife.
지체 높은 두 가문의 이야기,
무대는 아름다운 베로나.
해묵은 원한이 다시 새로운 싸움의 불꽃을 당기니
시민의 피가 시민의 손을 더럽힌다.
두 원수 집안의 숙명적인 탯줄을 끊고
한 쌍의 불운한 연인이 태어났으니,
처절한 사랑의 종말과 두 연인의 죽음은
이제 두 가문의 해묵은 갈등을 묻어 버린다.

【 11-31 】
하느님의 섭리가 There's a Divinity
『햄릿』 5막 2장 9행

There's a divinity that shapes our ends,
Rough-hew them how we will.
우리 인간들이 일을 대충 벌여 놓는다 해도
그걸 말끔하게 마무리하시는 하느님이 계신다.

【 11-32 】
장난꾸러기가 파리를 다루듯 As Flies to Wanton Boys
『리어 왕』 4막 1장 36행

In the last night's storm I such a fellow saw;
Which made me think a man a worm: my son
Came then into my mind; and yet my mind
Was then scarce friends with him: I have heard more since.

As flies to wanton boys are we to the gods.
They kill us for their sport.
지난 밤 폭풍 속에서 그런 놈 하나를 봤지.
그놈을 보니 인간이 벌레 같다는 생각이 들더군.
그때 아들놈 생각이 났지만, 그때까진 마음속으로
그놈을 선뜻 받아들이지 못했어. 후에 난 더 많은 소문을 들었지.
신들은, 장난꾸러기 애들이 파리를 다루듯,
우릴 다루고 장난삼아 우릴 죽이곤 하지.

【 11-33 】

무지를 보는 건 신의 저주 Seeing Ignorance Is the Curse of God

『헨리 6세 2부』 4막 7장 73행

Seeing ignorance is the curse of God,
Knowledge the wing wherewith we fly to heaven.
무지를 보는 것은 신의 저주를 받는 것과 같다.
지식은 우리가 천국으로 날아가게 할 수 있는 날개이고.

【 11-34 】

참새 한 마리가 떨어지는 일에도 In the Fall of a Sparrow

『햄릿』 5막 2장 220행

Not a whit, we defy augury.
There is special providence in the fall of a sparrow.
If it be now, 'tis not to come; if it be not to come,
it will be now; if it be not now, yet it will come—
the readiness is all. Since no man, of aught he leaves,

knows what is't to leave betimes, let be.
조금도 그럴 필요 없네. 전조 따윈 무시하는 게 좋아.
참새 한 마리가 떨어지는 일에도, 하느님의 특별한 섭리가 있는 법.
죽음이란, 지금 오면 장차 오지 않을 것이고, 장차 오지 않는다면
지금 올 게 아닌가? 지금 오지 않더라도 언젠가는 오고야 마는 법.
마음의 준비가 제일이야. 어느 누구도 사후 일을 알 수 없는데,
이 세상을 일찍 떠난들 아쉬울 게 뭐 있겠나? 순리에 따르도록 하세.

【 11-35 】

완전히 한 바퀴 Full Circle

『리어 왕』 5막 3장 175행

EDGAR: The gods are just, and of our pleasant vices
　Make instruments to plague us:
　The dark and vicious place where thee he got
　Cost him his eyes.
EDMUND: Thou hast spoken right, 'tis true;
　The wheel is come full circle: I am here.
에드가: 신들은 공평하여, 즐거운 악행을 탐하는 죄를
　우리를 벌주시는 도구로 삼으신다.
　아버님께서는 음침하고 부정한 잠자리에서
　널 배게 한 죄의 대가로 두 눈을 잃으셨다.
에드먼드: 옳은 말이오. 그건 사실이오.
　운명의 수레바퀴가 완전히 한 바퀴를 돌아 이 꼴이 되었소.

【 11-36 】

공정한 정의의 신 Even-handed Justice

『맥베스』 1막 7장 10행

Bloody instructions, which, being taught, return
To plague the inventor. This even-handed justice
Commends the ingredients of our poisoned chalice
To our own lips.
살인이란 잔인한 짓을 한번 배우게 되면,
그것을 배운 놈이 가르쳐 준 놈을 다시 괴롭히는 법.
공정한 정의의 신은 독배를 준비한 놈의 입에
그 독배를 다시 부어넣는 법이지.

【 11-37 】

응징의 도구요 하느님의 뜻을 대행하는 자 Scourge and Minister

『햄릿』 3막 4장 175행

I do repent: but heaven hath pleased it so,
To punish me with this and this with me,
That I must be their scourge and minister.
I will bestow him, and will answer well
The death I gave him.
유감으로 생각합니다. 하지만 이는 하느님의 뜻.
이자를 살해함으로써 하느님은 저를 벌주시고,
나로 하여금 이자를 처벌케 하셨습니다.
저는 응징의 도구요 하느님의 뜻을 대행하는 자이죠.
시체는 제가 처리하죠. 그를 죽인 것에 대한 책임도 지죠.

12 | 선과 악

【 12-01 】

반드시 폭로되는 악행 Foul Deeds Will Rise to Men's Eyes

『햄릿』 1막 2장 256행

Foul deeds will rise,
Though all the earth overwhelm, to men's eyes.
비록 온 세상이 악을 감싸고 눈가림하더라도
악행은 반드시 폭로되게 마련이다.

【 12-02 】

어딘가 푹 썩었어 Something Is Rotten

『햄릿』 1막 4장 90행

HORATIO: Have after. To what issue will this come?
MARCELLUS: Something is rotten in the state of Denmark.
HORATIO: Heaven will direct it.
호레이쇼: 따라가세. 이 일이 도대체 어떻게 될까?
마셀러스: 덴마크 조정 어딘가 푹 썩었어.
호레이쇼: 하늘에 맡길 수밖에.

【 12-03 】

죄 지은 자는 미치게 하고 Make Mad the Guilty

『햄릿』 2막 2장 564행

What's Hecuba to him, or he to Hecuba,
That he should weep for her? What would he do,
Had he the motive and the cue for passion
That I have? He would drown the stage with tears
And cleave the general ear with horrid speech,
Make mad the guilty, and appall the free,
Confound the ignorant, and amaze indeed
The very faculties of eyes and ears.
헤큐바가 그들에게 무엇이기에, 그녀를 생각하며
저토록 울어줄 수 있단 말인가? 만약 그들이 내가 가진 것과 같은
감정을 요동치게 할 수 있는 동기를 가지고 있다면
과연 어떻게 했을까? 아마, 무대를 온통 눈물바다로 만들고,
몸서리치는 대사로 관객들의 귀를 갈라놓고,
죄 지은 자는 미치게 하고, 죄 없는 자는 공포에 떨게 하며,
아무 것도 모르는 자는 당혹스러워 넋이 빠지게 하고,
보고 듣는 모든 사람들의 눈과 귀를 마비시켜 놓았을 터.

【 12-04 】

악취가 하늘을 찌르는구나! It Smells to Heaven

『햄릿』 3막 3장 36행

O, my offence is rank, it smells to heaven,
It hath the primal eldest curse upon't—
A brother's murder. Pray can I not,
Though inclination be as sharp as will.
죄가 추악하여 그 악취가 하늘을 찌르는구나.
형제살해는 최초의, 가장 오래된 저주를 받을 거야!

기도하고 싶은 심정이 그 뜻만큼이나 강하지만
난 기도할 수가 없구나.

【 12-05 】

독사의 알 The Serpent's Egg

『줄리어스 시저』 2막 1장 32행

And since the quarrel
Will bear no color for the thing he is,
Fashion it thus: that what he is, augmented,
Would run to these and these extremities;
And therefore think him as a serpent's egg,
Which, hatched, would as his kind grow mischievous,
And kill him in the shell.
현재의 그를 두고
비난할만한 명분이 없으니
우선 이렇게 말해보자. 현재의 그가 자라게 되면
이런 저런 극단적인 폭정을 일삼을지도 모른다.
그러니 그를 독사의 알이라고 생각하자.
알을 깨고 나오면 천성으로 보아 해를 끼칠 것이니
알속에 있을 때 죽여 버려야 한다고.

【 12-06 】

미덕도 천한 자에겐 천하게 비치고 Goodness to the Vild Seem Vild

『리어 왕』 4막 2장 38행

Wisdom and goodness to the vild seem vild,

Filths savor but themselves. What have you done?
Tigers, not daughters, what have you performed?
지혜도 미덕도 천한 자에겐 천하게 비치고,
더러운 건 더러운 것을 좋아한다. 도대체 뭔 짓을 한 거요?
당신이 한 짓은 딸이 아니라 호랑이 짓이요.

【 12-07 】

나로부터 여자의 마음을 제거하라 Unsex Me Here

『맥베스』 1막 5장 41행

The raven himself is hoarse
That croaks the fatal entrance of Duncan
Under my battlements. Come, you spirits
That tend on mortal thoughts, unsex me here,
And fill me from the crown to the toe top-full
Of direst cruelty!
까마귀조차 목쉰 소리로 외쳐대고 있군.
던컨 왕이 죽음을 맞이하러 이 성에 들어선다고.
오너라! 무시무시한 흉계를 일삼는 악령들아.
나로부터 여자의 마음을 없애고,
머리 꼭대기에서 발끝까지
무시무시한 잔인성으로 가득 채워다오!

【 12-08 】

부자연스런 행위 Unnatural Deeds

『맥베스』 5막 1장 71행

Unnatural deeds
Do breed unnatural troubles.
부자연스런 행위는
부자연스런 고통을 만들어낸다.

【 12-09 】

악의 은혜 Benefit of Ill

『소네트』 119번 9행

O benefit of ill! Now I find true
That better is by evil still made better,
And ruined love, when it is built anew
Grows fairer than at first, more strong, far greater.
오, 악의 은혜여! 난 이제 깨달았다.
선은 악에 의해 더욱 더 선한 것이 된다는 걸.
무너진 사랑 또한 다시 쌓아올리면,
처음보다 더 아름답고, 더 강하고, 더 위대하게 된다는 걸.

【 12-10 】

사악하다는 평판보단 Than Vile Esteemed

『소네트』 121번 1행

'Tis better to be vile than vile esteemed,
When not to be receives reproach of being,
And the just pleasure lost which is so deemed
Not by our feeling but by others' seeing:
For why should others false adulterate eyes

Give salutation to my sportive blood?
사악하다는 평판보단 차라리 사악한 것이 낫다.
사악하지 않은데도 그렇다는 비난을 받고
내 감정이 아닌 다른 사람의 시각으로 평가되어
응당 누려 마땅한 쾌락을 잃게 되는 것보다는.
왜 타인들의 허위에 찬 음탕한 눈들이
내 정열이 만끽하는 유희를 아는 체 한단 말인가?

【 12-11 】

양심은 위험물 Conscience, a Dangerous Thing

『리처드 3세』 1막 4장 141행

It beggars any man that keeps it. It is turned out of towns and cities for a dangerous thing, and every man that means to live well endeavors to trust to himself and live without it.
양심을 붙들고 늘어지면 거지가 돼. 그래서 마을마다 그놈을 위험인물로 취급하는 거야. 그래서 추방이지. 우리가 편안하고 유복하게 살려면, 그놈을 쫓아내고 자기만을 믿고 살아가는 거야.

【 12-12 】

한 사람, 한 사람의 양심 Every Man's Conscience

『리처드 3세』 5막 2장 17행

Every man's conscience is a thousand men,
To fight against this guilty homicide.
한 사람, 한 사람의 양심은 천 명의 적을 무찌르는 창칼이다.
그것을 휘둘러 이 죄 많은 살인자와 싸웁시다.

【12-13】

숱한 혀를 가진 양심 Conscience, a Thousand Several Tongues

『리처드 3세』 5막 3장 193행

My conscience hath a thousand several tongues,
And every tongue brings in a several tale,
And every tale condemns me for a villain.
내 양심은 숱한 혓바닥을 갖고 있어.
그 하나하나가 제각기 멋대로 지껄이고 있어.
그 하나하나의 얘기가 나를 악당으로 몰고 있어.

【12-14】

겁쟁이들이 쓰는 말 A Word That Cowards Use

『리처드 3세』 5막 3장 309행

Conscience is but a word that cowards use,
Devised at first to keep the strong in awe:
Our strong arms be our conscience, swords our law!
양심이란 말은 겁쟁이들이 쓰는 말이다.
처음에는 강자를 놀라게 하기 위해 만든 말이다.
하지만 우리들의 억센 팔이 양심이요, 칼이 곧 법이다.

【12-15】

겁먹은 양심 Coward Conscience

『리처드 3세』 5막 3장 179행

O coward conscience, how dost thou afflict me!

아, 겁에 질린 양심이여, 왜 이렇게 날 고문하지.

【 12-16 】

양심의 가책 The Pang of Conscience

『햄릿』 5막 2장 57행

Why, man, they did make love to this employment,
They are not near my conscience; their defeat
Does by their own insinuation grow:
'Tis dangerous when the baser nature comes
Between the pass and fell incensed points
Of mighty opposites.
별 수 없지. 그들이 좋아서 한 일인걸.
난 조금도 양심의 가책을 느끼지 않아.
남의 일에 끼어들어 참견하다가 파멸을 자초했으니까.
고래 싸움에 새우등 터지는 격이지.
싸움을 벌이는 고수간의 칼끝에
미친한 자들이 끼어드니 위험할 수밖에.

【 12-17 】

지은 죄 이상으로 대가를 치르다 More Sinned Against Than Sinning

『리어 왕』 3막 2장 60행

Close pent-up guilts,
Rive your concealing continents, and cry
These dreadful summoners grace. I am a man
More sinned against than sinning.

깊이 감추어진 죄악이여,
너의 숨겨진 가슴을 쪼개 열어
이 무서운 심판자들의 자비를 빌어라.
난 내가 지은 죄 이상의 대가를 치른 사람이다.

【 12-18 】

넓은 바다를 핏빛으로 물들여 The Multitudinous Seas Incarnadine

『맥베스』 2막 2장 59행

Whence is that knocking?
How is't with me, when every noise appalls me?
What hands are here? ha! they pluck out mine eyes.
Will all great Neptune's ocean wash this blood
Clean from my hand? No, this my hand will rather
The multitudinous seas incarnadine,
Making the green one red.
어디서 문 두드리는 소리가 들리는 것일까?
무슨 소리만 나면 이렇게 놀라다니, 내가 왜 이럴까?
이 손이 뭐지? 아! 보기만 해도 눈알이 튀어나올 것 같구나.
위대한 넵튠이 다스리는 온 바다의 물을 다 퍼부으면
나의 이 손에서 피를 깨끗이 씻어 낼 수 있을까?
아냐. 도리어 내 이 손이 넓고 넓은 바다를 핏빛으로 물들여,
바닷물의 푸른빛을 주홍빛으로 바꿔 놓고 말 거야.

【 12-19 】

없어져라, 저주받을 흔적이여! Out, Dammed Spot!

『맥베스』 5막 1장 35행

Out, damned spot! out, I say!—
One—two— why, then, 'tis time to do't. Hell is murky.
Fie, my lord, fie, a soldier, and afeard? What need we
fear who knows it, when none can call our power to
accompt? Yet who would have thought the old man
to have had so much blood in him?
없어져라, 저주받을 흔적이여! 사라지라니까!
하나, 둘. 자, 이젠 해치워야 할 시간이다. 지옥은 컴컴하기도 하구나.
아니, 폐하, 뭐죠! 용감한 무사께서 겁을 먹고 있나요?
아무도 우리의 권세에 감히 맞설 자가 없는데,
누가 알까봐 겁낼 필요가 있을까요? 하지만 어느 누가
저 늙은이의 몸에 그리도 많은 피가 있으리라고 생각했겠어요?

【 12-20 】

짧은 참회 Short Shrift

『리처드 3세』 3막 4장 95행

Come, come, dispatch, the Duke would be at dinner.
Make a short shrift, he longs to see your head.
자, 자, 빨리 처리해요. 공작께서 식사를 기다리고 계십니다.
참회를 짧게 하시오. 그분은 참수된 당신 머리를 보길 원해요.

【 12-21 】

덕도 악으로 변할 수 있고 Virtue Itself Turns Vice

『로미오와 줄리엣』 2막 3장 21행

Nor aught so good but strained from that fair use

Revolts from true birth, stumbling on abuse;
Virtue itself turns vice, being misapplied,
And vice sometime's by action dignified.
아무리 좋은 것이라도 잘못 사용하면
타고난 성질을 저버리게 되어 해를 끼치게 되는 법.
덕도 잘못 사용하면 악으로 변하고
악도 활용하기에 따라서 귀한 것이 될 수도 있어.

【 12-22 】

피를 흘리며 쓰러질 것이다 Bloody Will Be Thy End

『리처드 3세』 4막 4장 195행

Bloody thou art, bloody will be thy end;
Shame serves thy life and doth thy death attend.
피에 굶주린 너는 피를 흘리며 쓰러질 것이다.
네 삶을 따라다닌 치욕이 네 임종의 순간까지 따라 다닐 것이다.

【 12-23 】

더러운 물에서도 깨끗한 물을 Some Soul of Goodness in Things Evil

『헨리 5세』 4막 1장 4행

There is some soul of goodness in things evil,
Would men observingly distill it out.
주의 깊게 물을 증류할 수 있다면,
더러운 물에서도 깨끗한 물을 추출할 수 있다.

【 12-24 】

금도금을 한 죄 Plate Sin with Gold

『리어 왕』 4막 6장 165행

Through tattered clothes [small] vices do appear;
Robes and furred gowns hide all. [Plate sin] with gold,
And the strong lance of justice hurtless breaks;
Arm it in rags, a pigmy's straw does pierce it.
누더기 옷을 입으면 작은 악행도 드러나고
관복과 털가죽 가운은 모든 걸 숨겨준다.
금도금을 한 죄는 정의의 강한 창도 맥없이 부러뜨리고
누더기로 감싼 죄는 난쟁이의 지푸라기도 뚫을 수 없다.

【 12-25 】

제 죄를 듣고 좋아할 사람은 없다
Few Love to Hear the Sins They Love to Act

『페리클레스』 1막 1장 92행

Few love to hear the sins they love to act;
'Twould braid yourself too near for me to tell it.
Who has a book of all that monarchs do,
He's more secure to keep it shut than shown.
자신의 죄에 대해 듣고 이를 좋아할 사람은 별로 없습니다.
그 문제에 대한 답을 하지 않는 게 나에게도
폐하께도 좋을 것 같습니다. 모든 왕들의 행적을 적은 책을
손에 넣어도 보여주지 않고 감춰두는 게 더 안전할 겁니다.

【 12-26 】

정의를 받드는 자는 [One] That Hath His Quarrel Just

『헨리 6세 2부』 3막 2장 233행

What stronger breastplate than a heart untainted!
Thrice is he armed that hath his quarrel just;
And he but naked, though locked up in steel,
Whose conscience with injustice is corrupted.
때 묻지 않은 마음만큼 단단한 가슴받이 갑옷은 없을 것이다!
정의를 받드는 자는 삼중의 갑옷으로 무장을 하고 있지만,
불의로 인해 양심이 썩고 있는 자는
강철로 그 몸을 감싸고 있어도 벌거숭이나 다름없다.

【 12-27 】

도둑들도 도둑질할 구실이 Thieves for Their Robbery Have Authority

『자에는 자로』 2막 2장 175행

Thieves for their robbery have authority
When judges steal themselves. What, do I love her,
That I desire to hear her speak again,
And feast upon her eyes? What is't I dream on?
재판관 자신이 도둑질을 하면, 도둑들도 도둑질할 구실이 있다.
아니, 내가 그녀를 사랑하고 있다는 말인가?
그녀가 말하는 걸 다시 듣고 싶어 하다니?
그녀의 눈을 보고 싶어 하다니? 내가 꿈을 꾸고 있는 건가?

【 12-28 】

사라지는 악행은 Evils That Take Leave

『존 왕』 3막 4장 114행

Before the curing of a strong disease,
Even in the instant of repair and health,
The fit is strongest; evils that take leave,
On their departure most of all show evil.
매우 심한 병을 치료하기 전,
아니 건강을 회복하는 바로 그 순간,
가장 심한 발작이 일어나는 법이오. 마찬가지로
사라지는 악행은 물러갈 때 가장 심한 악행을 드러내는 법.

【 12-29 】

인간의 악행은 놋쇠에 새겨진다 Men's Evil Manners Live in Brass

『헨리 8세』 4막 2장 45행

Men's evil manners live in brass; their virtues
We write in water. May it please your highness
To hear me speak his good now?
인간의 악행은 놋쇠에 새겨지지만, 선행은 물 위에 쓰일 뿐.
지금 그분의 선행을 말씀드리고 싶은데,
당신께서 들어 주시겠습니까?

【 12-30 】

사람이 횃불을 쓰듯 As We With Torches Do

『자에는 자로』 1막 1장 32행

Heaven doth with us as we with torches do,
Not light them for themselves; for if our virtues
Did not go forth of us, 'twere all alike
As if we had them not.
사람이 횃불을 쓰듯, 하늘은 사람을 쓰는 법이오.
횃불은 횃불 자신을 밝히려고 있는 게 아니오.
마찬가지로 만약 미덕이 타인을 돕는 데 쓰이지 않는다면,
그건 있어도 없는 것이나 다름없소.

【 12-31 】

타고난 재능을 숨겨줄 세상 A World to Hide Virtues In

『십이야』 1막 3장 131행

What dost thou mean? Is it a world to hide virtues in?
I did think, by the excellent constitution of thy leg,
it was formed under the star of a galliard.
뭘 어쩌자는 거요? 세상이 어디 타고난 재능을 숨겨줍니까?
나는 생각했소. 그 미끈한 다리로 보아,
댁이 갤리어드 춤을 관장하는 별 아래 태어난 사람이라고…

【 12-32 】

세상에서 아무리 보잘것없는 것이라도 So Vile That on the Earth

『로미오와 줄리엣』 2막 3장 17행

O, mickle is the powerful grace that lies
In herbs, plants, stones, and their true qualities:
For nought so vile that on the earth doth live

But to the earth some special good doth give,
Nor aught so good but strained from that fair use
Revolts from true birth, stumbling on abuse:
아! 약초와 식물과 돌들의 본성에는
매우 강력한 어떤 약효가 들어 있어서,
이 세상에는 아무리 보잘것없는 것이라도
인간에게 어떤 특별한 효험을 주지 않는 건 없어.
아무리 좋은 것이라도 잘못 사용하면
타고난 성질을 저버리게 되어 해를 끼치게 되는 법.

【 12-33 】

선한 마음은 태양 A Good Heart Is the Sun

『헨리 5세』 5막 2장 162행

A black beard will turn white; a curled pate will grow bald; a fair face will wither; a full eye will wax hollow: but a good heart, Kate, is the sun and the moon; or, rather, the sun, and not the moon; for it shines bright and never changes, but keeps his course truly. If thou would have such a one, take me.
검은 수염도 백발로 변하고, 아름다운 곱슬머리도 대머리로 변하며, 예쁜 얼굴도 쭈글쭈글한 얼굴로 변하고, 빛나는 눈도 우묵한 구멍으로 변합니다. 그러나 케이트, 선한 마음은 태양이자 달이오. 아니 달이 아니라 태양이오. 그건 밝게 빛나고 절대 변하지 않으면서 제 궤도를 충실히 지키고 있으니까. 만약 당신이 그런 자를 원한다면, 날 택하시오!

【 12-34 】

깨끗한 마음을 가진 자는 A Heart Unspotted

『헨리 6세 2부』 3막 1장 100행

A heart unspotted is not easily daunted.
The purest spring is not so free from mud
As I am clear from treason to my sovereign:
Who can accuse me?
깨끗한 마음을 가진 자는 쉽게 두려워하지 않소.
진흙으로 더럽혀지지 않은 맑은 샘물도
폐하께 한 치의 반역심도 없는 내 마음만큼 맑진 않을 거요.
그런데 감히 누가 날 탄핵할 수 있단 말이오?

【 12-35 】

선은 두려움에 떨지 않는다 Goodness Never Fearful

『자에는 자로』 3막 1장 208행

Virtue is bold, and goodness never fearful.
Have you not heard speak of Mariana, the sister of
Frederick the great soldier who miscarried at sea?
미덕은 대담하고 선은 두려움에 떨지 않소.
당신은 마리아나에 관해 얘기 들은 적이 있소?
조난으로 빠져 죽은 프레드릭이란 훌륭한 군인의 여동생 말이오?

【 12-36 】

개가 물려고 이를 드러내면 When a Cur Doth Grin

『헨리 6세 3부』 1막 1장 56행

What valour were it, when a cur doth grin,

For one to thrust his hand between his teeth,
When he might spurn him with his foot away?
It is war's prize to take all vantages.
개가 물려고 이를 드러내면 발로 차 버리면 되는데,
일부러 그 이빨 사이에 손을 넣어 주는 걸
용감한 행동이라 할 수 있겠소?
온갖 기회를 다 이용하는 게 전쟁의 특권이오.

【12-37】

유덕한 사람은 고독 Virtue Finds No Friends

『헨리 8세』 3막 1장 126행

Have I lived thus long-let me speak myself,
Since virtue finds no friends-a wife, a true one?
A woman, I dare say without vain-glory,
Never yet branded with suspicion?
유덕한 사람은 도와줄 친구가 없으니, 내 스스로 변명하죠.
오랜 세월 동안, 난 진실한 아내로서 살아왔어요.
허영을 동경한 적이 없는 여인으로,
절대로 의혹의 낙인이 찍힌 적도 없습니다.

【12-38】

아름다움을 가장한 악덕 The Beauteous Evil

『십이야』 3막 4장 369행

In nature there's no blemish but the mind;
None can be called deformed but the unkind:

Virtue is beauty, but the beauteous evil
Are empty trunks overflourished by the devil.
대자연 가운데 흠집이 있다면 그것은 인간의 마음뿐이니,
비정한 인간만이 불구자라고 불릴 수 있을 것이오.
미덕은 아름답지만, 미를 가장한 악덕은
악마에 의해 그 모습만 찬란하게 된 속 빈 금고와 같은 것이오.

【 12-39 】

단죄하려고 찾아온 걸 환영 Welcome Which Comes to Punish Us

『안토니와 클레오파트라』 4막 14장 136행

Do not please sharp fate
To grace it with your sorrows: bid that welcome
Which comes to punish us, and we punish it
Seeming to bear it lightly.
그렇게 슬퍼하며 운명에 굴복하여
가혹한 운명을 즐겁게 해주지 마라. 우릴 단죄하려고
찾아온 걸 환영하고 그걸 가볍게 보이게 하면
우리가 운명을 단죄하는 것이 된다.

13 | 진실과 허위

【 13-01 】

진실은 소박한 한 가지 맹세 Truth, the Plain Single Vow

『끝이 좋으면 모두 좋다』 4막 2장 22행

'Tis not the many oaths that makes truth,
But the plain single vow that is vowed true.
진실은 숱하게 늘어놓는 맹세가 아니라
진실하게 맹세하는 소박한 한 가지 맹세일 뿐이다.

【 13-02 】

진리는 진리 Truth is Truth

『자에는 자로』 5막 1장 45행

It is ten times true, for truth is truth
To the end of reck'ning.
그건 정말 진리입니다.
끝까지 생각해봐도 진리는 진리입니다.

【 13-03 】

진실은 반드시 밝혀진다 Truth Will Come to Light

『베니스의 상인』 2막 2장 79행

Give me your blessing; truth will come to light …
the truth will out.

절 축복해주세요. 진실은 반드시 밝혀질 것이다 …
진실은 반드시 드러날 겁니다.

【 13-04 】

진실에는 조용한 마음이 Truth Hath a Quiet Breast

『리처드 2세』 1막 3장 96행

As gentle and as jocund as to jest
Go I to fight: truth hath a quiet breast.
저는 광대놀이처럼 즐겁고 편한 마음으로
결투에 임합니다. 진실에는 조용한 마음이 따르는 법이죠.

【 13-05 】

눈은 진실을 말하고 Eyes Do Offices of Truth

『폭풍우』 5막 1장 156행

They devour their reason, and scarce think
Their eyes do offices of truth, their words
Are natural breath.
그들의 이성적 판단 능력이 마비되어,
그들의 눈이 진실을 말하고 있다고 생각할 수 없고,
그들의 말이 인간의 말이라고 생각할 수 없다.

【 13-06 】

진실은 말이 없다 Truth Cannot Speak

『베로나의 두 신사』 2막 2장 17행

It cannot speak,
For truth hath better deeds than words to grace it.
진실은 말이 없다.
진실은 행동으로 말할 뿐, 그걸 꾸미는 말이 없기 때문이다.

【 13-07 】

미덕 속에 진실이 Truth in Virtue

『자에는 자로』 5막 1장 226행

As there comes light from heaven and words from breath,
As there is sense in truth and truth in virtue.
하늘에서 빛이 오고 호흡에서 말이 오듯이,
진리 속에 뜻이 있고 미덕 속에 진실이 있다.

【 13-08 】

패한 주인을 끝까지 모시는 To Follow a Fallen Lord

『안토니와 클레오파트라』 3막 13장 44행

He that can endure
To follow with allegiance a fallen lord
Does conquer him that did his master conquer
And earns a place in the story.
싸움에 패한 주인을
끝까지 모시는 충성심은
주인을 이긴 자를 정복하는 것과 같아서
역사에 길이 빛난다.

【 13-09 】

승복만 입었다고 승려가 되는 건 아냐 All Hoods Make Not Monks

『헨리 8세』 3막 1장 23행

They should be good men, their affairs as righteous.
But all hoods make not monks.
선량한 사람이 되고 올바른 일을 해야지,
승복만 입었다고 모두 승려가 되는 것은 아니다.

【 13-10 】

자승자박 Hoist with His Own Petar

『햄릿』 3막 4장 207행

There's letters sealed, and my two schoolfellows,
Whom I will trust as I will adders fanged,
They bear the mandate, they must sweep my way,
And marshal me to knavery. Let it work;
For 'tis the sport to have the engineer
Hoist with his own petar an't(and it) shall go hard
But I will delve one yard below their mines,
And blow them at the moon.
왕의 칙서는 봉인되었고, 저의 동창생 두 명이
어명을 받들어 내 길잡이가 된다지 뭡니까.
그자들은 동창이긴 하지만 독을 지닌 독사처럼
저를 함정에 빠뜨릴 자들입니다. 그리 하도록 놔두세요.
자신이 장치한 폭탄에 산산조각이 나
하늘로 날아가는 꼴을 볼 만하겠지요. 두고 보세요.

내 그놈들이 묻어 놓은 지뢰 밑을 1야드 가량 파고 들어가,
놈들을 달나라까지 날려버릴 테니.

【 13-11 】

과감하게 진실을 말하시오 Tell Truth and Shame the Devil

『헨리 4세 1부』 3막 1장 58행

And I can teach thee, coz, to shame the devil—
By telling truth. Tell truth and shame the devil.
난 과감하게 진실을 말해 당신을 가르칠 수 있소.
과감하게 진실을 말하시오.

【 13-12 】

있는 그대로의 진실 The Naked Truth

『사랑의 헛수고』 5막 2장 710행

The naked truth of it is, I have no shirt;
I go woolward for penance.
있는 그대로의 진실을 말하자면, 전 셔츠를 입고 있지 않습니다.
고행을 하느라 속에 아무런 린네르도 걸치지 않았습니다.

【 13-13 】

악마의 본성에 사탕발림을 Do Sugar over the Devil Himself

『햄릿』 3막 1장 47행

With devotion's visage
And pious action, we do sugar over

The devil himself.
경건한 표정을 짓고,
경건한 태도를 보이면서, 우리 인간은
악마의 본성에 사탕발림을 한다.

【 13-14 】

악마라도 성경을 인용할 수 있지 The Devil Can Cite Scripture

『베니스의 상인』 1막 3장 98행

The devil can cite Scripture for his purpose.
An evil soul, producing holy witness
Is like a villain with a smiling cheek,
A goodly apple rotten at the heart.
O, what a goodly outside falsehood hath!
제 이익을 위해선 악마라도 성경을 인용할 수 있지.
사악한 인간이 성경을 들먹이는 건
악당이 미소를 지어 보이는 것과 같아.
겉은 멀쩡하나 속은 썩은 사과와 같지.
아, 거짓도 겉모습만은 얼마나 그럴듯한가!

【 13-15 】

벌거벗은 악행 Naked Villainy

『리처드 2세』 1막 3장 335행

I clothe my naked villainy
With odd old ends stolen forth of holy writ,
And seem a saint when most I play the devil.

성경에서 훔친 이상하고 낡아빠진 문구로
누더기를 만들어 벌거벗은 악행에 입히면,
내가 악마 같은 짓을 할 때도 성자처럼 보일 것이다.

【 13-16 】

그럴듯한 외양으로 With Fair Ornament

『베니스의 상인』 3막 2장 80행

What damned error but some sober brow
Will bless it, and approve it with a text,
Hiding the grossness with fair ornament?
There is no vice so simple but assumes
Some mark of virtue on his outward parts.
이 얼마나 잘못된 일인가. 성직자가 근엄한 표정으로 축복해주고
성경구절을 빌려 정당화하면, 저주받을 죄라도
그럴듯한 외양으로 간악한 모습을 가릴 수 있으니.
그 어떤 악덕도 그대로 드러나진 않아.
그럴듯하게 포장해서 그 겉모습을 미덕처럼 보이게 하니까.

【 13-17 】

미친 체하는 행동 Antic Disposition

『햄릿』 1막 5장 172행

How strange or odd soever I bear myself—
As I perchance hereafter shall think meet
To put an antic disposition on.
내가 아무리 이상한 행동을 하더라도—

지금 이 시간 이후부터
내가 일부러 '미친 체' 행동할지도 모르겠는데.

【 13-18 】

겉과 속이 다른 사람 I Am Not What I Am

『오셀로』 1막 1장 65행

It is as sure as you are Roderigo,
Were I the Moor, I would not be Iago.
In following him, I follow but myself;
Heaven is my judge, not I for love and duty,
But seeming so, for my peculiar end;
For when my outward action doth demonstrate
The native act and figure of my heart
In compliment extern, 'tis not long after
But I will wear my heart upon my sleeve
For daws to peck at. I am not what I am.
그건 자네가 로더리고인 것만큼이나 확실한 일이야.
내가 무어 놈이라면 내가 이아고일 수가 없지.
그놈을 주인으로 받들고 있지만 실은 나만을 받들 뿐이지.
하늘이 알고 있네. 충성심이나 의무 때문이 아니라
겉으로만 그럴 뿐이지. 내 속셈은 따로 있어.
겉으로 드러난 행동이 내 진짜 행동과 본심을
그대로 보여준다고 생각하면 착각일세.
그럴 바엔 옷소매에 심장을 달고 다니면서 갈가마귀가
쪼아 먹으라고 하겠어. 난 겉과 속이 다른 사람일세.

【 13-19 】

화창한 날 독사가 The Adder in the Bright Day

『줄리어스 시저』 2막 1장 13행

How that might change his nature, there's the question.
It is the bright day that brings forth the adder,
And that craves wary walking. Crown him that,
And then, I grant, we put a sting in him.
왕이 되었을 때 시저가 어떻게 변할지 그게 문제지.
화창한 날 독사가 기어 나오는 법이니까.
그러니까 돌아 다니는데 조심해야 해. 그에게 왕관을 바친다고?
그럼 시저에게 독침을 주는 것과 같아.

【 13-20 】

광증 속의 조리 Method in the Madness

『햄릿』 2막 2장 206행

POLONIUS: I mean, the matter that you read, my lord.
HAMLET: Slanders, sir; for the satirical rogue says here
that old men have grey beards, [. . .]
yourself, sir, should be old as I am, if like a crab
you could go backward.
POLONIUS: [Aside] Though this be madness, yet there is
method in't.
폴로니어스: 읽고 계신 책의 내용이 어떤 내용이죠, 왕자님?
햄 릿: 바로 험담에 관한 것이지. 입이 건 독설가 양반이
이렇게 썼군. 늙은이의 수염은 희고 [. . .]

그대도 언젠가는 나처럼 늙은이가 될게 아니겠소.
만약 그대가 게처럼 뒷걸음칠 수 있다면 말이오.
폴로니어스: (방백) 미친 사람 말이긴 하지만,
조리가 있군.

【 13-21 】

미소 짓고 있는 저주받을 악당 Smiling, Damned Villain

『햄릿』 1막 5장 106행

O villain, villain, smiling, damned villain!
My tables—meet it is I set it down
That one may smile, and smile, and be a villain!
아! 악당, 악당 놈! 미소 짓고 있는 저주받을 악당!
그래 내 수첩에 적어두자.
아무리 미소를 띠고 있어도 악당은 악당이지.

【 13-22 】

슬픔의 겉치레 The Trappings and the Suits of Woe

『햄릿』 1막 2장 86행

Seems, madam! nay it is; I know not "seems."
'Tis not alone my inky cloak, good mother,
Nor customary suits of solemn black,
Nor windy suspiration of forced breath,
No, nor the fruitful river in the eye,
Nor the dejected havior of the visage,
Together with all forms, moods, [shapes] of grief,

That can [denote] me truly. These indeed seem,
For they are actions that a man might play:
But I have that within which passeth show;
These but the trappings and the suits of woe.
그렇게 보이다뇨? 아니, 사실이 그러합니다. 전 '체하는 건'
모릅니다. 어머니, 제 심중을 진실로 드러낼 수 있는 건
이 검은 망토도, 의례적으로 입는 이 검은 상복도 아닙니다.
억지로 길게 내쉬는 한숨도,
넘치는 강물 같은 눈물도 아니고,
수심에 가득 찬 낙담의 표정도 아닙니다.
그 밖에 슬픔을 드러내는 온갖 격식이나
모습도 아니죠. 이런 거야말로 누구나
그럴듯하게 꾸며 낼 수 있는 행동이 아닌가요?
하지만 제 가슴 속엔 겉치레를 넘어서는 그 무엇이 있습니다.
드러낼 수 있는 것들은 슬픔의 겉치레에 불과하죠.

【 13-23 】

무책임한 짓을 하다 To Play Fast and Loose

『존 왕』 3막 1장 242행

Play fast and loose with faith? So jest with heaven?
Make such unconstant children of ourselves.
신의 없는 무책임한 짓을 하란 말이오? 그래서 하늘을 조롱하고?
우리 자신을 신의 없는 사람으로 만들라고?

【 13-24 】

번쩍이는 것이 다 금은 아니다 All That Glisters Is Not Gold

『베니스의 상인』 2막 7장 65행

All that glisters is not gold,
Often have you heard that told;
Many a man his life hath sold
But my outside to behold.
Gilded tombs do worms infold.
번쩍이는 것이 다 금은 아니다.
그건 그대가 늘 들어 왔던 말.
수많은 사람들이 내 겉모습에 홀려
그들의 생명을 팔았도다.
황금으로 장식한 무덤 속에도 구더기가 있다.

【13-25】

사자가 양의 비위를 맞추면 When the Lion Fawns upon the Lamb

『헨리 6세 3부』 4막 8장 49행

And when the lion fawns upon the lamb,
The lamb will never cease to follow him.
사자가 양의 비위를 맞추면,
양은 반드시 사자를 따라간다.

【13-26】

개연성 없는 허구 An Improbable Fiction

『십이야』 3막 4장 128행

MARIA: No, I warrant you, he will not hear of godliness.

MALVOLIO: Go, hang yourselves all! you are idle shallow things:
I am not of your element: you shall know more hereafter.
SIR TOBY: Is't possible?
FABIAN: If this were played upon a stage now, I could condemn it
as an improbable fiction.
마리아: 그래요, 그분은 하나님 말씀을 들으려고 하지 않아요.
말보리오: 모조리 목매고 죽어버려라. 당신들은 어리석고
경박한 자들. 난 당신들과는 근본이 달라. 두고 보면 더 알게 될 거야.
토비 경: 아니 이럴 수가?
페이비언: 이런 일이 무대 위에서 상연되었다고 해도, 개연성 없는
허구라고 욕했을 겁니다.

【 13-27 】

악마의 앞잡이 The Instruments of Darkness

『맥베스』 1막 3장 124행

And oftentimes, to win us to our harm,
The instruments of darkness tell us truths,
Win us with honest trifles, to betray's
In deepest consequence.
악마의 앞잡이들은 더러 진실을 알려주기도 하죠.
우릴 유혹해 함정에 몰아넣으려고 말입니다.
대수롭지 않은 일에는 정직하게 행동하지만,
아주 중요한 일을 두고는 우릴 속여 치명상을 입히죠.

【 13-28 】

천진난만한 꽃처럼 Like the Innocent Flower

『맥베스』 1막 5장 65행

To beguile the time,
Look like the time; bear welcome in your eye,
Your hand, your tongue; look like the innocent flower,
But be the serpent under't.
세상 사람들을 속이려면 그들과 같이
태연한 표정을 하세요. 눈에는 환영의 뜻을,
손과 혀에도 환영의 뜻을 나타내요. 순수한 꽃처럼 보이시되,
꽃 아래 몸을 감춘 독사가 되셔야 해요.

【 13-29 】

가장 위험한 유혹은 Most Dangerous Temptation

『자에는 자로』 2막 2장 180행

O cunning enemy, that, to catch a saint,
With saints dost bait thy hook! Most dangerous
Is that temptation that doth goad us on
To sin in loving virtue. Never could the strumpet,
With all her double vigour, art and nature,
Once stir my temper; but this virtuous maid
Subdues me quite.
아, 교활한 악마! 성자를 낚으려고
성자를 낚시 바늘의 미끼로 사용하다니!
가장 위험한 유혹은 미덕의 힘을 이용해
우리가 죄를 범하도록 부추기는 유혹이다.
음탕한 여인이라면 온갖 기교와

성적인 매력을 2배로해서 나에게 접근한다고 해도
나는 끄덕도 하지 않을 것이다.
하지만 정숙한 이 처녀는 완전히 날 사로잡았어.

【 13-30 】

아첨은 죄악의 불꽃을 불러일으키는 풀무

Flattery Is the Bellows Blows up Sin

『페리클레스』 1막 3장 39행

They do abuse the king that flatter him,
For flattery is the bellows blows up sin,
The thing which is flattered, but a spark
To which that blast gives heat and stronger glowing.
왕에게 아첨을 하는 것은 왕을 욕되게 하는 것입니다.
아첨은 죄악의 불꽃을 불러일으키는 풀무니까요.
아첨을 듣고 점화가 되면
돌풍이 일어 마침내 큰 불이 나고 말죠.

【 13-31 】

오염되지 않은 생각은 악을 상상할 수 없다

Unstained Thoughts Do Seldom Dream On Evil

『루크리스의 능욕』 87행

This earthly saint, adored by this devil,
Little suspecteth the false worshipper:
For unstained thoughts do seldom dream on evil.
Birds never limed no secret bushes fear.

악마의 숭배를 받고 있는 이 지상의 성녀는
이 사악한 숭배자를 조금도 의심하지 않아.
오염되지 않은 생각은 악을 거의 상상할 수 없고, 덫에 걸려본
경험이 없는 새들은 비밀스런 덤불을 두려워하지 않으니까.

【 13-32 】

아무리 잘 봐줘도 불쾌 Bad in the Best

『열정적인 순례자』 7연 18행

She bade love last, and yet she fell a-turning.
Was this a lover, or a lecher whether?
Bad in the best, though excellent in neither.
그녀는 사랑이 계속되기를 명했지만 자신이 변심하고 말았다.
그녀는 연인일까, 아니면 바람둥이일까?
어떤 경우든 훌륭하긴커녕, 아무리 잘 봐줘도 불쾌하기 짝이 없다.

【 13-33 】

어느 쪽이 도둑놈인지? Which Is the Thief?

『리어 왕』 4막 6장 153행

What, art mad? A man may see how this world goes with no eyes.
Look with thine ears: see how yond justice rails upon yond
simple thief. Hark, in thine ear: change places; and, handy-dandy,
which is the justice, which is the thief?
뭐라고! 미쳤구나? 눈이 없이도 세상 돌아가는 쯤은 볼 수 있어.
귀로 보아라. 저기 저 재판관이 저기 좀도둑을
어떻게 꾸짖고 있는지를 보란 말이다. 귀로 들어봐. 자리를 바꿔봐.

어느 쪽이 재판관이고 어느 쪽이 도둑놈인지 가려낼 수 있느냐?

【13-34】

정직한 사람을 찾기란 To Find the Honest

『햄 릿』 2막 2장 178행

HAMLET: Then I would you were so honest a man.
POLONIUS: Honest, my lord!
HAMLET: Ay, sir; to be honest, as this world goes, is to be
one man picked out of ten thousand.
햄 릿: 그럼, 그대가 생선장사만큼이라도 정직했으면 하네.
폴로니어스: 정직이라니요, 왕자님?
햄 릿: 그렇소. 요즘 세상 꼬락서닐 보면,
정직한 사람을 찾기란 만에 하나쯤 될까?

【13-35】

겉 다르고 속 다르면 안 돼 Men Should Be What They Seem

『오셀로』 3막 3장 126행

IAGO: Men should be what they seem;
Or those that be not, would they might seem none!
OTHELLO: Certain, men should be what they seem.
이아고: 겉 다르고 속 다른 사람이 되어서는 아니 되죠.
겉 다르고 속 다른 인간이야말로 정말 나쁜 놈이니까요.
오셀로: 물론이지. 인간은 겉 다르고 속 다르면 아니 되지.

【 13-36 】

웃음 속에 숨은 시퍼런 칼날 Daggers in Men's Smiles

『맥베스』 2막 3장 140행

Our separated fortune
Shall keep us both the safer: where we are,
There's daggers in men's smiles: the near in blood,
The nearer bloody.
우리가 서로 떨어져 있는 것이
좀 더 안전할 것 같습니다. 우리가 있는 이곳은
인간의 웃음 속에 시퍼런 칼날이 숨어있는 곳이죠.
핏줄이 가까울수록 더욱 더 위험하답니다.

【 13-37 】

겉으로는 천사같이 보이나 Though Angel on the Outward Side

『자에는 자로』 3막 2장 271행

To weed my vice and let his grow!
O, what may man within him hide,
Though angel on the outward side!
죄를 제거해야 할 자리에 있으면서 스스로 죄를 조장하다니!
아, 겉으로는 천사같이 보이지만
그 뱃속에 뭘 숨기고 있는지 알 수가 없군!

【 13-38 】

그럴싸한 모습으로 둔갑하는 힘 Power to Assume a Pleasing Shape

『햄 릿』 2막 2장 599행

I'll tent him to the quick: if he but blench,
I know my course. The spirit that I have seen
May be the devil: and the devil hath power
To assume a pleasing shape; yea, and perhaps
Out of my weakness and my melancholy,
As he is very potent with such spirits,
Abuses me to damn me.
급소를 한 번 쿡 찔러봐야지. 그자가 움찔하기만 해도,
앞으로 내 행동은 분명해질 것이다. 하지만 내가 본 유령은
악마일지도 몰라. 악마는 그럴싸한 모습으로 둔갑하여
인간의 마음속을 파고드는 능력이 있다고 하지 않던가?
내가 허약하고 우울한 틈을 타서,
악마는 특히 그런 사람에게 잘 통한다고 하던데,
악마가 마수를 뻗쳐 날 속이고 파멸시키려는 게 아닌지 몰라.

【 13-39 】

자신의 치부를 드러내는 사람 Thy Own Shame's Orator

『실수연발』 3막 2장 10행

Muffle your false love with some show of blindness:
Let not my sister read it in your eye;
Be not thy tongue thy own shame's orator;
Look sweet, be fair, become disloyalty;
Apparel vice like virtue's harbinger.
거짓 사랑으로 장님처럼 눈가림을 하고,
형부의 눈빛에서 언니가 그걸 알아채지 못하게 해요.
그리고 형부 자신의 입으로 치부를 드러내지 마세요.

상냥하고 다정한 표정으로 외도를 숨기세요.
미덕으로 악덕을 감추란 말입니다.

【 13-40 】

허위로 허위를 바로 잡는다 Falsehood Falsehood Cures

『존 왕』 3막 1장 277행

The better act of purposes mistook
Is to mistake again; though indirect,
Yet indirection thereby grows direct,
And falsehood falsehood cures, as fire cools fire.
정도에서 벗어났을 때,
최선책은 다시 그 길에서 벗어나는 것입니다.
길에서 벗어나도 다시 길을 벗어남으로써 바른 길로 되돌아오니,
불로 불을 식히는 것처럼 허위를 허위로 바로 잡는 게 됩니다.

【 13-41 】

거짓 얼굴로 감출 수밖에 False Face Must Hide

『맥베스』 1막 8장 82행

I am settled, and bend up
Each corporal agent to this terrible feat.
Away, and mock the time with fairest show:
False face must hide what the false heart doth know.
난 이제 결심했소.
혼신의 힘을 다해 이 끔찍한 일을 해내고야 말겠소.
자, 갑시다. 그럴듯한 얼굴로 세상 사람들을 속입시다.

거짓 마음을 거짓 얼굴로 감출 수밖에.

【 13-42 】

거짓을 밝히는 시간 Time Shall Unfold What Cunning Hides

『리어 왕』 1막 1장 280행

Time shall unfold what plaited cunning hides:
Who cover faults, at last shame them derides.
Well may you prosper!
세월이 흐르면 겹겹이 감춰진 거짓이 드러날 겁니다.
세월이 흐르면 잘못이 드러나 마침내 수치로 되돌려 받겠죠.
그럼 부귀영화를 누리면서 잘 사세요.

【 13-43 】

마음에도 없는 슬픔 An Unfelt Sorrow

『맥베스』 2막 3장 136행

Let's not consort with them:
To show an unfelt sorrow is an office
Which the false man does easy. I'll to England.
저 사람들과 상종하지 말자.
위선자들은 흔히 마음에도 없는 슬픔을 나타내곤 하지.
난 잉글랜드로 가겠다.

【 13-44 】

정절이 없다면 있는 척이라도 Assume a Virtue, If You Have It Not

『햄 릿』 3막 4장 160행

But go not to mine uncle's bed;
Assume a virtue, if you have it not.
That monster, custom, who all sense doth eat,
Of habits devil, is angel yet in this,
That to the use of actions fair and good
He likewise gives a frock or livery,
That aptly is put on.
제발 숙부의 침실로 가지 마십시오.
정절이 없다면 제발 있는 척이라도 하십시오.
습관이란 괴물은 악습에 대한 우리의 감각을
먹어치워 무디게 하지만, 이는 또한 천사 같은 면도 있어서,
착하고 단정한 행동을 자꾸 하게 되면
처음엔 어색하나 마침내 익숙해져서
입기 편한 옷이 되기도 하죠.

【 13-45 】

운명의 여신의 손가락 끝에 놀아나는 피리 A Pipe for Fortune's Finger

『햄 릿』 3막 2장 68행

As one, in suffering all, that suffers nothing,
A man that fortune's buffets and rewards
Hast ta'en with equal thanks: and blest are those
Whose blood and judgment are so well commingled,
That they are not a pipe for fortune's finger
To sound what stop she please. Give me that man
That is not passion's slave, and I will wear him
In my heart's core, ay, in my heart of heart.

자넨 온갖 고통을 겪으면서도 아무렇지도 않은 양,
운명이 주는 고통이든 은총이든,
이 둘을 똑같이 감사하는 마음으로 받아들인 사람이었지.
감정과 이성이 멋지게 조화를 이루어, 운명의 여신의
손가락 끝에서 놀아나지 않고, 그녀가 원하는 피리 소리가 아니라
자신의 소리를 낼 수 있는 사람은 축복받은 사람이지.
격정의 노예가 아닌 사람이 있다면 내게 소개해주게.
난 마음 속, 내 마음 속 한가운데 그를 간직하겠네.

【 13-46 】

험한 세상에 빛나는 빛 Shines in a Naughty World

『베니스의 상인』 5막 1장 89행

That light we see is burning in my hall.
How far that little candle throws his beams!
So shines a good deed in a naughty world.
저기 저 불빛은 우리 집 거실의 불빛이구나.
어쩜 저 조그만 촛불이 저렇게 멀리까지 비칠까!
착한 행동도 이 험한 세상에선 저렇게 빛나는 빛일 거야.

【 13-47 】

사람을 부티나게 해주는 건 마음 The Mind That Makes the Body Rich

『말괄량이 길들이기』 4막 3장 172행

Our purses shall be proud, our garments poor;
For 'tis the mind that makes the body rich;
And as the sun breaks through the darkest clouds,

So honour peereth in the meanest habit.
What is the jay more precious than the lark,
Because his fathers are more beautiful?
지갑만 두둑하면, 옷이 초라해도 상관없소.
사람을 부티나게 해 주는 건 마음이니까.
어두운 먹구름을 헤치고 태양이 그 모습을 드러내듯,
아무리 초라한 옷을 입어도, 그 사람의 품위는 빛을 발휘하오.
어치의 깃털이 아무리 곱다고 한들
종달새보다 귀한 새로 여겨지진 않아요.

【 13-48 】

현명하게 참고 견딜 수 있는 용기 Valiant That Can Wisely Suffer

『아테네의 타이몬』 3막 5장 31행

He's truly valiant that can wisely suffer
The worst that man can breathe, and make his wrongs
His outsides, to wear them like his raiment, carelessly,
And never prefer his injuries to his heart,
To bring it into danger.
이런 사람이 진정으로 용기 있는 사람이오.
매우 심한 욕설을 들어도 그걸 현명하게 참고 견딜 수 있고,
그걸 외면적인 일로 생각하여, 옷을 걸치듯 거리낌 없이 듣고 있을 뿐,
그 모욕으로 인한 상처를 가슴 깊이 끌고 들어가
위험을 자초하지는 않는 사람 말이오.

【 13-49 】

잡초보다 더한 악취를 풍긴다 Smell Far Worse Than Weeds

『소네트』 94번 14행

The summer's flower is to the summer sweet,
Though to itself it only live and die,
But if that flower with base infection meet,
The basest weed outbraves his dignity:
For sweetest things turn sourest by their deeds;
Lilies that fester smell far worse than weeds.
여름철 꽃은 저절로 피어났다가 시들고 말지만,
여름철 꽃은 여름을 아름답게 해준다오.
그러나 그 꽃이 나쁜 병에 걸리게 되면,
천하디 천한 잡초도 이 꽃의 품위를 무색하게 한다오.
너무나 감미로운 것도 병들어 시큼하게 변하게 되고,
썩은 백합꽃은 잡초보다 더한 악취를 풍기니 말이오.

14 | 말과 언어

【 14-01 】

간결함은 지혜의 정수 Brevity is the Soul of Wit

『햄릿』 2막 2장 90행

My liege, and madam, to expostulate
What majesty should be, what duty is,
Why day is day, night night, and time is time,
Were nothing but to waste night, day and time.

Therefore, since brevity is the soul of wit,
And tediousness the limbs and outward flourishes,
I will be brief: your noble son is mad.
폐하, 중전마마. 군왕의 지위란 어떠하며,
신하된 자의 도리란 무엇이며, 왜
낮은 낮이고, 밤은 밤이며, 시간은 시간인지를 따지는 것은
밤낮, 밤과 낮과 시간을 낭비하는 것일 뿐입니다.
간결함은 지혜의 정수이고, 군소리는 그 수족이요
겉치레에 불과하니, 간결하게 말씀드리겠습니다.
햄릿 왕자님은 실성하셨습니다.

【 14-02 】

말, 말, 말 Words, Words, Words

『햄릿』 2막 2장 192행

POLONIUS: What do you read, my lord?
HAMLET: Words, words, words.
POLONIUS: What is the matter, my lord?
폴로니어스: 왕자님, 뭘 읽고 계신지요?
햄 릿: 말, 말, 말일세.
폴로니어스: 왕자님, 어떤 내용 말입니까?

【 14-03 】

수다 그만 떨고 요점만 간결하게 More Matter, with Less Art

『햄릿』 2막 3장 95행

POLONIUS: Your noble son is mad:

Mad call I it; for, to define true madness,
What is't but to be nothing else but mad?
But let that go.

QUEEN: More matter, with less art.

POLONIUS: Madam, I swear I use no art at all.
That he is mad, 'tis true: 'tis true 'tis pity,
And pity 'tis 'tis true—a foolish figure,
But farewell it, for I will use no art.

폴로니어스: 햄릿 왕자님은 실성하셨습니다.
실성했다고 아뢰는 것은, 진짜 미쳤다는 걸 정의하는데
이 말 외에 달리 표현할 말이 없기 때문입니다.
그건 그쯤 해두고……

왕 비: 수다 그만 떨고 요점만 간결하게 말하시오.

폴로니어스: 중전마마, 제가 어찌 수다를 떨 수 있겠습니까?
왕자님이 실성하신 건 사실이고, 그 사실은 유감이며,
유감스럽지만 사실입니다. 어리석은 말재주는 그만 하고,
더 이상 수다는 떨지 않겠습니다.

【 14-04 】

그녀의 맹세는 너무 경망스럽다 The Lady Protests Too Much

『햄릿』 3막 2장 230행

HAMLET: Madam, how like you this play?

QUEEN: The lady protests too much, methinks.

햄 릿: 중전마마, 이 연극이 마음에 드시는지요?

왕 비: 내 생각엔 왕비의 맹세가 좀 경망스러운 것 같구나.

【 14-05 】

마음에 없는 빈 말 Words Without Thoughts

『햄릿』 3막 3장 98행

My words fly up, my thoughts remain below:
Words without thoughts never to heaven go.
내 말은 허공으로 날아가고, 생각은 땅 아래 남는구나!
마음에 없는 빈 말이 하늘에 닿을 리 없지.

【 14-06 】

말들의 광시곡 A Rhapsody of Words

『햄릿』 3막 4장 48행

O, such a deed
As from the body of contraction plucks
The very soul, and sweet religion makes
A rhapsody of words:
아, 어머니의 위선적인 행동은
성혼계약이란 몸체에서 그 혼을 뽑아버리고,
성스런 종교의식을
부질없는 말들의 광시곡으로 만드는 행위죠.

【 14-07 】

비수 같은 말 Words Like Daggers

『햄릿』 3막 4장 95행

O, speak to me no more;

These words like daggers enter in mine ears;
No more, sweet Hamlet!
아, 제발 그만 말해라.
네 말들이 비수처럼 내 귀를 찌르는구나.
제발 그만 해라, 햄릿.

【 14-08 】

말하는 방식 The Manner of His Speech

『안토니와 클레오파트라』 2막 2장 112행

I do not much dislike the matter, but
The manner of his speech
내가 정말 싫은 건
내용이 아니라 그가 말하는 방식이다.

【 14-09 】

부드러운 말 속에 날카로운 가시 Sharp Stings in Mildest Words

『끝이 좋으면 모두 좋다』 3막 4장 18행

What sharp stings are in her mildest words!
그녀의 부드러운 말 속에 그렇게도 날카로운 가시가 있다니!

【 14-10 】

멋대로 지껄이다 Laid on With a Trowel

『당신 좋으실대로』 1막 2장 106행

LE BEAU: What colour, madam! how shall I answer you?

ROSALIND: As wit and fortune will.

TOUCHSTONE: Or as the Destinies decree.

CELIA: Well said—that was laid on with a trowel.

르 보: 어떤 놀이냐고요? 뭐라고 말씀드리면 좋을지?

로잘린드: 재치 있게 말하거나 운명이 시키는 대로 말해보세요.

터치스톤: 아니면 천운에 맡기든가.

실리아: 멋대로 지껄인 말치곤 말 한번 잘 했다.

【 14-11 】

한 마디로 In One Word

『당신 좋으실대로』 3막 2장 224행

Where remains he? How parted he with thee?
and when shalt thou see him again? Answer me in one word.
그는 어디 있느냐? 너와 어떻게 헤어졌느냐?
언제 그를 다시 볼 수 있느냐? 한 마디로 대답하라.

【 14-12 】

너무 세심하게 생각하는 Thinking Too Precisely

『햄릿』 4막 4장 41행

Now, whether it be
Bestial oblivion, or some craven scruple
Of thinking too precisely on the event—
A thought which, quartered, hath but one part wisdom
And ever three parts coward—I do not know
Why yet I live to say 'This thing's to do;'

Sith I have cause and will and strength and means
To do't.
그런데 난 어떤가?
난 지금 짐승처럼 망각하고 있는 것일까?
아니면 일의 결과를 너무 세심하게 생각하는
비겁한 망설임 때문일까? '생각'이란 놈을 사등분하면
반에 반만 지혜이고, 나머진 비굴함이지.
복수할 명분과 의지와 힘과 수단을 가지고 있으면서도
"이 일을 꼭 하겠다"고 말만하며 허송세월을 보내고 있으니,
내가 왜 이런지 도대체 알 수가 없어.

【 14-13 】

행동이 곧 웅변 Action Is Eloquence

『코리오레이너스』 3막 2장 76행

Action is eloquence, and the eyes of the ignorant
More learned than the ears.
행동이 곧 웅변이고, 무식한 인간들의 눈은
귀보다 한층 더 밝은 법이다.

【 14-14 】

입에 문 칼 My Dagger in My Mouth

『심벨린』 4막 2장 79행

I wear not
My dagger in my mouth. Say what thou art,
Why I should yield to thee?

나는 입에
칼을 물지 않는다. 그대가 누구인지를 말하라.
내가 왜 그대에게 복종해야 하는가?

【 14-15 】

말 수 적은 사람 Men of Few Words

『헨리 5세』 3막 2장 37행

He hath heard that men of few words are the best men; and therefore he scorns to say his prayers, lest a' should be thought a coward: but his few bad words are matched with as few good deeds.
그는 말 수가 적은 사람이 최고라는 말 등을 주워듣고는, 겁쟁이로 생각될까 봐 기도조차도 하기를 싫어하는 사람이지. 하지난 이 사람은 말 수도 적지만 좋은 행동거지도 말 수 못지않게 드물어.

【 14-16 】

요란한 빈 그릇 소리 The Greatest Sound of the Empty Vessel

『헨리 5세』 4막 4장 69행

I did never know so full a voice issue from so empty a heart: but the saying is true 'The empty vessel makes the greatest sound.'
가슴은 텅 빈 저런 자가 저렇게 큰 소리를 치는 건 처음 봐.
하지만 "빈 그릇일수록 소리가 요란한 법"이란 속담은 틀림없어.

【 14-17 】

헐뜯는 말 때문에 By Slanderous Tongue

『헛소동』 5막 3장 3행

Done to death by slanderous tongue
Was the Hero that here lies
헐뜯는 말 때문에 목숨을 잃은
히어로 여기 잠들어 있노라.

【 14-18 】

친구들, 로마시민, 동포 여러분 Friends, Romans, Countrymen

『줄리어스 시저』 3막 2장 74행

Friends, Romans, countrymen, lend me your ears!
I come to bury Caesar, not to praise him.
The evil that men do lives after them;
The good is oft interred with their bones;
So let it be with Caesar.
친구들, 로마시민, 동포 여러분. 제 말에 귀를 기울여 주시오.
내가 여기 온 것은 시저를 묻기 위해서이지,
찬양하기 위해서가 아니오. 인간의 죄는 죽은 후에도 남지만,
선행은 흔히 뼈와 함께 묻히기 마련이오.
시저의 경우도 그러하오.

【 14-19 】

달콤한 독약 Sweet Poison

『존 왕』 1막 1장 213행

Sweet, sweet, sweet poison for the age's tooth
Which, though I will not practise to deceive,
Yet, to avoid deceit, I mean to learn;

세상 사람들의 입에 달콤하고 달콤한 독약을 …
고의로 다른 사람을 기만할 생각은 없지만
내가 속지 않기 위해 그걸 익혀 두지는 거지.

【 14-20 】

말잔치 A Feast of Languages

『사랑의 헛수고』 5막 1장 38행

HOLOFERNES: Most military sir, salutation.

MOTH: [Aside to COSTARD] They have been at a great feast of languages, and stolen the scraps.

COSTARD: O, they have lived long on the alms-basket of words.

홀로펀스: 용감하신 각하, 문안 인사드립니다.

모 스: (코스터드에게 방백) 저분들은 큰 말잔치에 갔다가, 그 찌꺼기를 훔쳐 온 모양입니다.

코스터드: 아, 그들은 말로 만든 자선 바구니 찌꺼길 먹고 여태껏 살아왔겠지.

【 14-21 】

아폴로의 노래 The Songs of Apollo

『사랑의 헛수고』 5막 2장 931행

The words of Mercury are harsh
after the songs of Apollo.
시와 음악의 신 아폴로의 노래를 듣게 되면
웅변가 머큐리의 말도 거칠고 무디게 들린다.

【 14-22 】

혀끝보다 풍성한 More Ponderous Than My Tongue

『리어 왕』 1막 1장 78행

My love's
More ponderous than my tongue.
나의 사랑은
혀끝으로 담아낼 수 없을 만큼 크고 풍성하다.

【 14-23 】

할 말이 없으면 아무 것도 받을 게 없다 Nothing Will Come of Nothing

『리어 왕』 1막 1장 90행

CORDELIA: Nothing, my lord.
KING LEAR: Nothing!
CORDELIA: Nothing.
KING LEAR: Nothing will come of nothing, speak again.
코델리어: 폐하, 할 말이 아무 것도 없습니다.
리어 왕: 아무 것도 없다고!
코델리어: 없습니다.
리어 왕: 할 말이 없으면 아무 것도 받을 게 없을 것이니, 다시 말하라.

【 14-24 】

거창한 말들 Large Speeches

『리어 왕』 1막 1장 189행

And your large speeches may your deeds approve

That good effects may spring from words of love.
당신들의 거창한 말들이 행동으로 입증되고,
사랑의 말에서 좋은 결과가 나오길 바랍니다.

【 14-25 】

조리에 맞게 말해 To Speak True

『한여름 밤의 꿈』 5막 1장 121행

A good moral, my lord:
it is not enough to speak, but to speak true.
공작님, 좋은 교훈이 하나 있습니다.
"말하는 것으론 충분하지 않고 조리에 맞게 말하라"라는.

【 14-26 】

요점 The Short and the Long

『윈저의 즐거운 아낙네들』 2막 1장 132행

He loves your wife: there's the short and the long. My name is Corporal Nym; I speak and I avouch; 'tis true: my name is Nym and Falstaff loves your wife.
그는 당신 아내를 사랑합니다. 그게 요점이죠. 제 이름은 하사인 님(Nym)입니다. 전 쓸데없는 소리는 절대 하지 않습니다. 제 이름은 님인데, 폴스타프 경이 당신 아내를 사랑합니다.

【 14-27 】

쓸데없는 말 뿐 Mere Prattle

『오셀로』 1막 1장 26행

Mere prattle, without practice,
Is all his soldiership. But he, sir, had the election.
실전 경험은 없고 쓸데없는 말만 늘어놓는 것이
그의 군대 경력 전부지. 하지만 그는 부관으로 발탁되었어.

【 14-28 】

솔직하고 꾸밈없는 이야기 A Round Unvarnished Tale

『오셀로』 1막 3장 90행

I will a round unvarnished tale deliver
Of my whole course of love—what drugs, what charms,
What conjuration and what mighty magic
(For such proceeding I am charged withal)
I won his daughter.
솔직하고 꾸밈없는 이야기를 들려 드리겠습니다.
제 사랑의 전 과정에 대해서 말이죠. 어떤 마약과 마술을,
어떤 주문과 어떤 강력한 마력을 사용하여,
(그런 수단을 사용했다는 혐의를 받고 있으니),
그분 딸을 얻게 되었는지 말씀드리지요?

【 14-29 】

한 마디 짧은 말 속에 In One Little Word

『리처드 2세』 1막 3장 213행

How long a time lies in one little word!
Four lagging winters and four wanton springs
End in a word.

한 마디 짧은 말 속에 그 얼마나 긴 세월이 담겨 있는가!
지루한 겨울이 네 번, 살랑대는 봄이 네 번,
이 유배 기간이 말 한마디로 줄어들다니.

【 14-30 】

수천 명의 아첨꾼들이 A Thousand Flatterers

『리처드 2세』 2막 1장 100행

A thousand flatterers sit within thy crown,
Whose compass is no bigger than thy head.
머리 하나밖에 들어가지 않는 그 왕관 속에
수천 명의 아첨꾼들이 도사리고 있다.

【 14-31 】

말 많은 자는 실천력이 없다 Talkers Are No Good Doers

『리처드 2세』 1막 3장 350행

Talkers are no good doers. Be assured;
We go to use our hands, and not our tongues.
말 많은 자는 실천력이 없죠. 확실히 처리하겠습니다.
손을 쓰지 혀를 쓰지는 않을 것입니다.

【 14-32 】

진심은 티끌만큼도 없다 No Matter From the Heart

『트로일러스와 크레시다』 5막 3장 108행

Words, words, mere words, no matter from the heart.

말, 말, 말뿐이다. 진심은 티끌만큼도 없다.

【 14-33 】

상처받은 내 가슴을 긋는 칼날 Razors to My Wounded Heart

『타이터스 안드로니커스』 1막 1장 314행

SATURNINUS: But go thy ways; go, give that changing piece
To him that flourished for her with his sword
A valiant son-in-law thou shalt enjoy; [. . .]
TITUS: These words are razors to my wounded heart.
사터나이너스: 좋소. 마음대로 하시오. 그 지조 없는 계집을
칼까지 휘두르면서 가지고 싶어 하는 자에게 줘버리시오.
용감한 사위를 얻어 기쁘시겠소. [. . .]
타이터스: 그 말씀은 상처받은 내 가슴을 긋는 칼날이오.

【 14-34 】

기러기 따라잡기 Wild-goose Chase

『로미오와 줄리엣』 2막 4장 71행

Nay, if our wits run the wild-goose chase, I am done; for thou hast more of the wild-goose in one of thy wits than, I am sure, I have in my whole five.

아니, 말재주로 기러기 따라잡기 경주를 하려고 한다면 난 그만 두겠네. 왜냐하면 내 오관보다도 자네의 위트 중 하나에 분명 멍청한 구석이 더 많을 것이 분명하니까.

【 14-35 】

'그러나' 라는 말을 싫어해 I Do Not Like "But Yet"

『안토니와 클레오파트라』 2막 5장 50행

I do not like "But yet," it does allay
The good precedence; fie upon "But yet"!
"But yet" is as a jailer to bring forth
Some monstrous malefactor.
난 '그러나' 라는 말을 싫어하죠.
그건 앞서 말한 좋은 말을 폄하하게 돼요.
'그러나' 란 말은 기분 나빠! '그러나' 란 말은
흉측한 범인을 끌고 나오는 간수 같아요.

【 14-36 】

전쟁터에서 자란 사람 He Has Been Bred in the Wars

『코리오레이너스』 3막 1장 228행

He has been bred in the wars
Since he could draw a sword, and is ill schooled
In bolted language; meal and bran together
He throws without distinction.
그는 자신의 힘으로 칼을 빼들면서부터
줄 곳 전쟁터에서 자라 온 사람이오.
그래서 세련된 말씨 쓰는 걸 배우지 못한 사람이오.
알맹이와 껍데기를 구분치 않고 다 던져버리는 그런 사람이오.

【 14-37 】

시간을 끄는 건 위험 Delays Have Dangerous Ends

『헨리 6세 1부』 3막 2장 33행

Defer no time, delays have dangerous ends,
Enter and cry 'The Dauphin!' presently,
And then do execution on the watch.
더 이상 지체하지 맙시다. 시간을 끄는 건 위험합니다.
입성하면 즉시 "황태자"라고 외치고
곧장 파수병들을 때려잡아요.

【 14-38 】

옷은 흔히 입는 사람의 인품을 The Apparel Oft Proclaims the Man

『햄 릿』 1막 3장 72행

Costly thy habit as thy purse can buy,
But not expressed in fancy; rich, not gaudy;
For the apparel oft proclaims the man.
주머니 사정이 허락하는 범위에서 비싼 옷을 사서 입되
요란을 떨진 마라. 부티나게 입되 사치스레 보이진 마라.
옷은 흔히 입는 사람의 인품을 드러내기 때문이다.

【 14-39 】

말해 봐. 하지만 군소리는 빼고 Speak on; But Be Not Over-tedious.

『헨리 6세 1부』 3막 3장 43행

JOAN LA PUCELLE: Brave Burgundy, undoubted hope of France!

Stay, let thy humble handmaid speak to thee.

BURGUNDY: Speak on; but be not over-tedious.

조 안: 의심할바없이 프랑스의 희망이신 용감한 버건디님!
잠시만 이 비천한 것이 하는 말을 들어주세요.

버건디: 말해 봐. 하지만 군소리는 빼고.

【 14-40 】

세간에 떠도는 말을 축소하지 말고 Mince Not the General Tongue

『안토니와 클레오파트라』 1막 2장 105행

Speak to me home, mince not the general tongue:
Name Cleopatra as she is called in Rome;
Rail thou in Fulvia's phrase; and taunt my faults
With such full licence as both truth and malice
Have power to utter.

솔직히 말해. 세간에 떠도는 말을 축소하지 말고.
클레오파트라를 로마에서 부르는 그대로 불러라.
너는 펄비아가 쓰는 말투로 욕을 하고,
사실이건 악의건, 말할 힘이 있는 한
마음껏 내 과오를 조롱해라.

【 14-41 】

침묵한다고 비판받더라도 Be Checked for Silence

『끝이 좋으면 모두 좋다』 1막 1장 67행

Love all, trust a few,
Do wrong to none: be able for thine enemy

Rather in power than use, and keep thy friend
Under thy own life's key: be checked for silence,
But never taxed for speech.
모든 이를 사랑하되 소수만을 신뢰하고,
어느 누구에게도 잘못을 범하지 마라.
폭력보다는 정신력으로 적을 이기고,
네 생명의 자물쇠를 걸어서 친구를 간직해라.
침묵한다고 비판받더라도, 수다스럽다는 비난을 받아선 안 돼.

【 14-42 】

솔직하게 전하는 게 제일 Best Being Plainly Told

『리처드 3세』 4막 4장 358행

KING RICHARD III: Be eloquent in my behalf to her.
QUEEN ELIZABETH: An honest tale speeds best being plainly told.
KING RICHARD III: Then in plain terms tell her my loving tale.
QUEEN ELIZABETH: Plain and not honest is too harsh a style.
리처드 3세: 날 위해 따님께 좀 잘 말해주시오.
엘리자베스 왕비: 정직한 얘긴 솔직하게 전하는 게 제일이죠.
리처드 3세: 그럼, 내 사랑 얘기를 솔직하게 전해주시오.
엘리자베스 왕비: 정직하지 않은 얘길 솔직히 전하긴 정말 곤란해요.

【 14-43 】

가장 진실한 시도 가장 거짓 The Truest Poetry Is the Most Feigning

『당신 좋으실대로』 3막 3장 19행

AUDREY: I do not know what 'poetical' is: is it honest

in deed and word? is it a true thing?

TOUCHSTONE: No, truly; for the truest poetry is the most feigning; and lovers are given to poetry, and what they swear in poetry may be said as lovers they do feign.

오드리: '시적'이란 게 무슨 말이죠? 행동이나 말이 정직하다는 건가요? 진실하단 말인가요?

터치스톤: 아냐, 그렇지 않아. 가장 진실한 시도 가장 거짓이니까. 연인은 시에 빠져들고 시를 통해 사랑을 맹세하지만, 그건 연인들의 거짓 맹세지.

【 14-44 】

남의 맹세나 약속을 믿을 만큼 To Trust Man on His Oath or Bond

『아테네의 타이몬』 1막 2장 64행

Grant I may never prove so fond,
To trust man on his oath or bond;
Or a harlot, for her weeping;
Or a dog, that seems a-sleeping.
그런 어리석은 인간이 되지 않도록 해주소서.
혹시 제가 남의 맹세나 약속을 믿을 만큼,
또는 매춘부가 운다고 그녀를 믿을 만큼,
또는 잠자는 것처럼 보인다고 개를 믿을 만큼 …

【 14-45 】

죄스런 맹세를 지키는 건 더욱 큰 죄 Greater Sin to Keep a Sinful Oath

『헨리 6세 2부』 5막 1장 182행

It is great sin to swear unto a sin,
But greater sin to keep a sinful oath.
Who can be bound by any solemn vow
To do a murderous deed, to rob a man,
To force a spotless virgin's chastity.
죄를 짓겠다고 맹세하는 것도 큰 죄이지만,
죄스런 맹세를 지키는 건 더욱 큰 죄입니다.
그리 하기로 맹세했어도,
사람을 죽이고 강도짓을 하고,
험이 없는 숫처녀의 정조를 유린하는 건 죄입니다.

【 14-46 】

낙원을 얻을 수 있다면 To Win a Paradise

『사랑의 헛수고』 4막 3장 69행

My vow was earthly, thou a heavenly love;
Thy grace being gained cures all disgrace in me.
My vow was breath, and breath a vapour is;
Then, thou fair sun, that on this earth doth shine,
Exhale this vapour vow; in thee it is:
If broken, then it is no fault of mine.
If by me broke, what fool is not so wise
To break an oath, to win a paradise?
내 맹세는 속세의 것이지만, 그대는 천상의 사랑이니,
그대의 은총을 얻으면 내 온갖 치욕은 사라지리라.
내 맹세는 한낱 입김이요, 입김은 증기랍니다.
그대, 이 대지를 비추는 아름다운 태양이여!

이 증기 같은 내 맹세는 증발하여 그대 안에 흡수되니,
맹세를 깨뜨려도, 그건 내 죄가 아니오.
맹세를 깨뜨려서 낙원을 얻을 수 있다면
맹세를 깨뜨리지 않을 바보가 어디 있겠소.

【 14-47 】

날 칭찬하는 어느 누구든 Any Man That Will Praise Me

『안토니와 클레오파트라』 2막 6장 88행

I will praise any man that will praise me;
though it cannot be denied what I have done by land.
내가 육상 전투에 능하다는 걸 그 누구도 부정 할 수 없지만,
날 칭찬하는 어느 누구든 나도 칭찬합니다.

【 14-48 】

칭찬받을 이가 자신을 칭찬하면
The Praised Himself Bring the Praise Forth

『트로일러스와 크레시다』 1막 3장 241행

The worthiness of praise disdains his worth,
If that the praised himself bring the praise forth:
But what the repining enemy commends,
That breath fame blows; that praise, sole sure, transcends.
칭찬받을 만한 사람의 진가는 손상되죠.
칭찬받을 사람이 자기 자신을 칭찬하면 말입니다.
투덜대는 적이 칭찬하여 그 명성이 자자하게 된
그런 칭찬만이 확실한 칭찬이고, 다른 칭찬을 능가하는 칭찬이죠.

【 14-49 】

오만한 자는 스스로를 잡아먹는 법 He That Is Proud Eats Up Himself

『트로일러스와 크레시다』 2막 3장 154행

He that is proud eats up himself: pride is his own glass, his own trumpet, his own chronicle; and whatever praises itself but in the deed, devours the deed in the praise.

오만한 자는 스스로를 잡아먹는 법이오. 오만은 바로 자신의 거울이요 나팔이요 그 자신의 기록이니, 스스로를 칭찬하는 사람은 누구나, 행동을 하게 되면, 그 칭찬 가운데 행동이 잡아먹혀버립니다.

【 14-50 】

할당된 대사 외에는 지껄이지 마 Speak No More Than Is Set Down

『햄 릿』 3막 2장 38행

And let those that play your clowns speak no more than is set down for them; for there be of them that will themselves laugh, to set on some quantity of barren spectators to laugh too, though in the mean time some necessary queshion of the play be then to be considered.

광대역을 맡은 배우들은 그들에게 할당된 대사 외엔 지껄이지 않는 게 좋아. 몇몇 배우들은 몇몇 우둔한 관객들을 웃기기 위해 자신들이 먼저 웃기도 하는데, 그러는 동안, 그들은 머릿속에 미리 생각해 둬야 하는 꼭 필요한 부분들을 잊어버리고 말지.

【 14-51 】

말문이 막히면 침을 뱉는다 When They Are Out, They Will Spit

『당신 좋으실대로』 4막 1장 75행

When you were gravelled for lack of matter, you might take occasion to kiss. Very good orators, when they are out, they will spit; and for lovers lacking-God warn us!-matter, the cleanliest shift is to kiss.
할 얘기가 없어 난처할 경우 당신은 키스하면 돼요. 훌륭한 웅변가는 말문이 막히면 침을 뱉죠. 하느님, 보호해 주소서! 연인들이 말문이 막히면, 키스를 하는 게 가장 좋은 방책이랍니다.

【 14-52 】

자진해서 하겠다는 사람이 있는가 하면 What Some Men Do

『트로일러스와 크레시다』 3막 3장 132행

O heavens, what some men do,
While some men leave to do!
How some men creep in skittish fortune's hall,
Whiles others play the idiots in her eyes!
How one man eats into another's pride,
While pride is fasting in his wantonness!
오, 맙소사. 자진해서 하려는 사람이 있는가 하면,
꽁무니를 빼는 사람도 있으니!
변덕스런 운명의 여신 안방으로 기어드는 이가 있는가 하면,
그 여신 앞에서 광대노릇을 하는 사람도 있으니!
어떤 이는 남의 오만을 이용해 배를 불리지만,
오만한 인간은 거들먹거리다가 배를 곯는답니다!

【 14-53 】

해야 할 일 Necessary Actions

『헨리 8세』 1막 2장 76행

We must not stint
Our necessary actions, in the fear
To cope malicious censurers; which ever,
As ravenous fishes, do a vessel follow
That is new-trimmed, but benefit no further
Than vainly longing. What we oft do best,
By sick interpreters, once weak ones, is
Not ours, or not allowed.
악의를 품은 이들의 구설수가 두려워서,
해야 할 일을 그만 둘 순 없습니다.
그런 사람들의 수작은 욕심 많은 물고기가
새로 단장한 배만 만나면 그 뒤를 따라 다니면서
하릴없이 더 떨어질 밥이 없나 기다리는 거나 마찬가집니다.
우리가 아무리 최선을 다해도,
불건전한 비판자나 안목 없는 이들의 구설수에 걸리면,
그 공은 정당하게 평가되지 못하고 무시되어 버립니다.

【 14-54 】

자신을 의심하는 건 스스로를 배반하는 것 Our Doubts Are Traitors

『자에는 자로』 1막 4장 77행

Our doubts are traitors
And make us lose the good we oft might win
By fearing to attempt.
자신을 의심하는 건 스스로를 배반하는 겁니다.
해 보겠다는 용기가 없으면
손에 들어올 수 있는 이익도 잃어버립니다.

【 14-55 】

어떤 무서운 걸 상상하면 Imagining Some Fear

『한여름 밤의 꿈』 5막 1장 21행

That if it would but apprehend some joy,
It comprehends some bringer of that joy;
Or in the night, imagining some fear,
How easy is a bush supposed a bear!
어떤 기쁨을 느끼면, 상상력은
그 기쁨을 가져다 줄 실체를 연상하게하고,
암흑 속에서 어떤 무서운 걸 상상하면,
덤불도 쉽사리 곰으로 보이는 법이오.

【 14-56 】

빨리 해치울수록 좋을 것 'Twere Well It Were Done Quickly

『맥베스』 1막 7장 1행

If it were done when 'tis done, then 'twere well
It were done quickly: if the assassination
Could trammel up the consequence, and catch
With his surcease success; that but this blow
Might be the be-all and the end-all here,
But here, upon this bank and shoal of time,
We'ld jump the life to come.
해치워 당장 끝장을 낼 수 있다면,
빨리 해치울수록 좋을 것이다. 만약 암살을 함으로써,
뒤따라 올 모든 걸 그물로 거둬들일 수 있고,

던컨의 죽음과 함께 내 목적을 달성할 수만 있다면,
만약 이 한 칼에 이 세상 모든 일을 이룰 수 있다면,
여기, 이 시간의 기슭과 여울에서, 세상만사가 끝장이 난다면,
저 세상에서의 일은 내가 알 바 아니다.

【 14-57 】

겁쟁이로 만드는 분별심 Conscience Does Make Cowards Of Us All

『햄 릿』 3막 1장 82행

Thus conscience does make cowards of us all;
And thus the native hue of resolution
Is sicklied over with the pale cast of thought,
And enterprises of great pith and moment
With this regard their currents turn awry.
그리하여 분별심은
우리 모두를 겁쟁이로 만들어버리고,
결심의 자연스런 색조도 사념의 창백한 색조로 그늘져,
충천하던 의기와 기상도 이러한 이유로
길을 잃어버리고, 마침내 행동력을 상실해버리고 만다.

【 14-58 】

겁을 먹고 떨고 있으면 역적으로 몰린다 Our Fears Do Make Us Traitors

『맥베스』 4막 2장 3행

His flight was madness: when our actions do not,
Our fears do make us traitors.
도망치다니 미친 짓이죠. 아무 짓도 하지 않았으면서도

겁을 먹고 떨고 있으면 역적으로 몰리게 됩니다.

【 14-59 】

전례가 없는 일이라면 Things Done Without Example

『헨리 8세』 1막 2장 88행

Things done well,
And with a care, exempt themselves from fear;
Things done without example, in their issue
Are to be feared. Have you a precedent
Of this commission? I believe, not any.
훌륭하게 마무리되고
신중히 행한 일에는 위험이 따르지 않지만,
전례가 없는 일이라면 결코 안심할 수 없소.
이번의 과세령 조치는 어떤 전례가 있소?
내 생각엔 아마 전례가 없는 것 같소.

【 14-60 】

아는 것만큼 쉽다면 As Easy as to Know

『베니스의 상인』 1막 2장 12행

If to do were as easy as to know what were good to do,
chapels had been churches and poor men's cottages princes' palaces.
좋은 일을 실천하는 게 그걸 아는 것만큼 쉽다면 작은 성당도
대성당으로, 가난한 사람들의 오두막도 제왕들의 궁전이 되었을 거다.

【 14-61 】

말하긴 쉬워도 실천하기는 어렵다 Often Spoke and Seldom Meant

『헨리 6세 2부』 3막 1장 268행

Not resolute, except so much were done,
For things are often spoke and seldom meant:
But that my heart accordeth with my tongue,
Seeing the deed is meritorious,
And to preserve my sovereign from his foe.
말대로 실행하지 않으면 단호하다고 할 수 없습니다.
말하긴 쉬워도 실천하기는 어려우니까요.
그럼 폐하를 적으로부터 지키기 위한
더없이 가치 있는 행위라고 알고,
말씀드린 걸 반드시 실행에 옮기겠습니다.

15 | 명예와 수치

【 15-01 】

명예, 명예, 그리고 명예! Reputation, Reputation, Reputation!

『오셀로』 2막 3장 262행

Reputation, reputation, reputation! O, I have lost my reputation!
I have lost the immortal part of myself,
and what remains is bestial.
명예, 명예, 그리고 명예! 아, 난 그 명예를 잃었어!

나는 내 자신의 불멸의 것을 잃었다.
남은 건 짐승처럼 추잡한 것뿐이다.

【15-02】

명예, 영혼의 귀한 보석 The Immediate Jewel of Souls

『오셀로』 3막 3장 157행

Good name in man and woman, dear my lord,
Is the immediate jewel of their souls.
Who steals my purse steals trash; 'tis something, nothing;
'Twas mine, 'tis his, and has been slave to thousands;
But he that filches from me my good name
Robs me of that which not enriches him,
And makes me poor indeed.
장군님, 명예란 남녀 모두에게 영혼의 귀한 보석이죠.
제 지갑을 훔친 놈은 쓰레기를 훔친 놈입니다.
그건 중요한 것 같지만, 실은 아무 것도 아니죠.
제 것이였던 돈은 지금 그의 것이고, 수많은 사람의 노예로
돌고 도는 게 돈입니다. 그러나 나에게서 명예를 훔친 자는
자신에게는 아무런 득도 되지 않지만
빼앗긴 저를 정말 가난한 놈으로 만드는 자이죠.

【15-03】

명예로운 살인자 An Honorable Murderer

『오셀로』 5막 2장 294행

An honorable murderer, if you will;

For naught I did in hate, but all in honor.
괜찮으시다면, 명예로운 살인자라고 말씀해주시면 어떨까요.
증오 때문이 아니라 오직 명예를 위해 그녀를 죽였으니까요.

【 15-04 】

오점 없는 명예 Spotless Reputation

『리처드 2세』 1막 1장 178행

The purest treasure mortal times afford
Is spotless reputation; that away,
Men are but gilded loam or painted clay.
A jewel in a ten-times-barred-up chest
Is a bold spirit in a loyal breast.
Mine honer is my life, both grow in one,
Take honer from me, and my life is done.
덧없는 인생에서 가장 아름답고 순수한 보물은
오점 없는 명예입니다. 평판을 잃으면, 인간은
도금한 인형이나 채색한 점토에 불과합니다.
열 겹의 궤 속에 든 보물은
바로 충신의 가슴속에 깃들여 있는 용감한 정신입니다.
나의 명예는 내 생명이죠. 이 둘은 함께 자랍니다.
명예를 빼앗아 가면, 내 목숨을 빼앗는 것입니다.

【 15-05 】

명예라는 칭호 The Name of Honor

『줄리어스 시저』 1막 2장 89행

I love
The name of honor more than I fear death.
나는 죽음을 두려워하는 것 이상으로
명예라는 칭호를 사랑한다.

【 15-06 】
가장 고결한 로마인 The Noblest Roman
『줄리어스 시저』 5막 5장 68행

This was the noblest Roman of them all:
All the conspirators save only he
Did that they did in envy of great Caesar;
He, only in a general honest thought
And common good to all, made one of them.
이분은 그들 가운데 가장 고결한 로마인이었소.
음모를 꾸민 사람들 가운데 오직 이분만 제외하고,
모두가 위대한 시저에 대한 시기심 때문에 그런 짓을 했소.
오직 이분만이 모두를 위한 공동의 선을 행하려는
올곧은 생각에서 음모자들의 한사람이 되었소.

【 15-07 】
명예를 잃으면 If I Lose Mine Honor
『안토니와 클레오파트라』 3막 4장 22행

If I lose mine honor,
I lose myself: better I were not yours
Than [yours] so branchless.

만약 명예를 잃으면,
난 내 자신을 잃는 거요. 명예를 잃고 당신과 사느니
차라리 당신과 살지 않는 게 좋을 것이오.

【 15-08 】

영원불멸의 것이 그립다 I Have Immortal Longings

『안토니와 클레오파트라』 5막 2장 281행

Give me my robe, put on my crown; I have
Immortal longings in me.
나에게 여왕 옷을 입히고, 왕관을 씌워다오.
영원불멸의 것이 몹시 그립구나.

【 15-09 】

깨뜨리는 편이 훨씬 명예로워 More Honored in the Breach

『햄릿』 1막 3장 16행

But to my mind, though I am native here
And to the manner born, it is a custom
More honored in the breach than the observance.
내 생각으론, 나 역시 이곳 태생이고,
저런 관습을 타고났지만, 저런 관습은
지키기보다 깨뜨리는 편이 훨씬 명예롭다네.

【 15-10 】

명예가 달려있을 땐 When Honor's at the Stake

『햄릿』 4막 4장 56행

Rightly to be great
Is not to stir without great argument,
But greatly to find quarrel in a straw
When honor's at the stake.
진정으로 위대한 행위란
큰 명분 없이 쉽게 동하지 않지만,
명예가 달려있을 땐,
지푸라기 하나를 두고라도 싸우는 법.

【 15-11 】

명예가 도대체 뭐지? What Is Honor?

『헨리 4세 1부』 5막 1장 134행

Can honor set to a leg? No. Or an arm? No. Or take a away the grief of a wound? No. Honor hath no skill in surgery then? No. What is honor? A word. What is in that word honor?
명예가 다리를 붙여줄까? 아니, 명예가 팔을 붙여줄까? 아니, 명예가 상처의 고통을 없애줄 수 있을까? 아니, 그렇다면 명예가 외과수술 기술을 가지고 있지 있다는 말인가? 아니야. 명예가 도대체 뭐지? 말뿐이지. 명예란 말에 도대체 뭐가 들어 있지?

【 15-12 】

평소에 쓰는 낯익은 말 Household Words

『헨리 5세』 4막 3장 52행

This day is called the feast of Crispian:
He that outlives this day, and comes safe home,

Will stand a tip-toe when the day is named,
And rouse him at the name of Crispian……
He that shall live this day, and see old age,
Will yearly on the vigil feast his neighbours,
And say 'To-morrow is Saint Crispian:'
Then will he strip his sleeve and show his scars.
And say 'These wounds I had on Crispin's day.'
But he'll remember with advantages
What feats he did that day: then shall our names.
Familiar in his mouth as household words……
Harry the king, Bedford and Exeter,
Warwick and Talbot, Salisbury and Gloucester,
Be in their flowing cups freshly remembered.
오늘은 크리스피언 축제일이오.
이 날 살아남아 무사히 고국에 돌아가는 자들은,
이 날에 사람들의 입에 오르내릴 때마다 긴장하고,
크리스피언이란 이름에 흥분하게 될 것이오.
늙어 이 날을 맞게 되는 사람들은 매년 그 전야제에
이웃 사람들을 초대해 음식을 대접하고,
"내일은 성 크리스피언 축제일"이라고 말할 거요. 그리고는
옷소매를 걷어 올려 상처 자국을 보이면서 이렇게 말할 거요.
"이건 성 크리스피언 축제일에 입은 상처요"라고.
사람들은 다른 모든 일은 잊을지라도,
그날 세웠던 공훈만은 반드시 기억하게 될 거요. 그땐
우리들 이름이 평소에 쓰는 낯익은 말처럼 입에 오르게 되어,
헨리 왕, 베드퍼드, 엑서터, 워릭, 태버드, 솔즈버리,
글로스터 등의 이름들이, 이웃 사람들과 주고받는

술잔 속에 생생히 되살아나게 될 것이오.

【 15-13 】

명예, 그 좁은 해협 Honor, a Strait So Narrow

『트로일러스와 크레시다』 3막 3장 154행

Honor travels in a strait so narrow
Where one but goes abreast. Keep, then, the path.
명예란 혼자만이 통과할 수 있는
좁은 해협 같은 것이죠. 그러니 그 뱃길을 점령하시오.

【 15-14 】

생명보다 귀한 명예 Honor, Far More Precious-dear Than Life.

『트로일러스와 크레시다』 5막 3장 28행

Mine honor keeps the weather of my fate.
Life every man holds dear; but the dear man
Holds honor far more precious-dear than life.
명예는 내 운명을 좌우한다.
모든 사람들은 생명을 귀하게 생각한다. 그러나 귀한 사람은
생명보다 명예를 한층 더 귀하게 생각한다.

【 15-15 】

신들에게 바치는 제물 A Dish Fit for the Gods

『줄리어스 시저』 2막 1장 173행

And, gentle friends,

Let's kill him boldly, but not wrathfully;
Let's carve him as a dish fit for the gods,
Not hew him as a carcass fit for hounds:
And let our hearts, as subtle masters do,
Stir up their servants to an act of rage,
And after seem to chide 'em.
그리고 귀한 동지 여러분,
그를 용감하게 살해하되 격분해서 살해하진 맙시다.
신들에게 바치는 제물로서 그를 살해할 것이지,
사냥개에게 던져줄 먹이로서 난도질하진 맙시다.
그리고 우리의 마음으로 하여금, 교활한 주인이 그러하듯,
그들의 하인을 충동질하여 격한 행동을 하도록 하고
그 후 그들을 꾸짖는 것처럼 보이게 합시다.

【 15-16 】

끝이 좋으면 모두 좋다 All's Well That Ends Well

『끝이 좋으면 모두 좋다』 4막 4장 35행

All's well that ends well; still the fine's the crown.
What ever the course, the end is the renown.
끝이 좋으면 모두 좋다. 끝이 항상 중요하다.
과정이 어떠하든 끝에는 명예가 있는 법이다.

【 15-17 】

당당한 위풍 Pomp and Circumstance

『오셀로』 3막 3장 354행

O, farewell,
Farewell the neighing steed, and the shrill trump,
The spirit-stirring drum, the ear-piercing fife;
The royal banner, and all quality,
Pride, pomp and circumstance of glorious war!
And, O you mortal engines, whose rude throats
The immortal Jove's dead clamours counterfeit,
Farewell! Othello's occupation's gone.
오! 모든 것이 끝이다.
울부짖는 군마와 드높은 나팔소리,
가슴을 뛰게 하는 북소리와 귀를 찢을 것 같은 나팔소리,
저 장엄한 군기, 모든 명예로운 일, 자부심,
영광스런 전쟁의 당당한 위풍도 이제 모두 끝장이다!
아, 파멸을 부르는 대포여, 그 거친 포성이
불멸의 신 주피터의 무서운 부르짖음을 흉내 내지만,
이젠 모두 끝장이다! 오셀로의 삶도 끝장이다.

【 15-18 】

왔노라, 보았노라, 이겼노라 I Came, Saw, and Overcame

『헨리 4세 2부』 4막 3장 42행

I may justly say, with the hook-nosed fellow of Rome,
I came, saw, and overcame.
전 로마의 매부리코 놈 시저처럼 이렇게 말할 수 있습니다.
왔노라, 보았노라, 이겼노라.

【 15-19 】

확실하다고 생각 했던 일도 Where Most It Promises

『끝이 좋으면 모두 좋다』 2막 1장 143행

Oft expectation fails, and most oft there
Where most it promises; and oft it hits
Where hope is coldest, and despair most fits.
기대했던 일도 실패하는 경우가 흔히 있고
확실하다고 생각 했던 일도 실패하는 경우가 흔히 있는 법.
희망이 없고 절망적일 때, 성공하는 경우도 흔히 있는 일.

【 15-20 】

영광은 물속의 파원처럼 Glory Is Like a Circle in the Water

『헨리 6세 1부』 1막 2장 133행

Glory is like a circle in the water,
Which never ceaseth to enlarge itself,
Till by broad spreading it disperse to nought.
영광은 물속의 파원과 같다.
넓게 퍼져나가다가 아무 것도 없는 상태가 될 때까지,
그 원은 한없이 스스로를 확장해 나간다.

【 15-21 】

천 번 이기고도 After a Thousand Victories

『소네트』 25번 10행

The painful warrior famoused for fight,

After a thousand victories once foiled,
Is from the book of honor razed quite,
And all the rest forgot for which he toiled:
전쟁에서 공을 쌓느라 고생한 장수도
천 번 이기고도 한 번 실패하면,
공적부에서 삭제되어 버리고,
힘겹게 얻은 모든 업적도 잊혀 버린다.

【 15-22 】

야망 때문에 질식한 Choked With Ambition

『헨리 6세 1부』 2막 5장 124행

Here dies the dusky torch of Mortimer,
Choked with ambition of the meaner sort;
And for those wrongs, those bitter injuries,
Which Somerset hath offered to my house,
I doubt not but with honour to redress.
이것으로 모티머의 희미한 횃불은,
비천한 자들의 야망 때문에 질식해 꺼지고 말았다.
서머셋이 나의 가문에 준
저 모욕과 무례를
내 기어코 명예로 다시 씻어 놓겠다.

【 15-23 】

명예와 안전은 양립할 수 없다 Honour and Safety Do Not Go Together

『안토니와 클레오파트라』 4막 15장 47행

ANTONY: I am dying, Egypt, dying.
  Give me some wine, and let me speak a little.
CLEOPATRA: No, let me speak, and let me rail so high,
  That the false housewife Fortune break her wheel,
  Provoked by my offence.
ANTONY: One word, sweet queen:
  Of Caesar seek your honor, with your safety. O!
CLEOPATRA: They do not go together.
안토니: 이집트 여왕이여, 나는 이제 곧 죽게 되오.
  술을 좀 주시오. 내가 말 좀 하게 해주시오.
클레오파트라: 아닙니다. 제가 말하지요. 지독하게 욕하고 싶어요.
  저 불결한 여편네 운명의 여신이 내 악담에 분개하여
  운명의 수레바퀴를 제 손으로 부술 만큼.
안토니: 한 마디만, 사랑스런 여왕이여!
  시저에게 청하여 명예와 안전을 보존하시오. 아!
클레오파트라: 명예와 안전은 양립할 수 없답니다.

【 15-24 】

수치를 안고 죽어서는 안 돼 Die Not Shame with Thee!

『리처드 2세』 2막 1장 135행

Live in thy shame, but die not shame with thee!
These words hereafter thy tormentors be!
Convey me to my bed, then to my grave.
수치 속에 살수는 있지만 수치를 안고 죽어서는 안돼!
이 말들이 이후 당신을 괴롭히기를!
이제 나를 병상으로 데려가 다오. 그리고 무덤으로 …

【 15-25 】

바보는 자신을 현명하다고 생각 The Fool Doth Think He Is Wise

『당신 좋으실대로』 5막 1장 31행

I do now remember a saying, 'The fool doth think he is wise, but the wise man knows himself to be a fool.' The heathen philosopher, when he had a desire to eat a grape, would open his lips.

이제 생각난다. "바보는 자신을 현명하다고 생각하고, 현자는 자신을 바보라고 생각한다."는 말이… 어떤 이교도 철학자는 포도가 먹고 싶을 때, 그 입술을 벌리곤 했지.

【 15-26 】

자신의 힘을 알게 되자 As Greatness Knows Itself

『헨리 4세 1부』 4막 3장 74행

He presently, as greatness knows itself,
Steps me a little higher than his vow
Made to my father, while his blood was poor,
Upon the naked shore at Ravenspurgh.
그는 자신의 힘을 알게 되자,
초라했던 시절 헐벗은 레본즈퍼그 해변에서
내 부친에게 맹세한 서약은 잊어버리고
차츰 고개를 높이 쳐들기 시작했소.

【 15-27 】

위대한 인물은 성자를 조롱해도 Great Men May Jest With Saints

『자에는 자로』 2막 2장 127행

We cannot weigh our brother with ourself:
Great men may jest with saints; 'tis wit in them,
But in the less foul profanation.
자신을 심판하는 기준으로 형제를 심판할 순 없습니다.
위대한 인물은 성자를 조롱해도 재치가 될 수 있지만,
비천한 자가 그러면 불경죄가 됩니다.

【 15-28 】

야심에 불타는 자의 사다리 Young Ambition's Ladder

『줄리어스 시저』 2막 1장 22행

But 'tis a common proof,
That lowliness is young ambition's ladder,
Whereto the climber-upward turns his face;
But when he once attains the upmost round.
He then unto the ladder turns his back,
Looks in the clouds, scorning the base degrees
By which he did ascend. So Caesar may.
Then, lest he may, prevent.
흔히 증명된 일이지만, 겸손이라는 건
처음에는 야심에 불타는 사람의 사다리야.
사다리를 올라갈 땐 각별히 주의하지만,
막상 맨 꼭대기에 오르고 나면
겸손이란 사다리에 등을 돌리고,
구름을 바라보면서 자기가 올라왔던 발 밑 계단을
깔보기가 일쑤지. 시저가 바로 그리 될 거야.
그럼 그리 되지 않도록 막아야겠지.

【 15-29 】

폭군이 키스하려고 다가올 것처럼 보일 때 When Tyrants Seem to Kiss

『페리클레스』 1막 2장 79행

Seemed not to strike, but smooth: but thou know'st this,
'Tis time to fear when tyrants seem to kiss.
Such fear so grew in me.
날 해치지 않고 오히려 회유하려는 것 같았소. 경도 알다시피,
이건 위험하오. 폭군이 키스하려고 다가올 것처럼 보일 때만큼
경계를 굳게 해야 할 때는 없소.

【 15-30 】

하나의 궤도에 두 개의 별 Two Stars in One Sphere

『헨리 4세 1부』 5막 4장 65행

Two stars keep not their motion in one sphere;
Nor can one England brook a double reign,
Of Harry Percy and the Prince of Wales.
하나의 궤도에 두 개의 별이 운행할 수는 없는 일이다.
마찬가지로 하나의 잉글랜드에
해리 퍼시와 태자 해리가 동시에 군림할 수는 없어.

【 15-31 】

어처구니없는 야심 Thriftless Ambition

『맥베스』 2막 4장 28행

'Gainst nature still!

Thriftless ambition, that wilt ravin up
Thine own life's means!
너무나 자연스럽지 못한 일입니다.
참으로 어처구니없는 야심이군요. 자기 생명의 근원을
탐욕스럽게 집어삼키다니 말입니다.

【 15-32 】

소개장이나 정실로 승진 Preferment Goes by Letter and Affection

『오셀로』 1막 1장 35행

Why, there's no remedy; 'tis the curse of service,
Preferment goes by letter and affection,
And not by old gradation, where each second
Stood heir to the first.
별 도리가 없죠. 군대 생활에는 별 일이 다 있으니.
차례대로 차근차근 승진하는 게 아니라,
소개장이나 정실로 승진하는 세상이니
무슨 수가 있겠소. 어디 좀 생각해보시오.

【 15-33 】

미끄러지기 쉬운 장소에 서 있는 Stands Upon a Slippery Place

『존 왕』 3막 4장 137행

A sceptre snatched with an unruly hand
Must be as boisterously maintained as gained;
And he that stands upon a slippery place
Makes nice of no vile hold to stay him up:

That John may stand, then Arthur needs must fall.
강탈한 왕홀은, 그걸 얻을 때 그러했듯이,
난폭한 수단으로 유지될 수밖에 없소.
그리고 미끄러지기 쉬운 장소에 서있는 사람은
몸을 가누기 위해 그 어떤 수단과 방법도 가리지 않소.
존이 서 있으려고 한다면, 아더는 쓰러져야합니다.

【 15-34 】

좋은 걸 베풀려고 할 때 Means to Men Most Good

『존 왕』 3막 4장 119행

When Fortune means to men most good
She looks upon them with a threatening eye
'Tis strange to think how much King John hath lost
In this which he accounts so clearly won.
운명의 여신이 인간에게 좋은 걸 베풀려고 할 때는,
일부러 무서운 눈으로 사람을 노려봅니다.
존 왕은 이걸 분명 승리로 생각하고 있겠지만, 정말 이상합니다.
이로 인해 그가 얼마나 많은 걸 잃었는가를 생각하면 …

【 15-35 】

여우가 받는 신임 정도밖에 Be Trusted Like the Fox

『헨리 4세 1부』 5막 2장 9행

Suspicion all our lives shall be stuck full of eyes;
For treason is but trusted like the fox.
왕은 의혹의 눈초리로 우리 일생을 감시할 거요. 재신임을 받는다 해도 한 번 반역한 사람은 여우가 받는 신임 정도밖에 받지 못할 테니까.

【 15-36 】

승자는 웃는 법 They Laugh That Win

『오셀로』 4막 1장 122행

CASSIO: I marry her! what? a customer! Prithee,
bear some charity to my wit: do not think it so
unwholesome. Ha, ha, ha!
OTHELLO: [Aside] So, so, so, so: they laugh that win.
캐시오: 내가 그 여자와 결혼한다고! 그래, 창녀하고 말인가?
제발 날 분별없는 놈이라고 얕잡아 보지 말게.
날 그렇게 타락한 놈으로 생각하진 말게. 하 하!
오셀로: [방백] 그래, 그래. 그렇지. 승자는 웃는 법이지.

16 | 음악과 시, 연극

【 16-01 】

자연에 거울을 들이대어 비추는 것 The Mirror up to Nature

『햄릿』 3막 2장 22행

Suit the action to the word, the word to the action, with this special observance, that you overstep not the modesty of nature: for any thing so overdone is from the purpose of playing, whose end, both at the first and now, was and is, to hold, as 'twere, the mirror up to nature; to

show virtue her own feature, scorn her own image, and the very age and body of the time his form and pressure.
연기는 대사에, 대사는 연기에 맞추고, 특히 주의해야 할 것은, 자연의 절도를 벗어나지 않는 것이네. 무엇이든 도가 지나치면 연극의 목적에 벗어나는 것. 연극의 목적이란 예나 지금이나, 과거나 현재나 여전히, 말하자면, 자연에 거울을 들이대어 비추어내는 것이니, 옳은 건 옳은 대로 그른 건 그른 대로 있는 그대로의 모습을 비추어, 그 시대의 참다운 모습과 양상을 보여 주는 일이지.

【 16-02 】

그건 바로 연극 The Play's the Thing

『햄릿』 2막 2장 604행

I'll have grounds
More relative than this—the play's the thing
Wherein I'll catch the conscience of the king.
이것보다 더 확실한
증거를 잡아야겠다. 그건 바로 연극이다.
연극으로 왕의 양심을 사로잡고 말 것이다.

【 16-03 】

지금까지는 서막일 뿐 What's Past Is Prologue

『폭풍우』 2막 1장 253행

She that is queen of Tunis; she that dwells
Ten leagues beyond man's life; she that from Naples
Can have no note, [. . .] she that from whom

We all were sea-swallowed, though some cast again,
(And by that destiny) to perform an act
Whereof what's past is prologue; what to come
In yours and my discharge.
튜니스 왕비 말입니까? 도저히 올 수 없는
먼 곳에 사는 분이죠. 그분은 나폴리에서 편지 한 장도
받을 수 없어요. [. . .] 그분을 배웅하고 돌아오는 길에
바다에 빠졌다가 겨우 살아나온 사람들이 (그 인연으로)
연극을 하게 된 거죠. 지금까지는 서막에 지나지 않고
앞으로 당신과 내가 등장할 차례입니다.

【 16-04 】

금빛 찬란한 기념비 Gilded Monuments

『소네트』 55번 1행

Not marble nor the gilded monuments
Of princes shall outlive this pow'rful rhyme,
But you shall shine more bright in these contents
Than unswept stone, besmeared with sluttish time.
그 어떤 대리석도, 제왕을 위해 세운 금빛 찬란한 기념비도,
감동적인 이 시보다 더 오래 살아남진 못하리라.
오랜 세월 더렵혀지고 청소도 하지 않은 비석보다
그대는 이 시 속에서 영원히 빛나리라.

【 16-05 】

나쁜 인간도 착하게 만드는 To Make Bad Good

『자에는 자로』 4막 1장 15행

Music oft hath such a charm
To make bad good, and good provoke to harm.
음악은 가끔 나쁜 사람을 착하게 만들기도 하고,
착한 사람을 자극하여 타인에게 해를 끼치게도 하는 마력을 갖고 있다.

【 16-06 】

아름다운 천둥소리 Sweet Thunder

『한여름 밤의 꿈』 4막 1장 118행

I never heard
So musical a discord, such sweet thunder.
나는 그와 같은 음악적인 불협화음,
그토록 아름다운 천둥소리를 들어본 적이 없다.

【 16-07 】

곰도 순하게 만드는 노래 Music Which Can Tame a Bear

『오셀로』 4막 1장 189행

So delicate with her needle! an admirable musician!
O, she will sing the savageness out of a bear.
바느질은 얼마나 잘하며, 노래는 또 얼마나 잘하는가!
아, 그녀가 노래하면 곰도 잔혹성을 버리게 될 거야.

【 16-08 】

달콤한 가락 Its Sweet Air

『폭풍우』 1막 2장 394행

This music crept by me upon the waters,
Allaying both their fury and my passion
With its sweet air.
음악은 파도를 타고 내 몸에 스며들었다.
그 달콤한 가락은
바다의 노여움과 내 슬픔을 달래주었다.

【 16-09 】

호랑이를 잠재우는 음악 The Music Which Make Tigers Tame

『베로나의 두 신사』 3막 2장 79행

For Orpheus' lute was strung with poets' sinews,
Whose golden touch could soften steel and stones,
Make tigers tame, and huge leviathans
Forsake unsounded deeps to dance on sands.
오르페우스의 현악기는 시인의 신경을 현으로 삼았다.
황금 같은 그의 연주는 쇳덩이와 돌을 녹였고,
호랑이를 잠재우고, 레비아산 왕고래로 하여금
그 깊이를 알 수 없는 심해를 떠나 백사장에서 춤추게 했다.

【 16-10 】

자연스럽게 말하다 Trippingly on the Tongue

『햄릿』 3막 2장 2행

Speak the speech, I pray you, as I pronounced it to you, trippingly on the tongue: but if you mouth it, as many of your players do, I had as lief the town-crier spoke my lines.

대사를 말할 때, 제발 내가 해 보인 것처럼 자연스럽게 말하게. 그렇지 않고 어떤 배우들처럼 과장하여 소릴 지르며 대사를 읊조릴 것 같으면, 차라리 약장수를 데려와서 대사를 읊조리게 하는 게 더 나을 거야.

【 16-11 】

개발에 편자 Caviar to the General

『햄릿』 2막 4장 437행

I remember, pleased not the million; 'twas caviar to the general: but it was—as I received it, and others, whose judgments in such matters cried in the top of mine—an excellent play, well digested in the scenes, set down with as much modesty as cunning.
내 기억으로 그 극은 대중들의 취향에는 그리 어필하지 못했지. 대중들이 가치를 모르는 철갑상어 알 요리 같아. 그러나 내 판단으론 훌륭한 극이었어. 판단력이 나보다 한 수 위인 사람들도 그리 생각했지. 장면 배열이 뛰어나고, 절묘한 문체에다 감정을 적절히 조절해 담아냈지.

【 16-12 】

혜성처럼 Like a Comet

『헨리 4세 1부』 3막 2장 47행

By being seldom seen, I could not stir
But like a comet I was wondered at;
That men would tell their children 'This is he;'
Others would say 'Where, which is Bolingbroke?'
내 모습을 드러내는 경우가 드물어서,
한 번 움직이면, 혜성처럼 경탄의 대상이 되었다.

사람들은 아이들에게 '저분이 바로 그분이시다!' 라고 말했고, 어떤 이들은 '어디, 어느 분이 볼링브루크이신가' 하고 물었다.

17 ｜ 사랑과 격정

【 17-01 】

진실한 사랑의 항로 The Course of True Love

『한여름 밤의 꿈』 1막 1장 134행

LYSANDER: The course of true love never did run smooth;
　But, either it was different in blood—
HERMIA: O cross! too high to be enthralled to low.
LYSANDER: Or else misgraffed in respect of years—
HERMIA: O spite! too old to be engaged to young.
LYSANDER: Or else it stood upon the choice of friends—
HERMIA: O hell! to choose love by another's eyes.
라이샌더: 진실한 사랑의 항로는 늘 순탄치 못했죠.
　이를테면 신분이 달랐거나…
허미아: 세상에! 신분이 너무 높아 낮은 이와 맺어질 수 없다니.
라이샌더: 아니면 나이가 서로 어울리지 않거나…
허미아: 원 세상에! 나이가 너무 많아 젊은이와 결합될 수 없다니.
라이샌더: 아니면 친구들의 선택에 맡길 수밖에 없었거나…
허미아: 아 맙소사! 남의 눈으로 사랑의 상대를 고르다니.

【 17-02 】

그림자처럼 재빠른 Swift as a Shadow

『한여름 밤의 꿈』 1막 1장 144행

War, death, or sickness did lay siege to it,
Making it momentany as a sound,
Swift as a shadow, short as any dream,
Brief as the lightning in the collied night.
전쟁, 죽음, 아니면 병이 덮쳐서
그들의 사랑을 소리처럼 순간적이고,
그림자처럼 재빠르고, 꿈처럼 단명한 것으로 만들고,
천지를 잠시 비추고 사라지는
검은 밤하늘의 번개처럼 찰나의 것으로 만들어 버린다.

【 17-03 】

마음으로 보는 사랑 Love Looks with the Mind

『한여름 밤의 꿈』 1막 1장 234행

Love looks not with the eyes, but with the mind;
And therefore is winged Cupid painted blind.
사랑은 눈으로 보는 것이 아니고, 마음으로 본다.
그래서 날개 달린 큐피드는 흔히 장님으로 그려진다.

【 17-04 】

헤아릴 수 있는 사랑은 The Love That Can Be Reckoned

『안토니와 클레오파트라』 1막 1장 14행

ANTONY: There's beggary in the love that can be reckoned.
CLEOPATRA: I'll set a bourn how far to be beloved.
ANTONY: Then must thou needs find out new heaven, new earth.
안토니: 헤아릴 수 있는 사랑은 거지같은 사랑이오.
클레오파트라: 날 얼마나 사랑하는지 그 한계를 알고 싶습니다.
안토니: 그럼 새 하늘과 새 땅을 찾아내야 할 것이오.

【 17-05 】

분에 넘치는 사랑 Unmatched Love

『끝이 좋으면 모두 좋다』 1막 1장 91행

The hind that would be mated by the lion
Must die for love.
사자와 짝이 되고 싶은 암사슴은
사랑 때문에 죽게 마련이다.

【 17-06 】

사랑을 가로막는 장애물 Impediments in Fancy's Course

『끝이 좋으면 모두 좋다』 5막 3장 214행

All impediments in fancy's course
Are motives of more fancy.
사랑의 행로를 가로막는 온갖 장애물은
더 깊은 사랑을 만드는 계기가 된다.

【 17-07 】

최대 결점은 사랑에 빠진 것 The Worst Fault Is to Be in Love

『당신 좋으실대로』 3막 2장 282행

JAQUES: The worst fault you have is to be in love.
ORLANDO: 'Tis a fault I will not change for your best virtue.
제이퀴즈: 당신의 최대 결점은 사랑에 빠졌다는 거요.
올란도: 그 결점을 당신 최고의 미덕과도 바꾸지 않겠소.

【 17-08 】

사랑의 날카로운 화살 Love's Keen Arrows

『당신 좋으실대로』 3막 5장 30행

The wounds invisible
That love's keen arrows make.
사랑의 날카로운 화살이 만든
보이지 않는 상처.

【 17-09 】

첫눈에 반한 사랑 Love at First Sight

『당신 좋으실대로』 3막 5장 82행

Who ever loved that loved not at first sight?
사랑한 사람치고 첫눈에 사랑에 빠지지 않는 자가 어디 있을까?

【 17-10 】

사랑을 배우기 전에 Ere I Learn Love

『실수연발』 2막 1장 29행

Ere I learn love, I'll practice to obey.
사랑을 배우기 전에 나는 복종하는 것을 연습하겠다.

【 17-11 】

한 순간 즐기는 향기일 뿐 The Perfume and Suppliance of a Minute

『햄릿』 1막 3장 9행

Hold it a fashion and a toy in blood,
A violet in the youth of primy nature,
Forward, not permanent, sweet, not lasting,
The perfume and suppliance of a minute; No more.
왕자님의 호의를 젊은이의 기분이요 객기로 생각해라.
청춘의 이른 봄에 피는 제비꽃이라고나 할까? 다른 꽃보다
앞서 피지만, 곧 시들어 버리고, 달콤하지만 오래 가지 못해.
한 순간 즐기는 향기일 뿐, 그 이상은 아무 것도 아니다.

【 17-12 】

상사병 Ecstasy of Love

『햄릿』 2막 1장 99행

This is the very ecstasy of love,
Whose violent property fordoes itself
And leads the will to desperate undertakings
As oft as any passion under heaven
That does afflict our natures.
이건 바로 상사병이라는 거야.
그 격렬한 힘이 발동하면, 스스로를 망치게 되고,

마침내 모든 걸 포기하도록 만들지.
이 세상의 우리 인간들을 해치는
그 어떤 격정처럼 말이다.

【17-13】

진리가 거짓이 아닌가를 의심 Doubt Truth to Be a Liar

『햄릿』 2막 2장 118행

Doubt thou the stars are fire,
Doubt that the sun doth move,
Doubt truth to be a liar,
But never doubt I love.
별이 불인 것을 의심하고
태양이 움직인다는 걸 의심하고
진리가 거짓이 아닌가를 의심하더라도
내 사랑만은 의심하지 말아 주시오.

【17-14】

여자의 사랑처럼 As Woman's Love

『햄릿』 3막 2장 154행

OPHELIA: 'Tis brief, my lord.
HAMLET: As woman's love.
오필리어: 왕자님, 그건 너무 짧군요.
햄 릿: 그렇지, 여자의 사랑처럼.

【 17-15 】

사랑이 깊으면 Where Love Is Great

『햄릿』 3막 2장 171행

Where love is great, the littlest doubts are fear;
Where little fears grow great, great love grows there.
사랑이 깊으면 사소한 염려도 두려움이 되죠.
사소한 두려움 커지는 곳에 큰 사랑이 자라죠.

【 17-16 】

한창 시절의 불길 같던 욕정 The Hey-day in the Blood

『햄릿』 3막 4장 69행

Have you eyes?
You cannot call it love, for at your age
The hey-day in the blood is tame, it's humble,
And waits upon the judgment.
눈이 있으면 보시죠? 그걸
사랑이라 부르진 마십시오. 어머니의 연세가 되면
한창 시절의 불길 같던 욕정도 순해져,
이성의 통제를 받게 되는 것이 아닌가요?

【 17-17 】

이글거리는 청춘의 불꽃 Flaming Youth

『햄릿』 3막 4장 84행

O shame! where is thy blush?

Rebellious hell,
If thou canst mutine in a matron's bones,
To flaming youth let virtue be as wax,
And melt in her own fire.
오, 수치심이여! 그대의 부끄러움은 어딜 갔는가?
날뛰는 음란한 욕정이여!
그대는 중년 여인의 몸속에조차 욕정의 불꽃을
당기고 있으니, 이글거리는 청춘의 불꽃 앞에서
정조가 초처럼 녹아버리는 것은 당연한 일.

【 17-18 】
잔인한 것도 다 애정 탓 Cruel Only to Be Kind
『햄릿』 3막 4장 178행

So, again, good night.
I must be cruel only to be kind:
다시 인사드립니다. 안녕히 주무십시오. 이렇게
잔인한 말을 하는 것도 다 어머니에 대한 애정 탓입니다.

【 17-19 】
사랑의 양 Quantity of Love
『햄릿』 5막 1장 270행

I loved Ophelia. Forty thousand brothers
Could not with all their quantity of love
Make up my sum.
나는 오필리어를 사랑했다.

오빠 4만 명의 사랑을 다 합쳐도
내 사랑의 크기보다 못하다.

【 17-20 】

사랑은 시를 짓게 한다 Love Hath Taught Me to Rhyme

『사랑의 헛수고』 4막 3장 12행

By heaven, I do love, and it hath taught me to rhyme
and to be melancholy.
정말 난 사랑을 하고 있어. 사랑은 나에게 시를 짓게도 하고,
우울증에 빠지게도 한다.

【 17-21 】

사랑하는 사람의 눈 A Lover's Eyes

『사랑의 헛수고』 4막 3장 331행

It adds precious seeing to the eye:
A lover's eyes will gaze an eagle blind.
A lover's ear will hear the lowest sound.
사랑은 눈에 더할 수 없이 밝은 시력을 준다.
그래서 사랑하는 사람의 눈은 독수리의 눈을 능가하고,
사랑하는 사람의 귀는 지극히 미미한 소리도 듣는다.

【 17-22 】

어린애처럼 변덕스런 Wanton as a Child

『사랑의 헛수고』 5막 2장 761행

Love is full of unbefitting strains,
All wanton as a child, skipping and vain.
사랑은 이상하게 부담스럽고, 어린애처럼 변덕스럽고,
지각없고, 어리석은 일들로 가득 차 있다.

【 17-23 】

사랑한다고 말할 땐 If You Speak Love

『헛소동』 2막 1장 99행

Speak low if you speak love.
사랑한다고 말할 때는 낮은 목소리로 말해요.

【 17-24 】

미인은 마녀 Beauty Is a Witch

『헛소동』 2막 1장 179행

Friendship is constant in all other things
Save in the office and affairs of love;
Therefore all hearts in love use their own tongues.
Let every eye negotiate for itself,
And trust no agent; for beauty is a witch
Against whose charms faith melteth in blood.
우정은 어떤 일에도 변하지 않지만
사업과 애정의 문제가 달려 있을 땐 예외지.
그러니 모든 사랑하는 사람은 자신의 입으로 말해야 해.
직접 자기 눈으로 말해야 해.
남을 믿어선 안돼. 미인은 마녀니까.

그 매력에 홀리면 신의도 정욕의 불꽃 속에 녹아버리니까.

【 17-25 】

사랑이 날 굴로 변하게 할지도 Love May Transform Me to an Oyster

『헛소동』 2막 3장 24행

I will not be sworn but love may transform me to an oyster, but I will take my oath on it, till he have made an oyster of me, he shall never make me such a fool.

사랑이 나를 굴로 변하게 하지 않는다고 단언할 수는 없어. 하지만 이건 맹세할 수 있어. 사랑 때문에 내가 굴로 변한다면 몰라도, 난 절대로 그런 바보 같은 행동은 하지 않을 거야.

【 17-26 】

큐피드의 화살 Cupid's Arrows

『헛소동』 3막 1장 106행

If it proves so, then loving goes by haps:
Some Cupid kills with arrows, some with traps.
그렇다면 사랑은 운에 달렸구나.
큐피드는 어떤 이는 화살로, 어떤 사람은 덫으로 잡으니.

【 17-27 】

새로운 사랑의 맹세 Love's Bonds New-made

『베니스의 상인』 2막 6장 6행

O, ten times faster Venus' pigeons fly

To seal love's bonds new-made, than they are wont
To keep obliged faith unforfeited!
새로운 사랑의 맹세를 하기 위해서는
비너스 여신의 수레를 끄는 비둘기보다 몇 배나 빨리 날아오지만
이미 맺어진 사랑의 맹세를 지킬 때는 거북이걸음!

【 17-28 】
사랑은 눈먼 봉사 Love Is Blind
『베니스의 상인』 2막 6장 36행

Love is blind, and lovers cannot see
The pretty follies that themselves commit.
사랑에 빠지면 눈먼 장님이기에,
연인들은 스스로 저지르는 어리석은 일들을 볼 수 없다.

【 17-29 】
내가 겪은 위험 때문에 For the Dangers I Had Passed
『오셀로』 1막 3장 167행

She loved me for the dangers I had passed,
And I loved her that she did pity them.
그녀는 내가 겪은 위험 때문에 나를 사랑했지요.
그녀가 그걸 동정해주었기에 난 그녀를 사랑하게 되었습니다.

【 17-30 】
현명하게 사랑하진 못했지만 Loved Not Wisely
『오셀로』 5막 2장 344행

When you shall these unlucky deeds relate,
Speak of me as I am; nothing extenuate,
Nor set down aught in malice: then must you speak
Of one that loved not wisely but too well;
Of one not easily jealous, but being wrought
Perplexed in the extreme……
이 불행한 사건을 보고할 때,
저에 대해 있는 그대로 전해 주십시오. 조금도 두둔하지 말고
악의로 헐뜯지도 말아 주십시오. 이렇게 말씀해 주십시오.
현명하게 사랑하진 못했지만 너무나 사랑했던 사내라고……
쉽게 질투에 빠질 사람이 아니지만, 속임수에 빠져
극단적인 혼란에 빠진 사람이라고……

【 17-31 】

가랑비는 오래 간다 Small Showers Last Long

『리처드 2세』 2막 1장 35행

Violent fires soon burn out themselves;
Small showers last long, but sudden storms are short.
난폭한 불꽃은 금세 제풀에 꺼지게 마련이고,
가랑비는 오래 지속되며, 갑작스런 폭풍은 짧게 지나간다.

【 17-32 】

사랑은 차가운 불꽃 Love, Cold Fire

『로미오와 줄리엣』 1막 1장 180행

Feather of lead, bright smoke, cold fire, sick health!,

Still-waking sleep, that is not what it is!
사랑은 납처럼 무거운 솜털, 밝은 연기, 차디찬 불, 병든 건강!
실체 아닌 실체로 항상 깨어 있는 잠!

【 17-33 】

한숨으로 이루어진 연기 A Smoke Made with the Fume of Sighs

『로미오와 줄리엣』 1막 1장 190행

Love is a smoke made with the fume of sighs,
Being purged, a fire sparkling in lovers' eyes,
Being vexed, a sea nourished with lovers' tears.
What is it else? a madness most discreet,
A choking gall, and a preserving sweet.
사랑이란 한숨으로 이루어진 연기,
개이면 연인들의 눈 속에서 번쩍이는 불꽃이요,
흐리면 연인들의 눈물로 불어난 바다가 된다.
그 밖에 뭣이 있겠나? 그건 가장 분별 있는 광증이요,
숨 막히게 쓴 약인 동시에 활력을 주는 감로라고 할 수 있어.

【 17-34 】

사랑의 가벼운 날개를 타고 With Love's Light Wings

『로미오와 줄리엣』 2막 2장 66행

With love's light wings did I over perch these walls,
For stony limits cannot hold love out,
And what love can do that dares love attempt.
사랑의 가벼운 날개를 타고 이 담을 넘어왔죠.

돌담이 어찌 사랑을 막을 수 있겠습니까.
또한 사랑은 해낼 수 있는 일이라면 무엇이든 해내죠.

【 17-35 】

젊은이의 사랑은 눈 속에 Young Men's Love Lies in Their Eyes

『로미오와 줄리엣』 2막 3장 67행

Young men's love then lies
Not truly in their hearts, but in their eyes.
젊은이들의 사랑은
마음속에 있지 않고, 눈 속에 있다.

【 17-36 】

절도 있는 사랑을 Love Moderately

『로미오와 줄리엣』 2막 6장 14행

Love moderately: long love doth so;
Too swift arrives as tardy as tool slow.
절도 있는 사랑을 해야 해. 오래가는 사랑은 다 그런 거야.
서두르면 살펴 가는 것보다 더 느린 법이니까.

【 17-37 】

달콤함이 너무 흔한 것이 되면 Sweets Grown Common

『소네트』 102번 12행

But that wild music burthens every bough,
And sweets grown common lose their dear delight.

거친 음악이 모든 나뭇가지에 넘쳐흐르면
음악의 달콤함도 너무 흔한 것이 되어 진한 기쁨을 잃게 된다.

【 17-38 】

내 사랑은 열병과 같다 My Love Is As a Fever

『소네트』 147번 1행

My love is as a fever, longing still
For that which longer nurseth the disease,
Feeding on that which doth preserve the ill,
The uncertain sickly appetite to please.
내 사랑은 열병과 같다. 항상
그 병을 연장시키는 일만을 갈망하고 있다.
그 병을 키우는 양분을 먹고,
정체불명의 병적인 식욕을 충족시키려고 한다.

【 17-39 】

치욕의 황야 A Waste of Shame

『소네트』 129번 1행

The expense of spirit in a waste of shame
Is lust in action; and till action, lust
Is perjured, murderous, bloody, full of blame,
Savage, extreme, rude, cruel, not to trust,
Enjoyed no sooner but despised straight,
Past reason hunted, and no sooner had
Past reason hated.

음욕을 행하는 것은 치욕의 황야에
귀중한 에너지를 낭비하는 것. 충족시킬 때까지 음욕은
위증도, 살인도, 잔혹한 행위도, 오욕으로 가득 찬 행동도,
야만적이고, 극단적이고, 무례하며,
잔인하여 믿을 수 없는 짓도 서슴지 않는다.
그러나 향락이 끝나면 곧 경멸의 대상이 되고,
이성을 넘어 추구하는 대상이 되고,
곧 이성을 넘는 증오의 대상이 된다.

【 17-40 】

현명하면서도 사랑한다는 것은 To Be Wise and Love

『트로일러스와 크레시다』 3막 2장 156행

To be wise and love
Exceeds man's might; that dwells with gods above.
현명하면서도 사랑한다는 것은
인간의 능력을 초월한 신들만의 능력이다.

【 17-41 】

받는 키스 The Kiss You Take

『트로일러스와 크레시다』 4막 5장 38행

The kiss you take is better than you give:
받는 키스가 주는 키스보다 더 좋다.

【 17-42 】

달콤한 사랑! Sweet Love!

『베로나의 두 신사』 1막 3장 45행

Sweet love! sweet lines! sweet life!
Here is her hand, the agent of her heart.
달콤한 사랑! 달콤한 편지! 달콤한 인생!
이건 그녀의 필체고, 그녀의 마음을 보여주고 있어.

【 17-43 】

천 번의 죽음도 A Thousand Deaths

『타이터스 안드로니커스』 2막 1장 79행

Aaron, a thousand deaths
Would I propose to achieve her whom I love.
아론, 내가 사랑하는 그녀를 얻기 위해서는
천 번의 죽음도 마다하지 않겠다.

【 17-44 】

음악이 사랑의 양식이라면 If Music Be the Food of Love

『십이야』 1막 1장 1행

If music be the food of love, play on,
Give me excess of it, that, surfeiting,
The appetite may sicken, and so die.
That strain again! it had a dying fall:
음악이 사랑의 양식이라면, 계속 연주하라.
지나칠 정도로 연주하라. 포식하고 나면
사랑도 식상하여 사라질지도 모를 일.

그 곡을 한 번만 더 들려다오! 숨 막힐 듯 황홀하구나.

【 17-45 】

사랑은 환상으로 가득 차 있어서 So Full of Shapes Is Fancy

『십이야』 1막 1장 14행

So full of shapes is fancy
That it alone is high fantastical.
사랑은 환상으로 가득 차 있어서
그것만으로도 최고의 상상력이 된다.

【 17-46 】

구하지 않고도 얻는 사랑 Love, That Is Given Unsought

『십이야』 3막 1장 156행

Love sought is good, but given unsought is better.
사랑을 구하는 건 좋은 일.
그러나 구하지 않고도 얻는 사랑은 더욱 좋은 일.

【 17-47 】

사랑은 죽음 속의 삶 Love, a Life in Death

『비너스와 아도니스』 413행

I have heard it is a life in death,
That laughs and weeps, and all but with a breath.
사랑은 죽음 속의 삶이라고 들었어요.
사랑은 단숨에 웃다가도 우는 거라고 들었어요.

【 17-48 】

사랑은 비 온 후의 햇살처럼 Love Like Sunshine After Rain

『비너스와 아도니스』 799행

Love comforteth like sunshine after rain,
But Lust's effect is tempest after sun;
Love's gentle spring doth always fresh remain,
Lust's winter comes ere summer half be done.
사랑은 비가 온 후의 햇살처럼 안식을 주지만,
정욕의 결과는 갠 날 다음의 폭풍과 같다.
사랑의 부드러운 봄날은 언제나 싱싱하게 남아 있지만,
정욕의 겨울은 여름이 반도 지나기 전에 밀어닥친다.

【 17-49 】

순순히 벌을 받다 Kiss the Rod

『베로나의 두 신사』 1막 2장 59행

Fie, fie, how wayward is this foolish love
That, like a testy babe, will scratch the nurse
And presently all humbled kiss the rod!
쳇, 쳇, 이 어리석은 사랑은 변덕스럽기도 하지.
성미 급한 아기처럼, 유모를 쥐어뜯다가도
금방 순해져서 순순히 벌을 받거든.

【 17-50 】

갇힌 불꽃이 가장 강렬하게 타오르는 법

Fire That's Closest Kept Burns Most of All

『베로나의 두 신사』 1막 2장 30행

LUCETTA: Fire that's closest kept burns most of all.
JULIA: They do not love that do not show their love.
LUCETTA: O, they love least that let men know their love.
루세타: 꽉 갇혀 있는 불꽃이 가장 강렬하게 타오르는 법이죠.
줄리아: 애정을 겉으로 드러내지 않는 건 사랑이 없다는 얘기야.
루세타: 아, 아닙니다. 남에게 내보이는 사랑은 깊은 사랑이 아니랍니다.

【 17-51 】

사랑을 위해서라면 신도 야수의 모습으로

Gods, in the Shapes of Beasts to Love

『겨울 이야기』 4막 4장 27행

The gods themselves,
Humbling their deities to love, have taken
The shapes of beasts upon them: Jupiter
Became a bull, and bellow'd; the green Neptune
A ram, and bleated; [. . .] my desires
Run not before mine honour, nor my lusts
Burn hotter than my faith.
사랑을 위해선
신들도 야수의 모습으로 변했다고 하질 않소.
주피터 신은 소로 변해 울었고,
푸른 바다의 신 넵튠은 염소로 변해 울어대질 않았소. [. . .]
내 욕망은 내 명예를 앞질러 달리지 않고,
내 신조를 깨뜨리고 욕정을 불태우는 일은 결코 없을 거요.

【 17-52 】

닫힌 가마솥은 더욱 뜨겁게 타오르고 An Oven That Is Stopped,... Burneth More Hotly

『비너스와 아도니스』 331행

An oven that is stopped, or river stayed,
Burneth more hotly, swelleth with more rage;
So of concealed sorrow may be said,
Free vent of words love's fire doth assuage.
닫힌 가마솥은 더욱 뜨겁게 타오르고
막힌 강물은 더욱 맹렬히 둑을 넘어 범람한다.
감춰진 슬픔도 이와 같다고 할 수 있다.
속 시원히 털어 놓는 건 사랑의 정염(情炎)을 누그러뜨린다.

【 17-53 】

사랑의 최고 습성 Love's Best Habit

『열정적인 순례자』 1연 11행

Wherefore say not I that I am old?
O, love's best habit is in a soothing tongue,
And age in love, loves not to have years told.
Therefore I'll lie with love, and love me.
나는 왜 내가 늙었다고 말하지 않는가?
아, 사랑하는 이가 정말 물든 건 그럴싸한 말을 믿는다는 거다.
사랑에 빠진 늙은이는 나이가 밝혀지는 걸 좋아하지 않아.
그래서 난 그녀에게 거짓말을 하고 그녀 또한 내게 거짓말을 한다.

【 17-54 】

사랑 때문에 죽은 남자는 없어 Men Have Died, But Not for Love

『당신 좋으실대로』 4막 1장 101행

There was not any man died in his own person, videlicit, in a love-cause. [. . .] These are all lies: men have died from time to time and worms have eaten them, but not for love.

사랑하는 사람이 사랑 때문에 죽은 일은 한 번도 없었어요. [. . .] 다 거짓말이어요. 시시때때로 남자들이 죽어 구더기 밥이 되었지만, 사랑 때문에 죽은 남자는 한 명도 없었어요.

【 17-55 】

사랑의 상념 Thoughts of Love

『소네트』 39번 11행

O absence, what a torment wouldst thou prove,
Were it not thy sour leisure gave sweet leave
To entertain the time with thoughts of love,
Which time and thoughts so sweetly doth deceive,
And that thou teachest how to make one twain,
By praising him here who doth hence remain!
아, 이별이여, 그대는 내게 그 얼마나 혹독한 고통인가?
그대 없는 가혹한 시간을 감미로운 여가로 만들어
사랑의 상념으로 즐거운 시간을 보내게 해주고,
시간과 상념을 너무나 편안하게 달래고,
지금 여기 남은 그분을 찬양하여, 한 사람을
두 사람으로 만드는 법을 그대가 가르쳐주지 않는다면.

【 17-56 】

너무 늦게 찾아온 사랑 Love That Comes Too Late

『끝이 좋으면 모두 좋다』 5막 3장 57행

Love that comes too late,
Like a remorseful pardon slowly carried,
To the great sender turns a sour offence,
Crying, 'That's good that's gone.' Our rash faults
Make trivial price of serious things we have,
Not knowing them until we know their grave.
너무 늦게 찾아온 사랑은
때늦게 전해진 사면과 같아서
그 사면을 내린 사람의 입맛을 쓰게 하여,
"세상을 떠난 그이는 좋은 사람이었어."라고 개탄하게 할 뿐.
경솔한 과오로 인해 품에 있는 소중한 걸 소홀히 다루고,
그것들이 무덤 속에 들어가고 나서야 우린 그 진가를 깨닫는다.

【 17-57 】

천한 자도 연애를 하면 Base Men Being in Love

『오셀로』 2막 1장 215행

Come hither. If thou be'st valiant,–as, they say,
base men being in love have then a nobility in their natures
more than is native to them.
이리 와요. 당신에게 용기가 있다면 내 말을 잘 들어봐요.
사람들이 말하길, 천한 자도 연애를 하면
타고난 본성 이상으로 고상하게 된다고 하던데요.

【 17-58 】

미인의 눈에는 In Beauteous Ladies' Eyes

『베로나의 두 신사』 5막 2장 12행

THURIO: Nay then, the wanton lies; my face is black.
PROTEUS: But pearls are fair; and the old saying is,
Black men are pearls in beauteous ladies' eyes.

서리오: 그럼 그녀가 거짓말을 하는군. 내 얼굴은 검으니까.
프로테우스: 하지만 진주는 아름답죠. 그리고 "얼굴 검은 남자도 미인 눈에는 진주"라는 속담이 있질 않소.

【 17-59 】

사랑이란 미친 짓 Love Is Merely a Madness

『당신 좋으실대로』 3막 2장 400행

Love is merely a madness, and, I tell you, deserves as well a dark house and a whip as madmen do: and the reason why they are not so punished and cured is, that the lunacy is so ordinary that the whippers are in love too.

사랑이란 미친 짓입니다. 그러니 미치광이를 대하듯 어두운 집에 가두고 매를 쳐야 해요. 하지만 사랑하는 사람들을 그런 벌로 치료하지 않는 이유는, 이 광증이 너무 흔한 거라서, 매를 치는 사람 또한 사랑에 빠지기 때문이죠.

【 17-60 】

사랑은 질투로 가득 차 있다 Love Is Full of Jealousy

『베로나의 두 신사』 2막 4장 177행

My foolish rival, that her father likes
Only for his possessions are so huge,
Is gone with her along, and I must after,
For love, thou know'st, is full of jealousy.
바보 같은 경쟁자가 하나 있는데, 놈을 그녀 아버지가 좋아해.
단지 돈을 많이 가지고 있다는 이유 때문이지.
아까 그녀와 같이 들어간 자를 쫓아가 봐야겠어.
자네도 알다시피, 사랑은 질투로 가득 차 있지 않은가.

【 17-61 】

차디찬 계율을 뛰어넘는 열정 A Hot Temper Leaps Over a Cold Decree

『베니스의 상인』 1막 2장 18행

It is a good divine that follows his own instructions:
I can easier teach twenty what were good to be done,
than be one of the twenty to follow mine own teaching.
The brain may devise laws for the blood,
but a hot temper leaps over a cold decree.
자신이 한 설교를 실천에 옮기는 분은 정말 훌륭한 성직자야.
스무 명에게 선행을 하라고 가르치는 게 쉽지,
자신이 가르친 교훈을 스스로 따르기는 무척 힘들 거야.
이성은 열정을 제어하게 될 방도를 찾아내겠지만,
뜨거운 열정은 차디찬 계율을 뛰어넘는 법이니까.

【 17-62 】

위험한 애욕의 화살 The Shot and Danger of Desire

『햄 릿』 1막 3장 34행

Fear it, Ophelia, fear it, my dear sister,
And keep you in the rear of your affection,
Out of the shot and danger of desire.
조심해라, 조심해, 사랑하는 오필리어.
애욕의 후방에 자리를 잡고
위험한 애욕의 화살이 닿지 않도록 조심해라.

【 17-63 】

아름다움의 힘과 정절 The Power of Beauty and Honesty

『햄 릿』 3막 1장 110행

Ay, truly; for the power of beauty will sooner
transform honesty from what it is to a bawd than the
force of honesty can translate beauty into his
likeness: this was sometime a paradox, but now the
time gives it proof. I did love you once.
천만에 말씀. 정절이 미모를 자신처럼 만들기보다는
아름다움의 힘이 정절로 하여금 그 본성을 버리게 하여,
음란한 여자로 만들기가 훨씬 더 쉬운 법이니까.
전에는 이 말이 역설에 불과했지만, 요즘은 그 말이
사실이 되었소. 난 한 때 그대를 사랑했소.

【 17-64 】

♠ 뜨거운 피는 뜨거운 생각을 낳고 Hot Blood Begets Hot Thoughts

『트로일러스와 크레시다』 3막 1장 129행

He eats nothing but doves, love, and that breeds hot blood, and hot

blood begets hot thoughts, and hot thoughts beget hot deeds, and hot deeds is love.
사랑이란 놈은 비둘기만 먹고 살아. 그것은 피를 뜨겁게 하고, 그럼 뜨거운 피는 뜨거운 생각을 낳고, 뜨거운 생각은 뜨거운 행위를 낳으니, 그 뜨거운 행위가 바로 사랑이오.

【 17-65 】

많은 남자를 속이면서도 To Beguile Many

『오셀로』 4막 1장 96행

Now will I question Cassio of Bianca,
A housewife that by selling her desires
Buys herself bread and clothes: it is a creature
That dotes on Cassio; as 'tis the strumpet's plague
To beguile many and be beguiled by one:
He, when he hears of her, cannot refrain
From the excess of laughter.
자 이제, 캐시오에게 비앵커에 대해 물어봐야지.
자신의 몸뚱이를 팔아서 연명하는 창녀인데,
캐시오에게 홀딱 반한 계집이지.
많은 남자들을 속이면서도
결국은 한 남자한테 속아 넘어가는 게 창녀들 팔자야.
그 계집 얘기를 듣게 되면
캐시오가 웃지 않고는 못 배길 거야.

【 17-66 】

여자의 부정은 음란한 별과 같다 It Is a Bawdy Planet

『겨울 이야기』 1막 2장 201행

It is a bawdy planet, that will strike
Where 'tis predominant; and 'tis powerful, think it,
From east, west, north and south: be it concluded,
No barricado for a belly.
여자의 부정은 승하면 모든 걸 파괴하는 음란한 별 같아서,
동서남북 그 어디에서나
강력한 세력을 떨치고 있다고 할 수 있지.
결론적으로 말해, 여자의 복부를 지킬 방책은 없어.

18 | 연인과 질투

【18-01】

당신은 이 세상 전부 You Are All the World

『한여름 밤의 꿈』 2막 1장 224행

For you in my respect are all the world.
Then how can it be said I am alone,
When all the world is here to look on me?
당신은 나에게 이 세상 전부이다.
그럼 난 이 세상에 혼자 있는 건 아니다.
이곳에서 온 세상 사람들이 날 쳐다보고 있기 때문이다.

【 18-02 】

로마는 타이버 강물에 녹아 버려라 Let Rome in Tiber Melt

『안토니와 클레오파트라』 1막 1장 33행

Let Rome in Tiber melt, and the wide arch
Of the ranged empire fall! Here is my space.
Kingdoms are clay; our dungy earth alike
Feeds beast as man.
로마는 타이버 강물에 녹고, 질서정연한 제국의
그 넓은 문도 허물어져 버려라! 이곳은 내 세상이다.
왕국은 진흙덩이요, 이 지저분한 땅덩이는
인간은 물론 짐승들도 길러 주지 않았던가.

【 18-03 】

키스로 날려버린 왕국 Kingdoms Lost by the Kiss

『안토니와 클레오파트라』 3막 10장 7행

We have kissed away
Kingdoms and provinces.
우리는 키스로
왕국과 영토를 모두 날려버렸다.

【 18-04 】

떠나면서도 당신과 함께 여기 Fleeing Here Remain with Thee

『안토니와 클레오파트라』 1막 3장 102행

Our separation so abides and flies

That thou residing here, goes yet with me,
And I hence fleeing here remain with thee.
우리의 이별은 함께 있으면서도 헤어지는 것이다.
당신은 여기 있으면서도 또한 나와 함께 가고,
나는 여길 떠나면서도 당신과 함께 있다.

【 18-05 】

내 목숨까지도 당신 것 My Life Be Thine

『끝이 좋으면 모두 좋다』 4막 2장 52행

Here, take my ring!
My house, mine honor, yea, my life, be thine,
And I'll be bid by thee.
여기 이 반지를 받으시오.
나의 집, 나의 명예, 그래, 내 목숨까지도 당신 것이오.
그리고 당신이 시키는 대로 하겠소.

【 18-06 】

진실한 연인들 True Lovers

『당신 좋으실대로』 2막 4장 54행

We that are true lovers run into strange capers; but as all is mortal in nature, so is all nature in love mortal in folly.
진실하게 사랑하는 사람들은 모두 이상한 짓을 하죠.
세상만사 덧없듯, 사랑하면 모든 이들이 바보가 되는가 봐요.

【 18-07 】

연인을 만나면 In Lovers Meeting

『십이야』 2막 3장 43행

Journeys end in lovers meeting,
Every wise man's son doth know.
연인을 만나면 나그네 길도 끝나는 법,
모든 현명한 사람들은 다 아는 일이라네.

【 18-08 】

복수처럼 달콤한 키스 A Kiss, as Sweet as Revenge

『코리오레이너스』 5막 3장 44행

O, a kiss
Long as my exile, sweet as my revenge!
Now, by the jealous queen of heaven, that kiss
I carried from thee, dear; and my true lip
Hath virgined it ever since.
오, 키스는
유배 기간처럼 길고, 나의 복수처럼 달콤하다!
질투가 심한 천상의 왕비를 두고 맹세하오.
그때 부인과 키스하고 헤어진 후,
난 진실한 내 입술의 순결을 지켜왔소.

【 18-09 】

허황한 말잔치 A Very Fantastical Banquet

『헛소동』 2막 3장 20행

He was wont to speak plain and to the purpose (like an honest man and a soldier), and now is he turned ortography—His words are a very fantastical banquet.

전에는 그의 말투가 (정직한 사람이나 군인처럼) 솔직하고 간결했지. 그런데 지금은 수사학자로 변해버렸어. 그가 하는 말들은 정말 허황한 말 잔치 같아.

【 18-10 】

녹색 눈빛의 괴물 The Green-eyed Monster

『오셀로』 3막 3장 166행

O, beware, my lord, of jealousy;
It is the green-eyed monster which doth mock
The meat it feeds on; that cuckold lives in bliss
Who, certain of his fate, loves not his wronger;
But, O, what damned minutes tells he over
Who dotes, yet doubts, suspects, yet strongly loves!
장군님, 질투심을 경계하세요.
그건 녹색 눈빛의 괴물이고, 사람 마음을 먹이로 삼고
조롱하는 놈이죠. 오쟁이 진 남편이면서도
운명으로 체념하고 그 사람에게 미련을 갖지 않는 남자는
복 받은 사람이죠. 하지만 사랑하면서도 의심하고, 의심하면서도
열렬히 사랑하는 남자는 순간순간이 얼마나 저주스럽겠습니까?

【 18-11 】

그렇게 향기로운 게 그리도 치명적 So Sweet Was Never So Fatal

『오셀로』 5막 2장 20행

Be thus when thou art dead, and I will kill thee
And love thee after. One more, and this the last:
So sweet was never so fatal. I must weep,
But they are cruel tears: this sorrow's heavenly,
It strikes where it doth love.
죽은 후에도 그렇게 남아 있어다오. 그럼 그대를 죽이고,
영원히 그대를 사랑하리라. 한 번만 더, 이제 마지막이구나.
그렇게 향기로운 게 그리도 치명적이다니.
울지 않을 수 없구나. 그러나 이 눈물은 잔인한 눈물,
이는 신성한 슬픔. 이는 사랑하기 때문에 내리는 벌이다.

【18-12】

연인은 거미줄을 타도 A Lover May Bestride the Gossamer

『로미오와 줄리엣』 2막 6장 18행

A lover may bestride the gossamer
That idles in the wanton summer air.
여름날 바람에 살랑대는 거미줄을 타도
사랑을 하면 떨어지지 않는다.

【18-13】

마음은 그릴 수가 없어 Draw Not the Heart

『소네트』 24번 14행

Yet eyes this cunning want to grace their art,
They draw but what they see, know not the heart.
솜씨 좋은 화가의 눈이라도 작품을 더 우아하게 할 수는 없어.

화가는 보이는 것만 그릴 뿐, 알 수 없는 마음은 그릴 수가 없어.

【 18-14 】

혼돈이 다시 온다 Chaos is Come Again

『오셀로』 3막 3장 92행

Excellent wretch! Perdition catch my soul,
But I do love thee! and when I love thee not,
Chaos is come again.
귀여운 여인! 내가 만약 그대를 사랑하지 않으면
내 영혼은 지옥에 떨어져도 좋아. 그대를 사랑하지 않으면,
세상은 다시 혼돈 상태로 되돌아 갈 것이다.

【 18-15 】

거짓인줄 알면서도 Though I Know She Lies

『소네트』 138번 2행

When my love swears that she is made of truth
I do believe her, though I know she lies,
That she might think me some untutored youth,
Unlearned in the world's false subtleties.
내 연인이 진실한 사랑을 맹세할 때,
거짓인줄 알면서도 그걸 믿는 건
연인이 나를 세상의 엉큼한 거짓을 모르는
철부지 젊은이로 생각해주길 바라기 때문이다.

【 18-16 】

줄리엣은 태양이다 Juliet Is the Sun

『로미오와 줄리엣』 2막 2장 2행

But soft, what light through yonder window breaks?
It is the east, and Juliet is the sun.
Arise, fair sun, and kill the envious moon,
Who is already sick and pale with grief
That thou her maid art far more fair than she.
가만. 저기 저 창문을 터져 나오는 빛은 무엇이지?
저기가 동쪽, 그렇다면 줄리엣은 태양이다.
아름다운 태양이여, 밝게 떠올라 시샘하는 달을 죽여 다오.
달님은 이미 병들고 슬픔으로 창백하고,
달의 시녀인 그대가 달보다 한층 더 어여쁘구나.

【 18-17 】

은방울처럼 감미로운 목소리 Silver-sweet Sound

『로미오와 줄리엣』 2막 2장 165행

It is my soul that calls upon my name.
How silver-sweet sound lovers' tongues by night,
Like softest music to attending ears!
내 이름을 부르는 건 바로 내 영혼 줄리엣이야.
밤에 듣는 연인의 은방울처럼 감미로운 목소리는
참으로 달콤한 음악처럼 들리는구나.

【 18-18 】

5월의 사랑스런 꽃봉오리 The Darling Buds of May

『소네트』 18번 3행

Shall I compare thee to a summer's day?
Thou art more lovely and more temperate:
Rough winds do shake the darling buds of May,
And summer's lease hath all too short a date.
나, 그대를 여름날에 비교할까?
그대는 여름날보다 더 아름답고 더 온화하오.
거친 바람은 5월의 사랑스런 꽃봉오리를 흔들고,
여름이란 임대 기간은 너무도 짧기만 하오.

【 18-19 】

꿈에서라도 그대가 보이면 When Dreams Do Show Thee Me

『소네트』 43번 13행

All days are nights to see till I see thee,
And nights bright days when dreams do show thee me.
그대를 볼 수 있을 때까지는 낮은 밤이요,
꿈에서라도 그대가 보이면, 밤도 밝은 대낮이 된다.

【 18-20 】

실비아가 없다면 If Silvia Be Not Seen

『베로나의 두 신사』 3막 1장 174행

What light is light, if Silvia be not seen?

What joy is joy, if Silvia be not by?
실비아가 없다면 빛이 무슨 소용일까?
실비아가 곁에 없다면 기쁨이 무슨 소용일까?

【 18-21 】

필설로는 다 형언할 수 없어 To Beggar Description

『안토니와 클레오파트라』 2막 2장 198행

For her own person,
It beggared all description: she did lie
In her pavilion—cloth-of-gold of tissue—
Over-picturing that Venus where we see
The fancy outwork nature:
여왕을 두고 말하자면
필설로는 다 형언할 수 없었다.
금실을 섞어 짠 비단 차일 밑에 누워있는 여왕의 모습은
화가의 상상력이 자연의 조화를 압도한다는
저 비너스 여신상도 무색하게 했다.

【 18-22 】

연인들과 광인들 Lovers and Madmen

『한여름 밤의 꿈』 5막 1장 4행

Lovers and madmen have such seething brains,
Such shaping fantasies, that apprehend
More than cool reason ever comprehends.
The lunatic, the lover and the poet

Are of imagination all compact.
연인들과 광인들 머리는 엉뚱한 환상을 만들어내.
그들은 엉뚱한 환상을 통해
냉정한 이성으론 전혀 이해할 수 없는 일을 상상해.
광인과 연인, 그리고 시인은
상상력 덩어리로 된 사람들이야.

【 18-23 】

천 번이라도 안녕 A Thousand Times Good Night

『로미오와 줄리엣』 2막 2장 154행

JULIET: A thousand times good night!
ROMEO: A thousand times the worse, to want thy light.
  Love goes toward love, as schoolboys from their books,
  But love from love, toward school with heavy looks.
줄리엣: 그럼 천 번이라도 안녕히!
로미오: 그대의 빛을 잃어, 천 배나 더 아쉬운 밤이오.
  연인을 보러 갈 땐 수업을 마친 학생들처럼 즐겁지만,
  연인과 헤어지는 표정은 등교 길 학생들처럼 어두운 법.

【 18-24 】

이별은 그렇게도 달콤한 슬픔 Parting Is Such Sweet Sorrow

『로미오와 줄리엣』 2막 2장 184행

JULIET: 'Tis almost morning; I would have thee gone—
  And yet no further than a wanton's bird,
  Who lets it hop a little from her hand,

Like a poor prisoner in his twisted gyves,
And with a silk thread plucks it back again,
So loving-jealous of his liberty.
ROMEO: I would I were thy bird.
JULIET: Sweet, so would I,
Yet I should kill thee with much cherishing.
Good night, good night! parting is such sweet sorrow,
That I shall say good night till it be morrow.
줄리엣: 벌써 날이 새고 있군요. 이제 돌아가셔야죠.
하지만 장난꾸러기가 잡고 있는 새보다 멀리 가진 마세요.
장난꾸러기는 손에서 새를 좀 풀어 놓았다가도
새의 자유가 너무나 샘이 나서
마치 사슬에 얽힌 불쌍한 죄수처럼
얽어 매인 새의 비단실을 다시 잡아당긴다고 하죠.
로미오: 나도 그런 새가 되고 싶소.
줄리엣: 로미오 님, 저도 그랬으면 좋겠어요.
하지만 애지중지하다가 당신을 죽일까 두려워요.
안녕, 안녕! 이별이란 그렇게도 감미로운 슬픔,
그러니 날이 샐 때까지 안녕이란 말을 계속 하겠어요.

【 18-25 】

그대는 왜 로미오인가요? Wherefore Art Thou Romeo?

『로미오와 줄리엣』 2막 2장 33행

O Romeo, Romeo! wherefore art thou Romeo?
Deny thy father and refuse thy name;
Or, if thou wilt not, be but sworn my love,

And I'll no longer be a Capulet.
오, 로미오, 로미오! 그대는 왜 로미오인가요?
그대 아버질 부정하고 그 이름을 버리세요.
그게 어렵다면, 절 사랑한다고 맹세해 주세요.
그럼 저도 캐플릿 가문의 이름을 버리겠어요.

【 18-26 】

당신이 춤을 추면 When You Do Dance

『겨울 이야기』 4막 4장 140행

When you do dance, I wish you
A wave of the sea, that you might ever do
Nothing but that.
당신이 춤을 추면, 난 당신이
바다의 파도라면 좋겠다고 바라고 있죠.
파도라면 영원히 춤만 추고 있을 테니까요.

【 18-27 】

희망은 연인이 의지하는 지팡이 Hope Is a Lover's Staff

『베로나의 두 신사』 3막 1장 248행

Cease to lament for that thou canst not help,
And study help for that which thou lamentest.
Time is the nurse and breeder of all good.
Here if thou stay, thou canst not see thy love;
Besides, thy staying will abridge thy life.
Hope is a lover's staff; walk hence with that

And manage it against despairing thoughts.
어쩔 수 없는 일을 한탄하지 말고,
그대가 한탄하는 일을 완화시킬 방안을 강구하게.
시간은 모든 좋은 것들의 유모요 양육자지.
여기 머문다고 애인을 만날 수 있는 것도 아니고,
게다가 지체하면 자네 생명이 짧아지네.
희망은 연인이 의지하는 지팡이야. 그 지팡이를 짚고
이곳을 떠나서, 절망적인 생각을 극복하도록 하게.

【 18-28 】

질투심으로 미친 미련한 바보들

Fond Fools, Who Serve Mad Jealousy

『실수연발』 2막 1장 116행

ADRIANA: Since that my beauty cannot please his eye,
I'll weep what's left away, and weeping die.
LUCIANA: How many fond fools serve mad jealousy!
애드리아나: 내 미모가 그분 눈을 즐겁게 해드릴 수 없으니,
이제 난 울면서 남은 세월을 보내고, 울다가 죽어버려야겠다.
루시아나: 질투심으로 미칠 지경이 된 미련한 바보들이 얼마나 될까?

【 18-29 】

이유가 있어 질투하는 게 아니다

They Are Not Ever Jealous for the Cause

『오셀로』 3막 4장 159행

But jealous souls will not be answered so;

They are not ever jealous for the cause,
But jealous for they are jealous: 'tis a monster
Begot upon itself, born on itself.
하지만 질투하는 사람에게 그런 말은 소용없을 겁니다.
분명한 이유가 있어 질투하는 게 아니거든요.
질투하는 천성이라 질투하는 것이지요.
질투란 저절로 잉태되고 스스로 태어나는 괴물이기 때문이죠.

【 18-30 】

질투에 찬 여인의 독기서린 소리

The Venom Clamours of a Jealous Woman

『실수연발』 5막 1장 69행

The venom clamours of a jealous woman
Poisons more deadly than a mad dog's tooth.
It seems his sleeps were hindered by thy railing,
And therefore comes it that his head is light.
질투에 가득 찬 여인의 독기 찬 소리는
미친개의 이빨보다 더 치명적인 독을 품고 있습니다.
부인의 욕설 때문에 그 사람은 잠도 자지 못한 것 같고,
그래서 머리가 혼미해진 듯합니다.

19 | 남성과 여성

【 19-01 】

봄철의 새싹들 The Infants of the Spring

『햄릿』 1막 3장 39행

The canker galls the infants of the spring,
Too oft before their buttons be disclosed,
And in the morn and liquid dew of youth
Contagious blastments are most imminent.
Be wary then; best safety lies in fear:
Youth to itself rebels, though none else near.
장미꽃 벌레는 봄철의 새싹들을, 그 꽃봉오리가 피기도 전에,
갉아 먹어버리는 일들이 비일비재하고,
초목을 말려 죽이는 독기는 청춘의 이슬 서린 아침녘에
가장 심한 법이다. 그러니 조심해라.
최상의 방책은 그걸 두려워하는 것이다. 젊은이의 열정이란
가까이서 유혹하지 않아도 스스로를 배반하기 때문이다.

【 19-02 】

여인은 장미꽃과 같다 Woman Are As Roses

『십이야』 2막 4장 38행

Woman are as roses, whose fair flower,
Being once displayed, doth fall that very hour.
여인은 장미꽃과 같다. 그 아름다운 꽃은

한번 피면, 바로 그 시간에 지게 된다.

【 19-03 】

풋내기 시절 Salad Days

『안토니와 클레오파트라』 1막 5장 73행

My salad days,
When I was green in judgment, cold in blood,
To say as I said then!
그런 말을 한 시절은
풋내기 시절이었지.
판단은 미숙하고 피는 싸늘한 시절이었지.

【 19-04 】

음탕한 창녀에게 제국을 His Empire up to a Whore

『안토니와 클레오파트라』 3막 6장 66행

He hath given his empire
Up to a whore.
그는 자신의 제국을
한 음탕한 창녀에게 줘버렸다.

【 19-05 】

여자의 생각 A Woman's Thought

『당신 좋으실대로』 4막 1장 140행

There's a girl goes before the priest, and certainly a woman's thought runs before her actions.

이건 신부가 목사님보다 앞질러 가는 것이야. 그러나 여자의 생각은 항상 행동에 앞서는 법이지.

【19-06】

여성, 깨지기 쉬운 그릇 Women, the Weaker Vessels

『로미오와 줄리엣』 1막 1장 16행

GREGORY: For the weakest goes to the wall.

SAMPSON: 'Tis true; and therefore women, being the weaker vessels, are ever thrust to the wall: therefore I will push Montague's men from the wall, and thrust his maids to the wall.

그레고리: 약한 자일수록 담 쪽에 붙는 법.

샘 슨: 맞아. 그래서 깨지기 쉬운 그릇인 여자들이 항상 담 쪽으로 밀려나게 마련인 거야. 그래서 난 그 집 사내놈들은 담에서 끌어내고 처녀들은 담 쪽으로 밀어붙일 생각이야.

【19-07】

즐거운 형벌 The Pleasing Punishment

『실수연발』 1막 1장 46행

(Almost at fainting under
The pleasing punishment that women bear,)
Had made provision for her following me
And soon and safe arrived where I was.
There had she not been long, but she became
A joyful mother of two goodly sons;

(그녀는 여성들이 피할 수 없는
즐거운 형벌 때문에 기진맥진한 상태에서)
출산을 대비하여 짐을 꾸려 저를 따라 와서
곧 제가 있는 곳에 도착했습니다.
얼마 되지 않아 그녀는 즐겁게도
멋진 두 옥동자의 어머니가 되었습니다.

【 19-08 】

여성의 몫 The Woman's Part

『심벨린』 2막 5장 20행

Could I find out
The woman's part in me—for there's no motion
That tends to vice in man, but I affirm
It is the woman's part: be it lying, note it,
The woman's; flattering, hers; deceiving, hers;
Lust and rank thoughts, hers, hers; revenges, hers;
Ambitions, covetings, change of prides, disdain,
Nice longing, slanders, mutability,
All faults that may be named, nay, that hell knows,
Why, hers, in part or all; but rather, all;
For even to vice
They are not constant but are changing still.
내 몸 어디까지가 여성으로부터 물려받은 것일까?
남성에게 악덕을 범할 기미는 없어. 악덕이란 틀림없이
여성의 몫이야. 거짓말하는 건 여자의 몫이지.
아첨하고, 속이는 것도 여자의 일이고,

음욕도 여자의 몫이고 천한 생각도 여자의 몫이지.
복수심 그것도 여자의 몫이야.
야심, 탐욕, 이런 저런 자만심, 사람을 멸시하는 습성,
탐욕스런 물욕, 중상모략, 변덕스런 마음,
이런 저런 결함들, 아니, 지옥이 알고 있는 모든 잘못은
일부분이든 전부든, 아니 전부 다 여자의 몫이야.
그 악덕조차도 계속 갖고 있는 것이 아니라
시도 때도 없이 바꾸는 자들이 여자들이야.

【 19-09 】

남성들의 맹세 Men's Vows

『심벨린』 3막 4장 54행

Men's vows are women's traitors! All good seeming,
By thy revolt, O husband, shall be thought
Put on for villany.
남성들의 맹세는 여성들에 대한 배반이야! 아, 남편이여.
당신의 배신으로 인해 이제부터 아름다운 외관은 모두
나쁜 짓을 하기 위해 덮어쓴 것이라고 생각하게 될 겁니다.

【 19-10 】

약한 자여, 그대 이름은 여자니라! Frailty, Thy Name Is Woman!

『햄릿』 1막 2장 146행

Heaven and earth!
Must I remember? why, she would hang on him,
As if increase of appetite had grown

By what it fed on: and yet, within a month—
Let me not think on't—Frailty, thy name is woman!
천지신명이시여! 내가 이런 것까지 기억해야 하나요?
사랑을 받아먹으면 먹을수록 갈증이 더 커지듯
어머니는 아버님께 찰싹 매달리곤 했지.
그런데 한 달도 채 못 되어……
생각하지 말아야지. 약한 자여! 그대 이름은 여자니라.

【 19-11 】

정숙한 처녀 The Chariest Maid

『햄릿』 1막 3장 36행

The chariest maid is prodigal enough
If she unmask her beauty to the moon.
정숙한 처녀는, 자신의 미모를
달님 앞에 노출시키는 것조차 부끄러워한다.

【 19-12 】

환락의 앵초꽃 핀 길 The Primrose Path of Dalliance

『햄릿』 1막 3장 50행

But, good my brother,
Do not, as some ungracious pastors do,
Show me the steep and thorny way to heaven;
Whiles, like a puffed and reckless libertine,
Himself the primrose path of dalliance treads,
And recks not his own rede.

하지만 오라버니,
부덕한 목사님이 그러하듯,
저에겐 천국으로 가는 가시밭길을 안내하고,
자신은 의기양양한 방탕아처럼,
환락의 앵초꽃 핀 길을 누비면서, 자신이 한 충고조차
거들떠보지 않는 그런 행동은 삼가세요.

【19-13】

천상의 잠자리에 식상하여 Sate Itself in a Celestial Bed

『햄릿』 1막 5장 56행

But virtue, as it never will be moved,
Though lewdness court it in a shape of heaven,
So lust, though to a radiant angel linked,
Will sate itself in a celestial bed
And prey on garbage.
정숙한 여인은 결코 마음이 흔들리지 않는다.
비록 음탕한 자가 천사의 모습으로 유혹할지라도……
그러나 음탕한 여인은 천상의 잠자리에 식상하여
쓰레기더미를 뒤지는 법이지.
비록 눈부신 천사와 짝 지워진다고 해도……

【19-14】

수녀원으로 가시오! Get Thee to a Nunnery!

『햄릿』 3막 1장 120행

HAMLET: You should not have believed me; for virtue

cannot so inoculate our old stock but we shall relish of it. I loved you not.

OPHELIA: I was the more deceived.

HAMLET: Get thee to a nunn'ry, why woulds't thou be a breeder of sinners?

햄 릿: 날 믿지 말아야 했소. 아무리 낡은 나무둥치에다 미덕이란 새 가질 접붙인다 한들, 그 본바탕은 남아 있기 마련 아니겠소? 난 그대를 사랑하지 않았소.

오필리어: 그렇다면 전 그만큼 더 속은 것이죠.

햄 릿: 수녀원으로 가시오. 뭐 때문에 그대는 죄 많은 인간을 낳으려고 하시오.

【 19-15 】

분칠로 딴 얼굴을 만들어 You Make Yourselves Another

『햄릿』 3막 1장 153행

I have heard of your paintings, well enough. God hath given you one face, and you make yourselves another. You jig, you amble, and you lisp, and nick-name God's creatures and make your wantonness your ignorance.

난 여자들의 분칠에 대해 잘 알고 있지. 당신들은 하느님이 주신 얼굴에 분칠을 해 아주 딴 얼굴로 만들어버려. 춤추듯 엉덩일 흔들며 느릿느릿 걷고, 혀짤배기소리나 내고, 하느님의 창조물에 별명이나 붙이고, 당신들의 음탕한 짓을 순진해서 그리 되었다고 변명을 하지.

【 19-16 】

여성은 허약한 배 Woman, the Weaker Vessel

『헨리 4세 2부』 2막 4장 60행

You are the weaker vessel, as they say, the emptier vessel.
당신은 허약한 배다. 말하자면, 정말 텅 빈 배다.

【 19-17 】

끝없는 변덕 Infinite Variety

『안토니와 클레오파트라』 2막 2장 235행

Age cannot wither her, nor custom stale
Her infinite variety: other women cloy
The appetites they feed: but she makes hungry
Where most she satisfies.
그녀는 나이가 들어도 시들지 않고, 끝없이 변덕을 부리니
언제 보아도 지루하지 않아요. 다른 여인들은
자신들이 채워주는 욕망을 물리게 하지만,
그녀는 만족을 느낀 그 순간 도리어 허기를 느끼게 만들죠.

【 19-18 】

여자의 눈처럼 아름다운 것 Such Beauty As Woman's Eye

『사랑의 헛수고』 4막 3장 309행

For where is any author in the world
Teaches such beauty as woman's eye?
여자의 눈처럼 아름다운 것을 가르칠 수 있는 작가가
이 세상 어디에 있단 말입니까?

【 19-19 】

의심은 아름다움의 장식 The Ornament of Beauty Is Suspect

『소네트』 70번 3행

The ornament of beauty is suspect,
A crow that flies in heaven's sweetest air.
의심은 아름다움의 장식이다.
하늘의 가장 상쾌한 바람결을 나는 까마귀다.

【 19-20 】

콧대 센 아가씨 Lady Disdain

『헛소동』 1막 1장 118행

What, my dear Lady Disdain! are you yet living?
콧대 센 아가씨 아닌가! 아직 살아 계시군요.

【 19-21 】

용감한 흙덩이 Valiant Dust

『헛소동』 2막 1장 61행

Not till God make men of some other metal than earth. Would it not grieve a woman to be overmastered with a pierce of valiant dust? to make an account of her life to a clod of wayward marl? No, uncle, I'll none: Adam's sons are my brethren; and, truly, I hold it a sin to match in my kindred.
하나님이 흙 아닌 다른 것으로 남자를 만들지 않는 한 그럴 리가 없어요. 여성이 용감한 흙덩이에게 지배당한다는 건 기막힌 일이 아닌가요? 고집 센 흙덩이에게 제 평생을 바치라고요? 싫어요, 숙부님. 전 절대 결혼하지 않겠어요. 아담의 자손들은 모두가 제 형제자매이니, 피붙이끼리 결혼하는 건 죄라고 생각해요.

【 19-22 】

더 이상 슬퍼하지 말아요 Sigh No More

『헛소동』 2막 3장 62행

Sigh no more, ladies, sigh no more
Men were deceivers ever,
One foot in sea and one on shore,
To one thing constant never:
Then sigh not so, but let them go,
And be you blithe and bonny,
Converting all your sounds of woe
Into Hey nonny, nonny.
슬퍼 말아요, 아가씨들, 더 이상 슬퍼하지 말아요.
남자들은 항상 사기꾼,
한 발은 바다에 또 한 발은 뭍에 걸치고,
정절이란 눈곱만큼도 없는 사람들.
그러니 슬퍼하지 말고 그들을 놓아주세요.
즐겁게 노래나 하고,
모든 비탄의 소릴랑 그만두고,
즐겁게 헤이 노니 노니.

【 19-23 】

가장 더럽고, 가장 아름다운 존재 Most Foul, Most Fair

『헛소동』 4막 1장 104행

But fare thee well, most foul, most fair! farewell,
Thou pure impiety, and impious purity!
하지만 이젠 작별이다. 가장 더럽고, 가장 아름다운 존재! 작별이다.
순결한 부정, 부정한 순결!

【 19-24 】
아름답지만 거만하지 않고 Ever Fair and Never Proud
『오셀로』 2막 1장 148행

She that was ever fair and never proud,
Had tongue at will and yet was never loud,
Never lacked gold and yet said "Now I may."
아름답지만 거만하지 않고,
말은 잘 하되 떠벌리지 않고,
돈이 넉넉해도 사치스럽지 않고, 겸손하게 행동하는 여자.

【 19-25 】
여자나 걸터타는 법 Women Are Made to Bear
『말괄량이 길들이기』 2막 1장 200행

KATHERINA: Asses are made to bear, and so are you.
PETRUCHIO: Women are made to bear, and so are you.
캐서리나: 당나귀에나 걸터타고 앉는 법이고, 당신도 그와 같아.
페트루치오: 여자나 걸터타는 법이고, 당신도 그와 같아.

【 19-26 】

그녀는 진주 She Is a Pearl

『트로일러스와 크레시다』 2막 2장 81행

She is a pearl,
Whose price hath launched above a thousand ships,
And turned crowned kings to merchants.
그녀는 진주입니다.
그녀의 가치는 군함 일천 대를 진수시키고
왕관을 쓴 제왕들을 장사꾼으로 만들어버렸죠.

【 19-27 】

분칠한 미인 A Painted Beauty

『소네트』 21번 2행

So is it not with me as with that Muse
Stirred by a painted beauty to his verse
나는 분칠한 미인에 자극되어 시를 쓰는
그런 시인과는 다른 사람이다.

【 19-28 】

정절과 미모가 짝을 이루면 Honesty Coupled to Beauty

『당신 좋으실대로』 3막 3장 30행

Honesty coupled to beauty is to have a sauce to sugar.
정절과 미모가 짝을 이루면 설탕물에 꿀을 탄 격이지.

【 19-29 】

속세에 두기엔 너무 귀한 For Earth Too Dear

『로미오와 줄리엣』 1막 5장 47행

O! she doth teach the torches to burn bright!
It seems she hangs upon the cheek of night
As a rich jewel in an Ethiop's ear—
Beauty too rich for use, for earth too dear!
그녀는 횃불에게 더 밝게 타오르는 법을 가르쳐 주고 있어.
밤의 뺨에 매달린 그녀의 모습은
에티오피아 흑인 여인의 귀에 달린 값진 보석 같구나.
쓰자니 너무 값지고, 속세에 두기엔 너무 귀하고 아름답구나!

【 19-30 】

아름다움은 웅변의 도움 없이도 Beauty, Without an Orator

『루크리스의 능욕』 29행

Beauty itself doth of itself persuade
The eyes of men without an orator.
아름다움은 웅변의 도움 없이도
그 자체로 사람의 눈을 매혹한다.

【 19-31 】

구애 대상이 되는 To Be Wooed

『헨리 6세 1부』 5막 3장 78행

SUFFOLK: [Aside] She's beautiful; and therefore to be wooed:

She is a woman; therefore to be won.
MARGARET: Wilt thou accept of ransom? yea or no.
서포크: [방백] 그녀는 아름다워서 구애의 대상이 되는 건 당연해.
그녀는 여자다. 그러니 설득되지 않을 리가 없어.
마가렛: 몸값을 받겠다는 건지, 아니라는 건지를 모르겠네요.

【 19-32 】

여성들의 부인은 부정이 아니다
A Woman's Nay Doth Stand for Nought

『열정적인 순례자』 18연 42행

The wiles and guiles that women work,
Dissembled with an outward show,
The tricks and toys that in them lurk,
The cock that treads them shall not know.
Have you not heard it said full oft,
A woman's nay doth stand for nought?
가면을 덮어쓰고 돌아다니며
여자들이 벌이는 농간이나 약은 수작,
그리고 여성들 속에 숨겨진 잔꾀나 변덕 등을
그들을 짓밟고 돌아다니는 수탉이 알 필요는 없소.
여성들의 부인은 부정을 의미하지 않음을
당신은 너무나도 자주 들어오지 않았소?

【 19-33 】

남자들은 꼭 위장 같고 Men Are All But Stomachs

『오셀로』 3막 4장 103행

Tis not a year or two shows us a man:
They are all but stomachs, and we all but food;
To eat us hungerly, and when they are full,
They belch us.
남자들 마음은 한 두 해를 겪고서는 모른답니다.
남자들은 꼭 위장 같고, 우리 여자들은 음식 같죠.
남자들이란 걸신들린 것처럼 여자들을 먹어치우고,
배가 부르면 내 뱉어 버린답니다.

【 19-34 】

감히 타인을 믿다니 Men Dare Trust Themselves With Men

『아테네의 타이몬』 1막 2장 43행

I wonder men dare trust themselves with men: Methinks they should invite them without knives; Good for their meat, and safer for their lives. There's much example for't; the fellow that sits next him now, parts bread with him, pledges the breath of him in a divided draught, is the readiest man to kill him: 't has been proved. If I were a huge man, I should fear to drink at meals.
사람들이 감히 타인을 믿다니 놀랍다. 사람을 초대할 때 식탁용 칼은 가져오지 말라고 해야겠군. 고기도 덜 축나고, 생명도 더 안전할 테니. 그런 예는 얼마든지 있어. 그 옆에 앉아 지금 빵을 나눠먹고, 술잔을 돌려 마시며 생명을 지켜주겠다고 맹세하는 저 사람이 제일 먼저 그를 죽일 놈이다. 그건 명백히 밝혀진 일이야. 내가 위대한 인물이라면 식사할 때 술 마시는 걸 두려워할 거다.

【 19-35 】

여성의 재치에 문을 달아 보라 Make the Doors Upon a Woman's Wit

『당신 좋으실대로』 4막 1장 161행

The wiser, the waywarder: make the doors upon a woman's wit and it will out at the casement; shut that and 'twill out at the key-hole; stop that, 'twill fly with the smoke out at the chimney.

현명한 여자일수록 변덕이 심해요. 여성의 재치에 문을 달아 보세요. 그럼 창으로 뛰어나올 겁니다. 창문을 닫으면 자물쇠 구멍으로 빠져나올 겁니다. 그걸 막으면, 연기와 함께 굴뚝으로 빠져 나올 겁니다.

【 19-36 】

키스가 잠자리의 기쁨 전부라면 Were Kisses All the Joys in Bed

『열정적인 순례자』 18번 47행

Think women still to strive with men,
To sin and never for to saint:
There is no heaven, by holy then,
When time with age doth them attaint.
Were kisses all the joys in bed,
One woman would another wed.
생각해보니 여자는 여전히 남자와 경쟁하고,
죄를 범하고, 성자 같은 생활은 외면하고 있소.
그럼 거룩한 천국이란 존재하지도 않고,
노년의 삶은 오욕일 뿐이오.
키스가 잠자리의 기쁨 전부라면
또 결혼하려는 여자가 어디 있겠소?

【 19-37 】

수염 있는 남자라면 He That Hath a Beard

『헛소동』 2막 1장 37행

What should I do with him? dress him in my apparel and make him my waiting-gentlewoman? He that hath a beard is more than a youth, and he that hath no beard is less than a man: and he that is more than a youth is not for me, and he that is less than a man, I am not for him.
그런 사람을 뭣에 쓰게요? 제 옷을 입혀 잔심부름이나 부려먹을까요? 수염 있는 남자라면 젊다고 할 수 없고, 수염이 없는 남자라면 어른이라고 할 수 없죠. 늙은 남자여서는 내게 맞지 않고, 젊은 남자여서는 내가 그 쪽에 맞지 않아요.

20 | 결혼과 부부

【 20-01 】

남편이 그대를 대하듯 As He Uses Thee

『끝이 좋으면 모두 좋다』 1막 1장 214행

When thou hast leisure, say thy prayers; when thou hast
none, remember thy friends; get thee a good husband,
and use him as he uses thee.
여가가 있거든 기도를 하시오. 아무도 없거든
친구 생각을 하시오. 좋은 남편을 얻어
남편이 그대를 대하듯 남편을 대하시오.

【 20-02 】

남편은 느릅나무 A Husband, an Elm

『실수연발』 2막 2장 174행

Thou art an elm, my husband, I vine,
Whose weakness, married to thy [stronger] state,
Makes me with thy strength to communicate:
남편인 당신은 느릅나무요, 저는 덩굴입니다.
저는 약한 몸이지만 강한 당신과 결혼하면,
당신의 힘이 저에게 통하게 됩니다.

【 20-03 】

남편으로 둔 Being so Husbanded

『줄리어스 시저』 2막 1장 297행

Think you I am no stronger than my sex,
Being so fathered and so husbanded?
그런 아버님이 계셨고, 당신 같은 남편이 있는 저를
보통 아낙네들처럼 약하다고 생각하시는 건가요?

【 20-04 】

사랑의 강한 끈 Strong Knots of Love

『맥베스』 4막 3장 27행

Wife and child,
Those precious motives, those strong knots of love.
아내와 자식은

사랑의 원천이며, 사랑의 강한 끈이다.

【 20-05 】

아내를 얻는 건 팔자소관 Wiving Goes by Destiny

『베니스의 상인』 2막 9장 82행

The ancient saying is no heresy,
Hanging and wiving goes by destiny.
옛말 하나 그른 것이 없어요.
교수형을 당하는 일과 아내를 얻는 건 팔자소관이라고 하죠.

【 20-06 】

경박한 아내 A Light Wife

『베니스의 상인』 5막 1장 130행

Let me give light, but let me not be light,
For a light wife doth make a heavy husband
절 태양처럼 빛나게 만드시되, 가벼운 여자가 되지 않게 하소서.
경박한 아내는 남편을 침울하게 만드니까요.

【 20-07 】

머리에 뿔을 단 사람 One Tipped With Horn

『헛소동』 5막 4장 123행

Prince, thou art sad, get thee a wife, get thee a wife.
There is no staff more reverend than one tipped with horn.
영주님, 당신은 슬픔에 젖어 있소. 아내를 맞이하세요, 아내를.

머리에 뿔을 단 사람보다 더 존경받는 사람은 없답니다.

【 20-08 】

내 것의 주인 Master of What Is Mine Own

『말괄량이 길들이기』 3막 2장 229행

I will be master of what is mine own.
She is my goods, my chattels, she is my house.
나는 내 것의 주인이 될 것이다.
이 여자는 내 소유물이고, 가재도구요, 내 집이다.

【 20-09 】

친절로 아내를 잡는 방법 To Kill a Wife with Kindness

『말괄량이 길들이기』 4막 1장 208행

And if she chance to nod I'll raid and brawl,
And with the clamour keep her still awake,
This is a way to kill a wife with kindness,
And thus I'll curb her mad and headstrong humor.
그녀가 졸면 고함을 지르고 아우성치며
시끄러워 잠에 들지 못하게 만드는 거야.
이게 바로 친절로 아내를 잡는 방법이지.
이렇게 난 저 미치광이의 옹고집을 바로 잡겠어.

【 20-10 】

남편은 당신의 주인 Thy Husband Is Thy Lord

『말괄량이 길들이기』 5막 2장 146행

A woman moved is like a fountain troubled,
Muddy, ill-seeming, thick, bereft of beauty,
And while it is so, none so dry or thirsty
Will deign to sip or touch one drop of it.
Thy husband is thy lord, thy life, thy keeper,
Thy head thy sovereign;
성난 여인은 흐린 샘물과 같아요.
흙탕물로 더럽혀지고 혼탁해져서 아름다움은 사라지죠.
그렇게 되면 아무리 목이 마르더라도
그 샘물에 입을 대고 물 한 모금 마시려는 남자는 없을 겁니다.
그대 남편은 그대의 주인이고, 생명이자 보호자이며,
그대의 머리요 그대의 군주랍니다.

【 20-11 】

가까운 채무 관계 Nearer Debt

『트로일러스와 크레시다』 2막 2장 175행

Nature craves
All dues be rendered to their owners: now,
What nearer debt in all humanity
Than wife is to the husband?
자연은 모든 것을
정당한 소유주에게 돌려주길 요구한다.
그런데 인간에게 있어 아내와 남편처럼
가까운 채무 관계에 있는 게 무엇이 있겠나?

【 20-12 】

남편과 아내는 일심동체 Man And Wife Is One Flesh

『햄릿』 4막 3장 52행

My mother: father and mother is man and wife; man and wife is one flesh; and so, my mother. Come, for England!

어머니라니까요. 아버지와 어머니는 남편과 아내이고 , 남편과 아내는 일심동체. 그러니 어머니죠. 자, 이제 영국으로 가자!

【 20-13 】

거대한 돌풍 Extreme Gusts

『말괄량이 길들이기』 2막 1장 135행

Though little fire grows great with little wind,
Yet extreme gusts will blow out fire and all.
So I to her and so she yields to me.
작은 불은 작은 바람으로도 크게 번지지만
거대한 돌풍은 불이고 무엇이고 모든 걸 날려버린다.
난 그녀에게 거대한 돌풍이니 내게 굴복하고 말거야.

【 20-14 】

결혼한 젊은이는 A Young Man Married

『끝이 좋으면 모두 좋다』 2막 3장 298행

A young man married is a men that's marred.
Therefore away, and leave her bravely.
결혼한 젊은이는 망가진 인간이죠.

그러니 용감하게 그녀를 떠나세요.

【 20-15 】

성급한 결혼 Hasty Marriage

『헨리 6세 3부』 4막 1장 18행

And shall have your will, because our king.
Yet hasty marriage seldom proveth well.
저희 왕이시니 그 뜻을 따르죠.
하지만 성급한 결혼은 잘 되는 일이 드물답니다.

【 20-16 】

축복받은 사람의 나머지 반 The Half Part of a Blessed Man

『존 왕』 2막 1장 440행

He is the half part of a blessed man,
Left to be finished by such as she,
And she a fair divided excellence,
Whose fullness of perfection lies in him.
왕자님은 축복받은 분의 나머지 반이시고,
공주님 같은 분에 의해 나머지 반이 완성될 수 있습니다.
공주님 또한 아름다운 반쪽으로 남은 훌륭한 분이지만
왕자님에 의해 완성될 반쪽입니다.

【 20-17 】

결혼은 느긋하게 To Wed at Leisure

『말괄량이 길들이기』 3막 2장 11행

A mad-brain rudesby full of spleen,
Who wooed in haste and means to wed at leisure.
심술궂고 앞뒤 생각 없는 무례한 자,
구혼은 성급하게, 결혼은 느긋하게 생각 하는 자.

【 20-18 】

교수형 덕택에 For a Good Hanging

『십이야』 1막 5장 19행

Many a good hanging prevents a bad marriage.
수많은 교수형 덕택에 나쁜 여자와 결혼하는 걸 면할 수 있지.

【 20-19 】

절약이야, 절약, 호레이쇼 Thrift, Thrift, Horatio

『햄릿』 1막 2장 180행

HAMLET: I pray thee, do not mock me, fellow-student;
I think it was to see my mother's wedding.
HORATIO: Indeed, my lord, it followed hard upon.
HAMLET: Thrift, thrift, Horatio! the funeral baked meats
Did coldly furnish forth the marriage tables.
햄 릿: 제발 날 놀리지 말게, 우린 동학이 아닌가?
내겐 자네가 어머니의 결혼식을 보려고 온 것 같은데.
호레이쇼: 하긴 왕자님, 결혼식이 잇달아 있었죠.
햄 릿: 호레이쇼, 그게 바로 절약이야, 절약. 초상집 음식이
식을만하니, 그걸 다시 혼인 잔칫상에 차려 놓지 않겠나?

【 20-20 】

이상한 구애 Strange Woo

『리처드 3세』 1막 2장 227행

Was ever woman in this humour wooed?
Was ever woman in this humor won?
이런 방식으로 구애를 받은 여자가 있었을까?
이런 방식으로 넘어간 여자도 있었을까?

【 20-21 】

유난히 밝은 별 하나 A Bright Particular Star

『끝이 좋으면 모두 좋다』 1막 1장 86행

'Twere all one
That I should love a bright particular star,
And think to wed it, he is so above me.
나와는 비할 데 없이 높은
그분을 연모하며 결혼하려는 것은
유난히 밝은 별 하나를 사랑하는 것과 같다.

【 20-22 】

남성들이 구애할 때는 춘 사월 Men Are April When They Woo

『당신 좋으실대로』 4막 1장 146행

Men are April when they woo, December when they wed. Maids are May when they are maids, but the sky changes when they are wives.
남성들이 구애할 때는 춘 사월이죠. 결혼하면 십이월. 처녀들의 세월은 마냥 오월입니다. 그러나 아낙네가 되면 하늘 색깔이 변하죠.

【 20-23 】

진실한 영혼들의 결혼 The Marriage of True Minds

『소네트』 116번 1행

Let me not to the marriage of true minds
Admit impediments. Love is not love
Which alters when it alteration finds,
Or bends with the remover to remove:
O no! it is an ever-fixed mark
That looks on tempests and is never shaken;
It is the star to every wandering bark,
Whose worth's unknown, although his height be taken.
진실한 영혼들의 결혼을 방해하지마라.
변화가 생길 때 변하고
이 사람 저 사람을 옮겨 다니는 사랑은
더 이상 사랑이 아니다.
아, 아니다! 사랑은 폭풍을 겪고도
동요하지 않는 영원히 변치 않는 표상이다.
사랑은 모든 방황하는 배를 인도하는 북극성과 같아서
그 높이를 측정할 순 있어도 그 진가는 측량할 수 없다.

【 20-24 】

당신 것은 내 것 What Is Yours Is Mine

『자에는 자로』 5막 1장 535행

I have a motion much imports your good;
Whereto if you'll a willing ear incline,
What's mind is yours, and what is yours is mine.
당신이 응해 준다면, 당신에게 이로울 일
한 가지를 의논할 것이 있소
내 것은 당신 것, 당신 것은 내 것이 되는 일이오.

【 20-25 】

구애를 받을 순 있어도 We Should Be Wooed

『한여름 밤의 꿈』 2막 1장 242행

We cannot fight for love, as men may do.
We should be wooed, and were not made to woo
우리는 남성들처럼 사랑에 도전할 수 없지요.
구애를 받을 순 있어도 구애를 할 수는 없죠.

【 20-26 】

결혼해 주신다면 If You Will Marry Me

『폭풍우』 3막 1장 83행

I am your wife, if you will marry me;
If not, I'll die your maid. To be your fellow
You may deny me, but I'll be your servant,
Whether you will or no.
저와 결혼해 주신다면 당신의 아내가 되겠어요.
아니라면 죽을 때까지 당신의 하녀가 되겠어요.
거절하신다고 해도 당신의 여자가 되겠어요.

거절하시든 받아들이시든 전 당신의 종이 되겠어요.

【 20-27 】

사랑을 이룬 남자는 명령하고 Achievement Is Command

『트로일러스와 크레시다』 1막 2장 293행

Women are angels, wooing:
Things won are done, joy's soul lies in the doing.
That she beloved knows nought that knows not this:
Men prize the thing ungained more than it is. [. . .]
Achievement is command; ungained, beseech:
Then though my heart's content firm love doth bear,
Nothing of that shall from mine eyes appear.
여성은 구애를 받는 동안 천사지만,
구애를 받아들이면 그걸로 그만. 기쁨은 구애하는 동안 뿐.
사랑을 받고 있는 여자가 이걸 모르면 바보지.
남자들은 손에 넣지 못한 걸 더 소중하게 생각하니까. [. . .]
사랑을 이룬 남자는 명령하고 얻지 못한 남자는 애원하지.
그러니 내 마음에 변치 않는 사랑을 품고 있어도
내 눈에 그것이 조금도 드러나지 않도록 해야겠어.

【 20-28 】

저주스런 결혼 Curse of Marriage

『오셀로』 3막 3장 270행

O curse of marriage,
That we can call these delicate creatures ours,

And not their appetites! I had rather be a toad,
And live upon the vapour of a dungeon,
Than keep a corner in the thing I love
For others' uses.
아 저주스런 결혼이여!
아름다운 여자를 제 것이라고 큰소리치지만
그 욕정까지 제 것으로 만들 순 없단 말인가!
사랑하는 여자를 남들이 마음대로 손대게 하고,
자신은 두꺼비가 되어 한 귀퉁이만을 지키며 처량하게 사느니,
차라리 토굴 속에서 습기나 마시며 사는 것이 낫겠다.

【 20-29 】

결혼하고 젊어서 죽는 것 That Dies Married Young

『로미오와 줄리엣』 4막 5장 77행

O, in this love, you love your child so ill,
That you run mad, seeing that she is well:
She's not well married that lives married long;
But she's best married that dies married young.
아! 자식에 대한 당신 애정은 잘못된 애정입니다.
딸이 잘된 걸 보고도 그렇게 미친 듯이 슬퍼하다니.
결혼해서 오래 사는 여자가 결혼을 잘 한 것이 아니라
결혼하고 젊어서 죽는 여자가 결혼을 제일 잘 한 겁니다.

【 20-30 】

개가를 하겠다는 건 The Instances That Second Marriage Move

『햄 릿』 3막 2장 182행

The instances that second marriage move
Are base respects of thrift, but none of love:
A second time I kill my husband dead,
When second husband kisses me in bed.
개가를 하겠다는 것은 천박한 욕정 때문이지
결코 사랑 때문에 생겨나는 것은 아니지요.
만약 두 번째 남편과 잠자리를 같이 하며 키스한다면
이는 돌아가신 남편을 두 번 죽이는 셈이죠.

【 20-31 】

처녀성의 상실 Loss of Virginity

『끝이 좋으면 모두 좋다』 1막 1장 127행

It is not politic in the commonwealth of nature to preserve virginity. Loss of virginity is rational increase and there was never virgin got till virginity was first lost. That you were made of is metal to make virgins. Virginity by being once lost may be ten times found; by being ever kept, it is ever lost.

자연이라는 공화국에선 처녀성을 지키는 게 적절한 정책은 아닙니다. 처녀성을 상실해야 이성을 가진 인간을 증식시킬 거고, 먼저 처녀성을 잃지 않고는 결코 어떤 처녀도 잉태할 수 없을 것이오. 당신을 만든 그 재료가 바로 처녀를 만드는 재료니까요. 처녀성이란 한 번 잃게 되면 열 배로 불어날 수 있지만, 언제까지나 지키려하면 영영 잃어버리는 거죠.

【 20-32 】

처녀성은 매장되어야 한다 Virginity Should Be Buried

『끝이 좋으면 모두 좋다』 1막 1장 139행

He that hangs himself is a virgin: virginity murders itself and should be buried in highways out of all sanctified limit, as a desperate offendress against nature. Virginity breeds mites, much like a cheese; consumes itself to the very paring, and so dies with feeding his own stomach. Besides, virginity is peevish, proud, idle, made of self-love, which is the most inhibited sin in the canon. Keep it not; you cannot choose but loose by it: out with 't! within ten year it will make itself ten, which is a goodly increase; and the principal itself not much the worse: away with it!

처녀는 스스로 목매 죽는 자와 같아요. 처녀성은 스스로를 죽이고, 자연의 이치를 어긴 무모한 죄인으로 성역의 경계 밖 한길에 매장돼야 합니다. 치즈에 벌레가 일듯 처녀성에 벌레가 일어, 껍질만 남기고 다 갉아먹히고, 결국 자신의 위장까지도 갉아 먹혀 죽고 말죠. 게다가 처녀성이란 성깔 사납고, 오만하고, 우둔하고, 자애심이 강한데, 그런 건 성경에서 가장 엄격히 금하는 죄악이오. 처녀성을 지키려고 하지 마시오. 그런 건 지키려고 해도 손해밖에 볼 게 없으니까요. 줘 버려요! 일 년 내에 두 배로 불어날 테니, 그만하면 괜찮은 증식이죠. 원금 자체가 크게 축나는 것도 아니고. 그걸 줘 버리세요!

【 20-33 】

집을 떠나 있을 때 When They Are from Home

『헨리 5세』 1막 2장 272행

It is ever common
That men are merriest when they are from home.
But tell the Dauphin I will keep my state,
Be like a king and show my sail of greatness
When I do rouse me in my throne of France.
사람이란 집을 떠나 있을 때 가장 유쾌하다는 건 상례요.
왕세자에게 전하시오. 내가 원래 내 것인 프랑스 왕좌에 오르게 되면
그때는 군왕으로서의 위엄을 지키고 군왕답게 행동해서
위대한 군왕의 돛을 펼쳐 보이겠다고.

【 20-34 】

봉사하고 사랑하고 복종하고 To Serve, Love and Obey

『말괄량이 길들이기』 5막 2장 151행

I am ashamed that women are so simple
To offer war where they should kneel for peace;
Or seek for rule, supremacy and sway,
When they are bound to serve, love and obey.
Why are our bodies soft and weak and smooth,
Unapt to toil and trouble in the world?
전 부끄럽답니다. 여성들이 너무도 어리석어,
무릎을 꿇고 평화를 간구해야 할 자리에서 전쟁을 선포하고,
봉사하고 사랑하고 복종해야 할 때,
통치권과 절대권과 지배권을 장악하겠다니 말입니다.
왜 우리 여성들의 육신은 부드럽고, 연약하고, 매끄러워서
세상의 고된 일과 힘든 일을 감당하기에 적합하지 않겠습니까?

【 20-35 】

부정한 아내 둔 사내들 All That Have Revolted Wives

『겨울 이야기』 1막 2장 198행

And his pond fished by his next neighbour, by
Sir Smile, his neighbour: nay, there's comfort in't
Whiles other men have gates and those gates opened,
As mine, against their will. Should all despair
That have revolted wives, the tenth of mankind
Would hang themselves. Physic for't there is none.
그의 연못에서 옆집 사람이, 능글맞게 웃는 양반이,
그의 이웃 사람이 고기를 낚지. 그래 그게 위안이 되는군.
다른 사내들에게도 지켜야만 수문이 있긴 하지만, 그 수문들도,
내 수문처럼, 자신도 모르는 사이에 열렸다고 생각하면 위안이 돼.
부정한 아내를 둔 사내들이 모두 절망에 빠진다면, 사내들 중에서
십분의 일은 목매 죽게 될 거다. 그걸 고칠 수 있는 약은 없다.

【 20-36 】

뿔을 쓴 게 창피할 건 없어 Take Thou No Scorn to Wear the Horn

『당신 좋으실대로』 4막 2장 13행

Take thou no scorn to wear the horn;
It was a crest ere thou wast born:
Thy father's father wore it,
And thy father bore it:
The horn, the horn, the lusty horn
Is not a thing to laugh to scorn.

뿔을 쓰고 있다고 창피하진 않아.
그건 태어나기 전부터 지녔던 관이니까.
아버지의 아버지도 그걸 쓰고 있었고,
아버지 머리에도 그걸 달고 있었지.
뿔, 뿔, 당당한 뿔,
창피하다고 비웃을 건 아니야.

【 20-37 】

아내가 잘못을 저지르면 If Wives Do Fall

『오셀로』 4막 3장 86행

I do think it is their husbands' faults
If wives do fall: say that they slack their duties,
And pour our treasures into foreign laps,
Or else break out in peevish jealousies,
Throwing restraint upon us; or say they strike us.
아내가 잘못을 저지르는 건 다 남편 탓입니다.
남편이라는 사람이 남편 구실은 제대로 하지 못하면서
제 아내에게 줘야 할 보물을 다른 계집 무릎 사이에 퍼붓고,
터무니없는 질투에 사로잡혀 길길이 날뛰면서
우리를 꼼짝 못하게 가두기도 하고, 때리기도 하죠.

21 ǀ 부모와 자식

【 21-01 】

늙은이의 지팡이 The Very Staff of My Age

『베니스의 상인』 2막 2장 66행

Marry, God forbid! The boy was the very staff of my age, my very prop.

아이고, 하느님 맙소사! 그 아이는 이 늙은이의 지팡이요 기둥이었소.

【 21-02 】

내 피붙이 My Own Flesh and Blood

『베니스의 상인』 3막 1장 34행

SHYLOCK: My own flesh and blood to rebel!

SALANIO: Out upon it, old carrion, rebels it at these years?

SHYLOCK: I say my daughter is my flesh and blood.

SALANIO: There is more difference between thy flesh and hers than between jet and ivory.

샤일록: 내 피붙이가 날 배반을 하다니!

설라니오: 영감, 뭔 소릴 하시오. 늙은 그 나이에도 그게 배반한다고?

샤일록: 내 말뜻은 내 딸년이 내 피붙이라는 것이요.

샐러리노: 영감의 살과 영감 딸의 살은 검은 옥과 흰 상아보다 더 큰 차이가 있소.

【 21-03 】

내게 남은 유일한 희망인 딸 The Hopeful Lady of My Earth

『로미오와 줄리엣』 1막 2장 15행

Earth hath swallowed all my hopes but she;
She's the hopeful lady of my earth.
But woo her, gentle Paris, get her heart.
희망을 걸었던 다른 자식들은 다 죽고
그 딸애가 나에게 남은 유일한 희망이오.
그녀에게 구애해서 마음을 사로잡으시오.

【 21-04 】

생명의 수액 Material Sap

『리어 왕』 4막 2장 34행

She that herself will silver and disbranch
From her material sap, perforce must wither
And come to deadly use.
생명의 수액을 말라버리게 하고
줄기로부터 가지인 자신을 도려내는
그녀는 반드시 말라 비틀어져 쓸모없는 나무처럼 될 거다.

【 21-05 】

아비의 죄는 The Sins of the Father

『베니스의 상인』 3막 5장 1행

The sins of the father are to be laid upon the children.

아비의 죄는 자녀들이 물려받기 마련이다.

【 21-06 】

자녀들은 축복 Barnes Are Blessings

『끝이 좋으면 모두 좋다』 1막 3장 26행

I think I shall never have the blessing of God till I have issue of my body; for they say barnes are blessings.
내 몸을 이어받은 자식을 가지고서야 하느님의 축복을 받았다고 생각하게 되었어요. 사람들은 자녀들이 축복이라고 하죠.

【 21-07 】

아들이 사라진 빈자리에 Of My Absent Child

『존 왕』 3막 4장 93행

Grief fills the room up of my absent child,
Lies in his bed, walks up and down with me,
내 아들이 사라진 빈자리에 슬픔이 가득 차 있어요.
그 아이는 침대에 누워 있지만, 나와 같이 거닐고 있죠.

【 21-08 】

네 아버지는 하느님과 같다 Your Father Should Be As a God

『한여름 밤의 꿈』 1막 1장 47행

Be advised, fair maid.
To you your father should be as a god;
One that composed your beauties.

아름다운 처녀여,
너에게 아버지는 하느님과 같다.
널 아름답게 만든 분이기 때문이다.

【 21-09 】

그대는 어머니의 거울 Thou Art Thy Mother's Glass

『소네트』 3번 9행

Thou art thy mother's glass, and she in thee
Call back the lovely April of her prime.
그대는 어머니의 거울이다. 어머니는 그대를 보고
청춘의 아름다운 4월을 다시 찾는다.

【 21-10 】

그대를 자신의 인장으로 Thee for Her Seal

『소네트』 11번 11행

Look, whom she best endowed she gave the more;
Which bounteous gift thou shouldst in bounty cherish.
She carved thee for her seal, and meant thereby,
Thou shouldst print more, nor let that copy die.
보아라, 자연은 은혜로운 자에게 더 많은 은혜를 주는 법이니,
그대 그 풍성한 선물을 알뜰하게 사용하라.
자연은 그대를 자신의 인장으로 삼았으니,
그 원형이 소멸되지 않도록 더욱 많이 찍어내라.

【 21-11 】

빌려서 잠시 간직한 아름다움 Beauty Which You Hold in Lease

『소네트』 13번 5행

And your sweet semblance to some other give.
So should that beauty which you hold in lease
Find no determination; then you were
Yourself again, after yourself's decease
When your sweet issue your sweet form should bear.
그대 아름다운 모습을 다른 이에게 전해 주어야 해.
그래야 그대가 빌려서 일시적으로 간직하고 있는
그 아름다움은 멈추지 않고
죽은 후에도 다시 그대 자신이 될 것이다.
아름다운 자식이 그대 아름다운 모습을 간직하게 될 때.

【 21-12 】

친척보단 좀 더 가깝지만 A Little More Than Kin

『햄릿』 1막 2장 65행

KING: But now, my cousin Hamlet, and my son—
HAMLET: A little more than kin, and less than kind.
KING: How is it that the clouds still hang on you?
HAMLET: Not so, my lord; I am too much in the sun.
국 왕: 그런데 나의 조카이자 이젠 나의 아들인 햄릿……
햄 릿: 친척보단 가깝지만, 아버지와 아들 관계와는 거리가 멀어.
국 왕: 어찌하여 네 얼굴엔 구름이 가득 서려 있느냐?
햄 릿: 아닙니다. 폐하. 전 너무나도 듬뿍 햇살을 받고 있습니다.

【21-13】

독사 이빨보다 더 날카로운 Sharper Than a Serpent's Tooth

『리어 왕』 1막 4장 288행

If she must teem,
Create her child of spleen, that it may live
And be a thwart disnatured torment to her!
Let it stamp wrinkles in her brow of youth,
With cadent tears fret channels in her cheeks,
Turn all her mother's pains and benefits
To laughter and contempt, that she may feel
How sharper than a serpent's tooth it is
To have a thankless child!
만약 그녀가 잉태해야 한다면,
악의에 찬 자식을 만들게 하시고, 어미의 뜻을 거슬러
패륜의 고통을 안겨주는 나쁜 아이로 자라게 하소서!
젊은 그녀 이마에 주름살이 깊이 패도록 하시고
흐르는 눈물로 그녀 뺨에 골을 파게 하시고,
어미로서 누릴 수 있는 모든 노고와 기쁨을
조소와 멸시로 바꾸어, 배은망덕한 자식이
독사 이빨보다 얼마나 더 날카로운지를
느낄 수 있도록 하소서!

【21-14】

단번에 낚아채기 One Fell Swoop

『맥베스』 4막 3장 219행

Did you say all?—O hell-kite!—All?
What, all my pretty chickens, and their dam,
At one fell swoop?
모두라고 하셨소? 아, 지옥의 솔개 같은 놈! 모두라고?
아니, 내 귀여운 병아리들과 어미 닭을
단번에 다 낚아채 갔단 말이오?

【21-15】

아비가 누더기를 걸치고 있으면 Fathers That Wear Rags

『리어 왕』 2막 4장 47행

Fathers that wear rags
Do make their children blind,
But fathers that bear bags
Shall see their children kind.
Fortune, that arrant whore,
Never turns the key to the poor.
아비가 누더기를 걸치고 있으면
자식들은 모른척하지만
아비가 돈주머니를 차고 있으면
자식들은 모두가 효자.
인정머리 없는 창녀, 운명의 여신은
구차한 사람에겐 절대 문을 열지 않아.

【21-16】

♠ 아름다움을 길러내는 아름다움 Beauty Breedeth Beauty

『비너스와 아도니스』 167행

Things growing to themselves are growth's abuse.
Seeds spring from seeds, and beauty breedeth beauty;
Thou wast begot, to get it is thy duty.
그 자신만을 위해 성장하는 존재는 성장의 본성을 저버리는 것.
종자에서 종자가 자라고 아름다움은 아름다움을 길러낸다.
그대는 태어났으니 다른 생명이 태어나게 하는 건 그대의 의무.

【 21-17 】

제 자식을 알아보는 아비 A Father That Knows His Own Child

『베니스의 상인』 2막 3장 76행

Nay, indeed, if you had your eyes, you might fail of the knowing me:
it is a wise father that knows his own child.
Well, old man, I will tell you news of your son.
아니, 사실, 눈이 멀쩡해도 알아보지 못할 겁니다.
현명한 아비라야 제 자식을 알아보는 법이죠.
자, 영감님, 그럼 아드님 소식을 알려드리지요.

【 21-18 】

활기찬 자식의 행동을 보고 To See His Active Child's Deeds

『소네트』 37번 2행

As a decrepit father takes delight
To see his active child do deeds of youth,
So I, made lame by fortune's dearest spite,
Take all my comfort of thy worth and truth.
늙은 아비가 활기에 찬 자식의

젊은이다운 행동을 보고 기뻐하는 것처럼,
나 또한 그렇소. 운명의 심한 미움을 받아 불구가 되었기에,
오직 그대의 가치와 진실성에서 위안을 얻는다오.

【 21-19 】

내게 천 명의 아들이 있다면 If I Had a Thousand Sons

『헨리 4세 2부』 4막 3장 122행

Hereof comes it that Prince Harry is valiant; [. . .] If I had a thousand sons, the first humane principle I would teach them should be, to forswear thin potations and to addict themselves to sack.
해리 왕자가 용감한 건 바로 술 때문이다. [. . .] 내게 천 명의 아들이 있어, 그들에게 가르치고 싶은 첫 번째 세속적인 교훈은 싱거운 음료는 마시지 말고, 독주만을 마셔야 한다는 것이다.

22 ǀ 돈과 재물

【 22-01 】

돈을 빌리지도 빌려주지도 마라 Neither a Borrower Nor a Lender Be

『햄릿』 1막 3장 75행

Neither a borrower nor a lender be,
For loan oft loses both itself and friend,
And borrowing dulls the edge of husbandry.
돈을 빌리지도 빌려주지도 마라.

돈을 빌려주면 흔히 돈과 친구 모두를 잃어버리고,
돈을 빌리면 절약하는 습성이 무뎌지기 마련이지.

【 22-02 】

어떤 짓인들 하지 못할까 Nothing Comes Amiss

『말괄량이 길들이기』 1막 2장 81행

Why give him gold enough and marry him to a puppet or
an aglet-baby; or an old trot with never a tooth in her head,
though she have as many diseases as two and fifty horses:
why, nothing comes amiss, so money comes withal.
주인은 돈만 생긴다면 상대가 꼭두각시든, 난장이든,
이빨은 한 개도 없고 말 쉰 두필 몫의 병을 짊어진
할망구든 상관없이 마누라를 삼을 겁니다.
하기야 돈이 들어온다면 어떤 짓인들 하지 못할까.

【 22-03 】

아름다움은 도적들을 자극 Beauty Provoketh Thieves

『당신 좋으실대로』 1막 3장 110행

Alas, what danger will it be to us,
Maids as we are, to travel forth so far!
Beauty provoketh thieves sooner than gold.
아, 얼마나 위험한 일인가.
우리 같은 처녀들이 그렇게도 멀리 여행하는 게……
아름다움은 황금보다 더 도적들을 자극하니까.

【 22-04 】

빌어먹는 건 불치의 병 Borrowing is the Disease Incurable

『헨리 4세 2부』 1막 2장 238행

I can get on remedy against this consumption of the purse; borrowing only lingers and lingers it out, but the disease is incurable.

지갑이 비어 빌어먹는 병은 고칠 재간이 없어. 빌리고 또 빌려 연명하지만, 그건 불치의 병이야.

【 22-05 】

지갑에 돈을 채워 Put Money in Thy Purse

『오셀로』 1막 3장 339행

I have professed me thy friend, and I confess me knit to thy deserving with cables of perdurable toughness. I could never better stead thee than now. Put money in thy purse; follow thou the wars; defeat thy favour with an usurped beard; I say, put money in thy purse. It cannot be that Desdemona should long continue her love to the Moor—put money in thy purse—nor he his to her.

자네를 내 친구로 삼기로 약속했으니, 자네와 서로 끊을 수 없는 친구 사이가 되었네. 지금보다 날 의지하기 더 좋을 때는 없어. 지갑에 돈을 채우고 전쟁터로 같이 가세. 가짜 수염으로 변장을 하고 같이 가세. 지갑에 돈을 채우라니까. 데스데모나가 그 무어 놈을 오래도록 계속 사랑하지는 않을 거야.—지갑에 돈을 채워두라니까—그놈도 마찬가지로 그녀를 계속 사랑하진 않을 거야.

【 22-06 】

도둑을 구할 수도 있는 돈 Gold Which Saves the Thief

『심벨린』 2막 3장 72행

'Tis gold
Which makes the true man killed and saves the thief;
Nay, sometime hangs both thief and true man. What
Can it not do and undo?
정직한 사람을 죽이고 도적을 구하는 것도 돈이야.
아니, 때로는 돈은 둘 다를 교수형 당하게 할 수도 있어.
돈이면 무엇이든 되지 않는 게 없어.

【 22-07 】

부자가 되는 것 외엔 죄가 없어 There Is No Sin But to Be Rich

『존 왕』 2막 1장 594행

While I am a beggar, I will rail,
And say there is no sin but to be rich;
And being rich, my virtue then shall be
To say there is no vice but beggary.
내가 거지일 땐, 이렇게 욕해야지.
부자가 되는 것 외엔 죄가 없다고……
내가 부자가 되었을 땐, 거지가 되는 것처럼
나쁜 일은 없다고 말하는 걸 나의 미덕으로 삼아야지.

【 22-08 】

돈을 탐내는 손바닥 An Itching Palm

『줄리어스 시저』 4막 3장 10행

BRUTUS: Let me tell you, Cassius, you yourself
Are much condemned to have an itching palm,
To sell and mart your offices for gold
To undeservers.
CASSIUS: I, an itching palm!
브루터스: 여보시오, 카시어스.
당신에 대한 비난이 들끓고 있소.
돈을 탐내고, 무능한 자에게 돈을 받고
관직을 판다고 말이오.
카시어스: 내가 돈을 탐낸다고!

【 22-09 】

더할 나위 없는 독 Worse Poison

『로미오와 줄리엣』 5막 1장 80행

There is thy gold, worse poison to men's souls,
Doing more murders in this loathsome world
Than these poor compounds that thou mayst not sell:
I sell thee poison, thou hast sold me none.
돈 여기 있소. 사실 돈은 인간 영혼에 더할 나위 없는 독이죠.
이 더러운 세상에서, 돈은 당신이 팔기를 주저하는
이 하찮은 독약보다 더 많은 살인을 저지르고 있으니까.
내가 당신에게 독약을 팔았지, 당신은 아무 것도 팔지 않았소.

【 22-10 】

새끼도 치지 못하는 쇠붙이 Barren Metal

『베니스의 상인』 1막 3장 134행

If thou wilt lend this money, lend it not
As to thy friends, for when did friendship take
A breed for barren metal of his friend?
이 돈을 빌려주더라도, 친구에게 빌려준 것이라고
생각하진 마시오. 친구라는 자가 새끼도 치지 못하는
쇠붙이를 빌려주고 이자를 받아먹은 적이 있었소?

【 22-11 】

마음이 흡족하면 보답은 충분 Well Paid That Is Well Satisfied

『베니스의 상인』 4막 1장 415행

He is well paid that is well satisfied.
And I, delivering you, am satisfied,
And therein do account myself well paid.
마음이 흡족하면 그것으로 보답은 충분하오.
당신을 구한 것만으로도 제 마음은 흡족합니다.
그러니 저는 이미 충분한 보상을 받은 셈입니다.

【 22-12 】

돈을 얼마든지 쓰고 또 쓰라 Spend It, Spend It

『윈저의 즐거운 아낙네들』 2막 2장 232행

There is money, spend it, spend it; spend more; spend all I have; only give me so much of your time in exchange of it, as to lay an amiable siege to the honesty of this Ford's wife. Use your art of wooing.

돈 여기 있습니다. 쓰고 또 쓰세요. 얼마든지 쓰세요. 내 전 재산을 다 써도 좋아요. 대신 시간 좀 내셔서 포드 아내의 정조를 연정으로 사로잡으세요. 온갖 방법을 다 동원해 그녀에게 구애하세요.

【 22-13 】

가난해도 마음이 편하면 부자 Poor and Content Is Rich

『오셀로』 3막 3장 172행

Poor and content is rich, and rich enough;
But riches fineless is as poor as winter
To him that ever fears he shall be poor.
비록 가난해도 마음이 편한 사람은 정말 부자입니다.
하지만 아무리 부자라도 가난뱅이가 될까봐 늘 걱정한다면
삭막한 엄동설한처럼 가난한 사람입니다.

【 22-14 】

도둑을 맞아도 He That Is Robbed

『오셀로』 3막 3장 342행

He that is robbed, not wanting what is stol'n,
Let him not know't and he's not robbed at all.
도둑을 맞아도 도둑맞은 걸 모르고 있으면
알리지 않는 게 좋아. 모르면 도둑맞지 않은 거나 다름없으니까.

【 22-15 】

신용에 금이 가게 하다 Have Smit My Credit

『아테네의 타이몬』 2막 1장 23행

His days and times are past,
And my reliances on his fracted dates
Have smit my credit; I love and honour him,
But must not break my back to heal his finger.
그가 갚을 기한이 이미 지났어.
기한 어긴 걸 이제까지 참았지만 이러다간
내 신용에 금이 가겠어. 그분을 좋아하고 존경하지만
그분 손가락을 치료하려고 내 등뼈를 부러뜨릴 순 없지.

【 22-16 】

원수에게 돈 빌려주었다고 생각 Lend It Rather to Thine Enemy

『베니스의 상인』 1막 3장 135행

When did friendship take
A breed for barren metal of his friend?
But lend it rather to thine enemy,
Who, if he break, thou mayst with better face
Exact the penalty.
친구라는 자가 새끼도 치지 못하는
쇠붙이를 빌려주고 이자를 받아먹은 적이 있소?
차라리 원수에게 빌려주었다고 생각하시오.
그래야 그 원수가 계약을 어길 경우 좀 더 당당하게
위약금을 받아낼 수 있지 않겠소.

【 22-17 】

도둑들이 도둑들을 심판 Thieves Do Pass on Thieves

『자에는 자로』 2막 1장 24행

The jury, passing on the prisoner's life,
May in the sworn twelve have a thief or two
Guiltier than him they try. What's open made to justice,
That justice seizes: what know the laws
That thieves do pass on thieves? 'Tis very pregnant,
The jewel that we find, we stoop and take it
Because we see it; but what we do not see
We tread upon, and never think of it.
선서를 하고 죄수에게 사형을 선고하는 열두 명의 배심원들 가운데,
심판받는 자보다도 더 무거운 죄를 진 사람이 한두 명 있을 수 있소.
하지만 재판은 공공연히 드러난 일만을 심판하는 법이오.
도둑들이 도둑들을 심판하려한들 법이 어찌 그걸 알겠소?
우리가 발견한 보석을 허리를 굽혀 줍는 건
그것을 보았기 때문이지만, 우리가 보지 못한 것은,
그냥 밟고 지나가고, 아무 생각도 하지 않는 게 자명한 일이오.

【 22-18 】

필요를 따지지 마라 Reason Not the Need

『리어 왕』 2막 4장 264행

O, reason not the need: our basest beggars
Are in the poorest thing superfluous:
Allow not nature more than nature needs,

Man's life's as cheap as beast's.
아! 필요를 따지지 마라. 아무리 비천한 거지들이라도
그 하찮은 소지품 중, 필요 이상의 여분을 갖고 있는 법.
인간에게 필요한 것 이상의 것이 허용되지 않는다면
인간의 삶은 짐승의 삶과 다를 바 없는 천한 삶이 될 거야.

【 22-19 】

지나치게 많이 가진 것을 나누어 So Distribution Should Undo Excess

『리어 왕』 4막 1장 70행

Thou whom the heavens' plagues
Have humbled to all strokes: that I am wretched
Makes thee the happier: heavens, deal so still!
Let the superfluous and lust-dieted man,
That slaves your ordinance, that will not see
Because he doth not feel, feel your power quickly;
So distribution should undo excess,
And each man have enough.
하늘의 재앙을 겸허하게 받아들여
모든 불행을 참아 견디는구나. 내가 비참하다는 게
널 덜 불행하게 만드는 것 같다. 하늘이여, 항상 공평하소서!
가진 게 넘치고 어떤 욕망이든 맘껏 채울 수 있는 자,
그래서 하늘의 뜻을 업신여기고, 스스로 겪지 않았다고 남의 불행을
거들떠보지도 않는 자가 당장 하늘의 힘을 느끼도록 하소서.
그리하여 지나치게 많이 가진 것을 나누어,
각자가 넉넉하게 가지게 하소서.

【 22-20 】

거짓말은 장사꾼에게나 어울려 Lying Becomes None But Tradesmen

『겨울 이야기』 4막 4장 722행

Let me have no lying: it becomes none but tradesmen, and they often give us soldiers the lie: but we pay them for it with stamped coin, not stabbing steel.

거짓말은 장사꾼들에게나 어울리는 것이야. 놈들은 우리 같은 무사들에게도 종종 거짓말을 해. 그러나 우린 놈들에게 칼질을 하지 않고 돈을 지불하지.

【 22-21 】

큰일은 오전 중에 Great Business Must Be Wrought Ere Noon

『맥베스』 3막 5장 22행

I am for the air; this night I'll spend
Unto a dismal and a fatal end:
Great business must be wrought ere noon:
Upon the corner of the moon
There hangs a vaporous drop profound;
I'll catch it ere it come to ground.
나는 이제 날아가서,
무섭고도 무서운 일을 하면서 오늘 밤을 보내겠다.
큰일은 오전 중에 해치워야 해.
저기 저 달의 한 귀퉁이에
신비로운 물 한 방울이 고여 있는데,
땅에 떨어지기 전에 가로채야겠다.

【 22-22 】

궁핍보다 더 좋은 것은 없다 There Is No Virtue Like Necessity

『리처드 2세』 1막 3장 278행

All places that the eye of heaven visits
Are to a wise man ports and happy havens.
Teach thy necessity to reason thus;
There is no virtue like necessity.
Think not the king did banish thee,
But thou the king. Woe doth the heavier sit,
Where it perceives it is but faintly borne.
하늘의 눈이 찾아드는 곳은 모두
현자에게는 좋은 항구요, 행복한 안식처다.
궁핍한 상태에 빠지거든 이렇게 생각하라.
궁핍보다 더 좋은 것은 없다고.
왕이 널 추방한 게 아니라 네가 왕을 추방했다고 생각해라.
불행은 그걸 참을 힘이 약해보일 때
더욱 무겁게 짓누르는 법이니까.

【 22-23 】

돈 많은 바보 앞에선 To the Golden Fool

『아테네의 타이몬』 4막 3장 17행

And say 'This man's a flatterer?' if one be,
So are they all; for every grise of fortune
Is smoothed by that below: the learned pate
Ducks to the golden fool: all is oblique.

그리고 이자를 아첨꾼이라고 말하겠는가? 그리 말하는 자가 있으면,
그들 모두는 아첨꾼이다, 운명의 계단에 서 있는 누구에게나
그 아래 계단 서 있는 자가 아첨하기 마련이니까. 학식 있는 자도
돈 많은 멍청이 앞에선 굽실댄다. 모두가 글러 먹었어.

【 22-24 】

황금왕관을 가질 목적이면 When Gold Becomes Her Object

『헨리 4세 2부』 4막 5장 66행

See, sons, what things you are!
How quickly nature falls into revolt
When gold becomes her object!
For this the foolish over-careful fathers
Have broke their sleep with thoughts.
봐라, 왕자들아, 너희는 대체 어떤 인간들이냐!
황금왕관을 가질 목적이면
천륜도 너무나도 빨리 배반을 하는구나!
이로 인해 어리석고 근심에 사로잡힌 아비들은
온갖 사념으로 밤잠을 설친다.

【 22-25 】

모든 금은보화는 진흙덩이가 되라 All Gold and Silver Turn to Dirt

『심벨린』 3막 6장 53행

All gold and silver rather turn to dirt!
As 'tis no better reckoned, but of those
Who worship dirty gods.

모든 금은보화는 진흙덩이가 되어 버려라!
그런 건 아무런 소용도 없어. 우리는
더러운 신을 경배하는 사람들이 아니니까.

【 22-26 】

궁핍은 천한 것도 귀한 것으로 That Can Make Vile Things Precious

『리어 왕』 3막 2장 70행

Come on, my boy: how dost, my boy? art cold?
I am cold myself. Where is this straw, my fellow?
The art of our necessities is strange,
That can make vile things precious. Come, your hovel.
Poor fool and knave, I have one part in my heart
That's sorry yet for thee.
이리 오너라, 얘야. 얘야, 어떠냐? 추우냐?
나도 춥구나. 여봐라, 그 오두막은 어디 있느냐?
궁핍이라는 마법은 신기하기도 하지.
천한 것도 귀한 것으로 만들 수가 있으니까. 가자, 오두막으로!
불쌍한 바보 광대 녀석아, 내 마음 한 구석에
이제 네가 불쌍하다는 생각이 드는구나.

23 | 기 타

【 23-01 】

자연의 어머니인 대지 The Earth That's Nature's Mother

『로미오와 줄리엣』 2막 3장 9행

The earth that's nature's mother is her tomb;
What is her burying grave that is her womb;
And from her womb children of divers kind
We sucking on her natural bosom find.
자연의 어머니인 대지는 자연의 무덤이기도 하고,
자연의 무덤인 그 대지는 또한 자연의 모태이기도 해.
그 모태에서 온갖 자식들이 태어나
대지의 가슴에서 젖을 빨아대고 있는 걸 볼 수 있어.

【 23-02 】

일 년 내내 노는 날이라면 If All the Year Were Playing Holidays

『헨리 4세 1부』 1막 2장 205행

If all the year were playing holidays,
To sport would be as tedious as to work.
일 년 열두 달이 노는 날이라면,
노는 일도 일하는 것만큼 지루할 것이다.

【 23-03 】

엎지른 물을 다시 담을 순 없다 What's Done Cannot Be Undone

『맥베스』 5막 1장 68행

To bed, to bed! there's knocking at the gate: come, come, come, come, give me your hand. What's done cannot be undone. To bed, to bed, to bed!
침실로, 침실로 가세요! 문 두드리는 소리군요. 자, 자, 자, 자, 손을 이리로 주세요. 엎지른 물을 다시 담을 순 없습니다. 침실로, 침실로, 침실로 드세요!

【 23-04 】

♠ 부싯돌이 부딪히기 전에는 Till the Flint Be Strook

『아테네의 타이몬』 1막 1장 23행

The fire in the flint
Shows not till it be strook; our gentle flame
Provokes itself.
부싯돌이 부딪히기 전에는
불이 일어나지 않지만, 우리들의 부드러운 불꽃은
스스로 생겨납니다.

【 23-05 】

♠ 나는 불과 공기 I Am Fire, and Air

『안토니와 클레오파트라』 5막 2장 289행

I am fire, and air, my other elements
I give to baser life.
나는 불이요 공기다. 내 나머지 원소들은

천한 이 세상에 남기고 떠난다.

【 23-06 】

마음의 준비만 되어 있으면 If Our Minds Be Ready

『헨리 5세』 4막 3장 71행

All things are ready, if our minds be so.
마음의 준비만 되어 있으면 모든 준비는 다 된 것이다.

【 23-07 】

장미에는 가시가 Roses Have Thorns

『소네트』 35번 1행

Roses have thorns, and silver fountains mud,
Clouds and eclipses stain both moon and sun,
And loathsome canker lives in sweetest bud.
All men make faults.
장미에는 가시가 은빛 샘엔 진흙이 있고,
구름과 일식과 월식은 달과 해를 가리고,
징그러운 벌레가 어여쁜 꽃봉오리에 살고 있다.
인간들은 누구나 과오를 범하는 법이다.

【 23-08 】

사자 한 마리를 성나게 하는 게 To Rouse a Lion

『헨리 4세 1부』 1막 3장 198행

O, the blood more stirs

To rouse a lion than to start a hare!
산토끼 한 마리를 놀라게 하는 것보다는
사자 한 마리를 성나게 하는 게 더 피를 끓게 한다!

【 23-09 】

숨을 죽이고 With Bated Breath

『베니스의 상인』 1막 3장 124행

With bated breath and whispering humbleness, Say this;
'Fair sir, you spit on me on Wednesday last;
You spurned me such a day; another time
You called me dog; and for these courtesies
I'll lend you thus much moneys?'
숨을 죽이고 들릴 듯 말 듯 이렇게 말씀드렸죠.
"훌륭하신 나리, 나리께서는 지난 수요일엔 침을 뱉으셨고,
어느 날엔 발길질을 하셨고, 또 언젠가는
저를 개라고 부르셨죠. 이런 친절에 대한 보답으로
그만한 거금을 나리께 빌려드리겠소."

【 23-10 】

난 꼼짝도 하지 않을 것 I'll Not Budge an Inch

『말괄량이 길들이기』 서막 1장 14행

Third, or fourth, or fifth borough, I'll answer him by law:
I'll not budge an inch, boy: let him come, and kindly.
순경이든, 경관이든, 치안관이든 상관없어. 법적으로 대응해주지.
난 꼼짝도 하지 않을 거야, 이봐. 올 테면 와, 환영해 줄 거니까.

【 23-11 】

술과 안주 Cakes and Ale

『십이야』 2막 3장 116행

Art any more than a steward? Dost thou think, because thou art virtuous, there shall be no more cakes and ale?

자네는 집사 나부랭이 아닌가? 행실이 바른 자네라서 더 이상은 우리가 술과 안주를 즐기면 안 된다고 생각한단 말이지?

【 23-12 】

머리를 쥐어짜기 Cudgel Thy Brains

『햄릿』 5막 1장 56행

Cudgel thy brains no more about it, for your dull ass will not mend his pace with beating; and, when you are asked this question next, say 'a grave-maker' : the houses that he makes last till doomsday.

그걸 두고 골통 더 이상 쥐어짜지 마. 멍청한 당나귀를 때린다고 빨리 가겠나? 다음에 이런 질문을 받거든, 묏자리를 파는 자라고 대답하게. 그자가 짓는 집들은 최후의 심판 날까지 끄떡없이 견딜 테니까.

【 23-13 】

머리로 일을 하는 것 Work by Wit

『오셀로』 2막 3장 372행

How poor are they that have not patience!
What wound did ever heal but by degrees?
Thou know'st we work by wit, and not by witchcraft,

And wit depends on dilatory time.
참으로 가엾군, 이렇게 참을성이 없다니!
상처도 나을 때가 돼야 낫는 법이지.
이것 보시오, 사람은 요술이 아니라 머리로 일하는 겁니다.
그리고 머리를 쓰는 데는 시간이 좀 걸릴 게 아니겠소?

【 23-14 】

모든 걸 저 뚱뚱한 뱃속에 All My Substance into That Fat Belly

『헨리 4세 2부』 2막 1장 74행

He hath eaten me out of house and home; he hath put all my substance into that fat belly of his: but I will have some of it out again, or I will ride thee o' nights like the mare.
저 사람은 내 집이고 뭐고 다 먹어치웠죠. 모두 저 뚱뚱한 뱃속으로 집어 삼켜 버렸습니다. 하지만 얼마라도 꼭 다시 찾아내야겠어요. 돌려주지 않으면 악몽처럼 밤새도록 당신을 올라탈 겁니다.

【 23-15 】

공정한 조약 Fair Play

『존 왕』 5막 1장 67행

O inglorious league!
Shall we, upon the footing of our land,
Send fair-play orders and make compromise,
Insinuation, parley and base truce
To arms invasive?
아, 이 무슨 불명예스런 동맹이요!

우리 입장에서 무엇 때문에
공정한 조약을 맺기를 간청하고, 타협하고,
환심을 사고, 협상하고, 비굴한 휴전을 청하는 겁니까?
이 나라를 침공해 온 적에게?

【 23-16 】

벗어나게 되어 기뻐 A Good Riddance

『트로일러스와 크레시다』 2막 1장 120행

THERSITES: I will hold my peace when Achilles' brach bids me, shall I?

ACHILLES: There's for you, Patroclus.

THERSITES: I will see you hanged, like clotpoles, ere I come any more to your tents: I will keep where there is wit stirring and leave the faction of fools.

PATROCLUS: A good riddance.

서시테스: 아킬레스의 암캐가 나보고 짖어 대는데, 어떻게 가만있을 수가 있어?

아킬레스: 파트로클러스, 이제 당신이 목표요.

서시테스: 당신들이 얼간이처럼 교수형 당하는 걸 보기 전에는, 난 더 이상 당신들 막사에 나타나지 않을 거야. 바보들을 멀리하고 지혜로운 사람들과 한 패가 되겠어.

파트로클러스: 벗어나게 되어 기쁘군.

【 23-17 】

다시 한 번 더 돌파구로 Once More unto the Breach

『헨리 5세』 3막 1장 1행

Once more unto the breach, dear friends, once more;
Or close the wall up with our English dead.
In peace there's nothing so becomes a man
As modest stillness and humility:
But when the blast of war blows in our ears,
Then imitate the action of the tiger.
다시 한 번 더 돌파구로, 친애하는 동지들, 한 번 더.
아니면 요새를 영국 병사들의 시체로 채워라.
평화시에는 온화하고 겸손한 태도만큼
우리에게 어울리는 것은 아무 것도 없다.
하지만 전쟁의 돌풍이 우리 귓속에 불어 닥칠 땐
호랑이의 행동을 본받아야 할 것이야.

【 23-18 】

굉장히 이상한 Passing Strange

『오셀로』 1막 3장 160행

My story being done,
She gave me for my pains a world of sighs:
She swore, in faith, twas strange, 'twas passing strange,
'Twas pitiful, 'twas wondrous pitiful:
She wished she had not heard it, yet she wished
That heaven had made her such a man.
제 이야기가 끝나자
그녀는 제 고통을 두고 깊은 한숨을 내쉬었습니다.
이상하다느니, 굉장히 이상한 이야기라느니,
불쌍하고, 정말 불쌍한 이야기라고 말했습니다.

차라리 듣지 않았으면 좋았을 거라고 말하면서 하늘이 자신도 그런 남자와 인연을 맺어주면 좋겠다고 했습니다.

【 23-19 】

한 대, 정통으로 한 대 A Hit, a Very Palpable Hit

『햄릿』 5막 2장 281행

OSRIC: A hit, a very palpable hit.

LAERTES: Well; again.

CLAUDIUS: Stay, give me drink. Hamlet, this pearl is thine,
Here's to thy health. Give him the cup.

오즈릭: 한 대, 정통으로 한 대입니다.

레어티즈: 좋습니다, 그럼 다시.

국 왕: 멈추어라. 술을 다오. 햄릿, 이 진주는 너의 것이다.
너를 위해 축배를! 그에게 그 잔을 주어라.

【 23-20 】

까닭도 이유도 없어 Neither Rhyme nor Reason

『실수연발』 2막 2장 48행

Was there ever any man thus beaten out of season,
When in the why and the wherefore is neither rhyme nor reason?
왜, 무엇 때문인지, 까닭도 이유도 모르고,
이렇게 턱없이 두들겨 맞아 본 사람은 없었을 겁니다.

【 23-21 】

당당하게 싸워 Strive Mightily

『말괄량이 길들이기』 1막 2장 277행

Sir, I shall not be slack; in sign whereof,
Please ye we may contrive this afternoon,
And quaff carouses to our mistress' health,
And do as adversaries do in law,
Strive mightily, but eat and drink as friends.
트라니오 선생, 이 사람도 은혜를 저버릴 사람은 아니오.
그 증거로 우리 모두 오늘 오후에
연인의 건강을 비는 잔치를 벌이고 건배를 올립시다.
싸울 때는 법에 따라 당당하게 싸우고,
지금은 친구로서 먹고 마십시다.

【 23-22 】

오싹하게 해줄까? Cold Comfort

『말괄량이 길들이기』 4막 1장 31행

Shall I complain on thee to our mistress, whose hand, she being now at hand, thou shalt soon feel, to thy cold comfort, for being slow in thy hot office?
네가 불 피우는 일을 게을리 한다고 아가씨께 일러바칠까? 그리하여 지금 코앞에 와있는 저 아가씨의 손맛을 오싹하게 느끼도록 해줄까?

【 23-23 】

견고한 망대 A Tower of Strength

『리처드 3세』 5막 3장 12행

Why, our battalion trebles that account:
Besides, the king's name is a tower of strength,
Which they upon the adverse party want.
그래, 우리 병력은 그 세 배는 된다.
게다가 왕이란 명칭은 적을 위압하는 견고한 망대이다.
적군에게는 그것이 없단 말이다.

【 23-24 】

도대체 뭐지 What the Dickens

『윈저의 즐거운 아낙네들』 3막 2장 19행

I cannot tell what the dickens his name is my husband had him of.
What do you call your knight's name, sirrah?
남편이 데려왔던 그분 이름이 도대체 뭔지 모르겠어?
여봐라 얘야, 네 주인어른의 성함이 무엇이냐?

【 23-25 】

공기처럼 가벼운 것도 Trifles Light as Air

『오셀로』 3막 3장 322행

Trifles light as air
Are to the jealous confirmations strong
As proofs of holy writ; this may do something.
The Moor already changes with my poison:
Dangerous conceits are in their natures poisons.
공기처럼 가벼운 것도,
질투심에 사로잡힌 자에게는, 성서만큼이나

강력한 효력을 지닌 증거가 될 수 있어. 이게 한 몫 할 거야.
무어 놈은 벌써 내가 주입한 독약에 마음이 변하고 있어.
위험한 억측은 그 자체가 독약이라고 할 수 있지.

【 23-26 】

살 1파운드 A Pound of Flesh

『베니스의 상인』 4막 1장 307행

Tarry a little; there is something else.
This bond doth give thee here no jot of blood;
The words expressly are 'a pound of flesh.'
잠깐 기다리시오. 좀 더 할 말이 있소.
이 증서에는 분명 '살 1파운드' 라고만 쓰여 있으니,
단 한 방울의 피도 흘리게 해서는 아니 되오.

【 23-27 】

죽어라, 죽어 Dead, For a Ducat

『햄릿』 3막 4장 24행

How now? A rat? Dead, for a ducat, dead!
이게 뭐지? 쥐새낀가? 죽어라, 죽어!

【 23-28 】

쥐구멍에도 볕들 날이 Dog Will Have His Day

『햄릿』 5막 1장 292행

The cat will mew, and dog will have his day.

우는 고양이 말리지 못하고 쥐구멍에도 볕들 날이 있다.

【 23-29 】

뭐가 뭔지를 몰라 It's Greek to me

『줄리어스 시저』 1막 2장 284행

It's Greek to me

도대체 뭐가 뭔지를 모르겠다.

【 23-30 】

파문 의식 Bell, Book and Candle

『존 왕』 3막 3장 12행

Bell, book, and candle shall not drive me back

When gold and silver becks me to come on.

황금과 은이 오라고 손짓하면

파문을 당한다 해도 물러서지 않겠습니다.

【 23-31 】

충분한 여유 Elbow Room

『존 왕』 5막 7장 28행

Ay, marry, now my soul hath elbow-room,

It would not out at windows nor at doors.

아, 이제 내 영혼이 움직일 수 있는 충분한 여유가 생겼어.

이제 내 영혼이 창문이나 문으로 나가진 않겠지.

【 23-32 】

천둥과 번개가 치고 비가 내릴 때 In Thunder, Lightning, or in Rain

『맥베스』 1막 1장 2행

When shall we three meet again
In thunder, lightning, or in rain?
언제 우리 셋 다시 만날까
천둥과 번개 치고 비가 내릴 때?

【 23-33 】

단검의 환상 A Dagger of Mind

『맥베스』 2막 1장 33행

Is this a dagger which I see before me?
앞에서 내가 보고 있는 것이 단검이냐?

【 23-34 】

거기에 그런 소문이? Sits the Wind in That Corner?

『헛소동』 2막 3장 98행

Is't possible? Sits the wind in that corner?
그게 가능한가? 그 구석에 그런 소문이 있나?

【 23-35 】

매우 건강한 As Sound as a Bell

『헛소동』 3막 2장 12행

He hath a heart as sound as a bell, and his tongue is the clapper, for what his heart thinks, his tongue speaks.
그는 매우 건강한 심장을 가졌어. 그의 혀는 종을 치는 추이고, 그래서 심장이 느낀 걸 혀가 지껄여대지.

【 23-36 】

음악 속에 사라지는 Fading in Music

『베니스의 상인』 3막 2장 44행

If he lose he makes a swanlike end,
Fading in music.
제대로 고르지 못해도, 백조가 최후를 맞이하듯
음악 속에 사라질 것이 아니냐.

【 23-37 】

재미있는 까닭이 있지 Hangs a Tale

『말괄량이 길들이기』 4막 1장 58행

Out of their saddles into the dirt, and thereby hangs a tale.
안장에서 진흙구덩이에 처박혔고, 거기엔 재미있는 까닭이 있지.

【 23-38 】

어찌하여 이 지경이 In Such a Pickle

『폭풍우』 5막 1장 282행

I have been in such a pickle since I saw you last that I fear me, will never out of my bones.

폐하를 마지막으로 알현한 이후 줄 곳 이 지경이 되어 있었기에, 뼈가 문드러지지는 않았는지 걱정이 됩니다.

【 23-39 】

부득이 역경을 참다 To Make a Virtue of Necessity

『베로나의 두 신사』 4막 1장 60행

Are you content to be our general?
To make a virtue of necessity
And live, as we do, in this wilderness?
우리들 두목이 돼 주지 않겠소?
역경을 참고 견뎌야하는 부득이한 처지이니
우리와 함께 이 황량한 산중에서 지내는 것이 어떻소?

【 23-40 】

창백한 불꽃 Pale Fire

『아테네의 타이몬』 4막 3장 438행

The sun's a thief, and with his great attraction
Robs the vast sea: the moon's an arrant thief,
And her pale fire she snatches from the sun:
태양은 도둑이다. 그 강한 흡인력으로
망망대해로부터 도적질을 하고 있어. 달도 나쁜 도둑놈이다.
태양으로부터 그 창백한 불꽃을 도적질하고 있어.

【 23-41 】

마치 두 개의 앵두처럼 A Double Cherry

『한여름 밤의 꿈』 3막 2장 211행

As if our hands, our sides, voices, and minds
Had been incorporate. So we grew together,
Like to a double cherry, seeming parted,
But yet an union in partition.
Two lovely berries molded on one stem;
So, with two seeming bodies, but one heart;
마치 우리들은 두 개의 손과 몸, 소리, 그리고 마음이
하나가 된 듯했어. 우리는 그렇게 함께 자랐지.
마치 두 개의 앵두처럼, 겉보기에는 두 개지만,
나뉜 두 부분이 하나가 된 앵두처럼.
가지 하나에 붙어 있는 두 개의 아름다운 앵두 열매였지.
두 몸이지만 하나의 가슴을 가진 것처럼.

【 23-42 】

이토록 적었던 적이 Never So Few

『헨리 4세 2부』 1막 1장 215행

Never so few, and never yet more need.
친구가 이리 적은 적이 없었기에, 이토록 필요한 때도 없었다.

【 23-43 】

좋아하는 친구들을 생각하는 것 Remembering My Good Friends

『리처드 2세』 2막 3장 47행

I could myself in nothing else so happy

As in a soul remembering my good friends.
좋아하는 친구들을 생각하는 것만큼
행복한 일은 없다.

【 23-44 】

은밀하게 계획을 실행에 옮기자 Let Us Assay Our Plot

『끝이 좋으면 모두 좋다』 3막 7장 44행

Why then to-night
Let us assay our plot.
자, 그럼 오늘밤
은밀하게 우리의 계획을 실행에 옮겨봅시다.

【 23-45 】

심상치 않은 일 Something in the Wind

『실수연발』 3막 1장 69행

There is something in the wind, that we cannot get in.
우리가 알 수 없는 뭔가 심상치 않은 일이 있다.

【 23-46 】

전쟁이라는 개들 The Dogs of War

『줄리어스 시저』 3막 1장 273행

Caesar's spirit, ranging for revenge,
With Ate by his side come hot from hell,
Shall in these confines with a monarch's voice

Cry 'Havoc,' and let slip the dogs of war;
That this foul deed shall smell above the earth
With carrion men, groaning for burial.
복수를 위해 헤매는 시저의 영혼은
방금 지옥에서 나온 복수의 여신 에이티와 함께,
전 국토에서, 군왕의 목소리로 전멸시키라고 외치면서
전쟁이라는 개들을 풀어놓을 것이다.
이 추악한 행위의 냄새가 이 땅위를 진동하고,
매장을 기다리며 신음하며 썩어가는 인간 냄새가 뒤덮어 버리도록.

【 23-47 】

가치 있는 건 그 자체로 가치가 있다 Value Is Precious of Itself

『트로일러스와 크레시다』 2막 2장 55행

But value dwells not in particular will;
It holds his estimate and dignity
As well wherein 'tis precious of itself
As in the prizer: 'Tis mad idolatry
To make the service greater than the god
그러나 가치란 한 개인의 의지에 달려 있는 건 아니오.
가치 있는 것은 가치를 부여해주는 사람 때문이라기보다는
그 자체가 귀한 거라서 그 평판과 위엄을 지니고 있는 것이오.
신보다도 제사의식을 더 귀하게 생각하는 건
정신이 나간 우상숭배에 지나지 않소.

【 23-48 】

비둘기 집을 습격하는 독수리처럼 Like an Eagle in a Dove-cote

『코리오레이너스』 5막 6장 114행

Cut me to pieces, Volsces, men and lads,
Stain all your edges on me. "Boy," false hound!
If you have writ your annals true, 'tis there,
That, like an eagle in a dove-cote, I
Fluttered your Volscians in Corioles.
Alone I did it.
날 난도질하여 산산조각 내시오, 볼스키인 들이여, 어른 아이
모두 내 피로 당신들 칼을 얼룩지게 하시오, "애송이라고!"
거짓을 일삼는 사냥개 같은 놈! 당신들이 역사를 정확히 기록하려거든
거기에 비둘기 집을 습격하는 독수리처럼
내가 코리올레스에서 당신네 볼스키인들을 혼비백산하게 했던
사실을 기록하시오. 나 혼자서 그렇게 했소.

【 23-49 】

끝장낼 거다 We'll Pluck a Crow Together

『실수연발』 3막 1장 83행

ANTIPHOLUS OF EPHESUS: Well, I'll break in. Go borrow me a crow.
DROMIO OF EPHESUS: A crow without feather? Master, mean you so?
For a fish without a fin, there's a fowl without a feather;
If a crow help us in, sirrah, we'll pluck a crow together.
ANTIPHOLUS OF EPHESUS: Go get thee gone; fetch me an iron crow.
에피서스의 안티폴러스: 부수고 들어가지. 가서, 곡괭이를 구해 오너라.
에피서스의 드로미오: 깃털 없는 곡괭이라고요? 주인님, 그걸 말씀하시나요? 지느러미 없는 물고기라면 몰라도, 깃털 없는 날짐승은 있습죠.

곡괭이를 구해 들어가기만 해봐라, 네 놈을 끝장내고 말 거다.
에피서스의 안티폴러스: 어서, 가라니까. 가서 곡괭이를 구해 와.

【 23-50 】

차라리 몰랐으면 For Lesser Knowledge

『겨울 이야기』 2막 1장 38행

Alack, for lesser knowledge! how accursed
In being so blest! There may be in the cup
A spider steeped, and one may drink, depart,
And yet partake no venom, for his knowledge
Is not infected.
아, 차라리 몰랐으면 좋았을 것을!
알게 되다니 이 무슨 저주받을 운명이냐!
술잔에 거미가 빠져 있어도
모르고 마시고 자리를 뜨면
더 이상 독이 아닌 것을.

【 23-51 】

그물에 걸린 고기 A Fish Hangs in the Net

『페리클레스』 2막 1장 116행

Here's a fish hangs in the net, like a poor man's right in the law; 'twill hardly come out.
고기 한 마리가 그물에 걸렸어. 재판중인 가난뱅이의 권리처럼 그물에서 떨어지질 않아.

【 23-52 】

늑대보다는 사자의 The Lion Than The Wolf

『십이야』 3막 1장 129행

O, world, how apt the poor are to be proud!
If one should be a prey, how much the better
To fall before the lion than the wolf!
아, 가련한 자들도 그리 자주 오만해지다니 말세로구나!
기왕에 밥이 될 바에는
늑대보다는 사자의 밥이 되는 게 좋겠지!

【 23-53 】

제 손에 있는 걸 소중하게 생각하지 않는다
What We Have We Prize Not to The Worth

『헛소동』 4막 1장 218행

That what we have we prize not to the worth
Whiles we enjoy it, but being lacked and lost,
Why, then we rack the value, then we find
The virtue that possession would not show us
Whiles it was ours. So will it fare with Claudio.
누구나 제 손에 있는 것을 소중하게 생각하지 않는다.
그걸 향유하면서도 그 가치를 제대로 평가하지 못하고,
자신의 손을 떠나면 우리는 갑자기 그 가치를 과대평가하고,
제 손에 있을 때는 자신의 소유라서 알 수 없었던 장점을
깨닫게 되는 법. 클로디오의 경우도 마찬가질 것이오.

【 23-54 】

두 눈이 있을 때는 넘어졌어 I Stumbled When I Saw

『리어 왕』 4막 1장 19행

I stumbled when I saw. Full oft 'tis seen,
Our means secure us, and our mere defects
Prove our commodities.
두 눈이 있을 때는 넘어졌어. 우린 매우 자주 봐.
잘 나갈 때는 방심하고, 어려움에 처해서야
그게 오히려 덕이 되는 경우를 말이야.

【 23-55 】

돌바닥에 누워서도 코를 골 수 있다 Can Snore Upon the Flint

『심벨린』 3막 6장 33행

Come, our stomachs
Will make what's homely savoury: weariness
Can snore upon the flint, when resty sloth
Finds the down pillow hard.
시장하면 뭐든 맛있게 먹을 수 있고,
고단하면 돌바닥에 누워서도 코를 골 수 있어.
그러나 편해서 나태해지면
솜털 베개조차도 딱딱하게 느끼게 된다.

【 23-56 】

입을 헤벌린 돼지를 싫어하고 Love Not a Gaping Pig

『베니스의 상인』 4막 1장 47행

Some men there are love not a gaping pig;
Some, that are mad if they behold a cat;
And others, when the bagpipe sings in the nose,
Cannot contain their urine: for affection,
Mistress of passion, sways it to the mood
Of what it likes or loathes. Now, for your answer:
As there is no firm reason to be rendered.
어떤 사람은 입을 헤벌린 돼지를 싫어하고
어떤 사람은 고양이만 보면 미쳐 버리죠.
또 어떤 사람은 콧노래 소리만 들으면
소변을 참지 못해요. 감정의 주인인 기질이
제 마음대로 우리 감정을 좌지우지해서
좋게도 하고 싫게도 하기 때문이죠. 이제 답하죠.
분명한 이유를 말하긴 어렵습니다.

【 23-57 】

각자의 분에 맞게 대접을 한다면 Use Every Man After His Desert

『햄 릿』 2막 2장 529행

God's bodykins, man, much better: use every man after his desert, and who should 'scape whipping? Use them after your own honour and dignity: the less they deserve, the more merit is in your bounty. Take them in.

합당한 대접이라니? 훨씬 잘 대접하시오. 각자의 분에 맞게 대접한다면, 그 어느 누가 회초리 맞는 걸 피할 수 있겠소? 명예와 권위가 손상되지 않도록 대접하시오. 저 사람들의 자격이 모자랄수록 당신의 환대는 그만큼 빛나는 게 아니겠소. 그들을 안으로 안내하시오.

【 23-58 】

법률을 허수아비로 Make a Scarecrow of the Law

『자에는 자로』 2막 1장 1행

We must not make a scarecrow of the law,
Setting it up to fear the birds of prey,
And let it keep one shape, till custom make it
Their perch and not their terror.
법률을 허수아비로 만들지 말아야 할 거요.
허수아비를 세우는 건 먹으려고 덤비는 새들을 겁주기 위해서요.
계속 같은 모습으로 놔두면 결국에는 낯이 익어,
그걸 홰로 삼아 앉아 놀고 두려워하지 않는 법이오.

【 23-59 】

신하의 의무는 왕에게 충성하는 것 Subject's Duty Is the King's

『헨리 5세』 4막 1장 176행

Every subject's duty is the king's; but every subject's soul is his own. Therefore should every soldier in the wars do as every sick man in his bed, wash every mote out of his conscience: and dying so, death is to him advantage; or not dying, the time was blessedly lost wherein such preparation was gained.

모든 신하의 의무는 왕에게 충성하는 것. 하지만 모든 신하의 영혼은 그 자신의 것이오. 그러니 전쟁터에 나온 모든 병사가 마치 병상에 누운 환자처럼 자신의 양심에서 오염된 부분을 전부 씻어내고 죽는다면, 죽음이란 그들에게는 득이 되고, 죽지 않는다면, 준비를 하며 보낸 시간은 그만큼 복된 것이지.

【 23-60 】

하늘에 빛나는 태양과 같은 Like the Heaven's Glorious Sun

『사랑의 헛수고』 1막 1장 84행

Study me how to please the eye indeed
By fixing it upon a fairer eye,
Who dazzling so, that eye shall be his heed
And give him light that it was blinded by.
Study is like the heaven's glorious sun
That will not be deep-searched with saucy looks:
Small have continual plodders ever won
Save base authority from others' books.
어여쁜 눈이나 지켜보면서,
눈을 즐겁게 해줄 방도나 연구하겠습니다.
예쁜 눈은 눈부시지만, 보는 사람 눈길을 사로잡고 있다가,
그 때문에 잃었던 빛을 되돌려 주니까요.
학문이란 하늘에 빛나는 태양과 같아서,
건방진 눈으로 찾는다고 다 찾을 수 있는 게 아닙니다.
꾸준히 공부해봤자 남의 책에서
천박한 지식을 얻는 것 말고 뭘 얻겠습니까.

【 23-61 】

모든 일에는 이유와 동기가 Occasions and Causes in All Things

『헨리 5세』 5막 1장 3행

There is occasions and causes why and wherefore in all things: I will tell you, as my friend, Captain Gower: [. . .] he is come to me and

prings me pread and salt yesterday, look you, and bid me eat my leek.
모든 일에는 왜 그리고 무엇 때문이라는 이유와 동기가 있소. 친구로서 당신에게 말하겠소, 부대장 가우어. [. . .] 이것 좀 보시오. 그자가 어제 빵과 소금을 가지고 와서, 나에게 부추를 먹으라고 명령하지 않겠소.

【 23-62 】

쇠고기를 많이 먹다 보니 I Am a Great Eater of Beef

『십이야』 1막 3장 85행

Methinks sometimes I have no more wit than a Christian or an ordinary man has: but I am a great eater of beef and I believe that does harm to my wit.
가끔 난, 내 지능이 기독교 평신도나 보통 사람 수준 정도밖에 되지 않는다는 생각이 들 때가 있소. 쇠고기를 많이 먹다 보니 그게 머리를 둔하게 한 게 아닌가 싶소.

【 23-63 】

휴식도 신물이 나게 되면 Grown Sick of Rest

『안토니와 클레오파트라』 1막 3장 53행

Quietness, grown sick of rest, would purge
By any desperate change: my more particular,
And that which most with you should safe my going,
Is Fulvia' s death.
평화를 누리며 휴식도 신물이 나게 되면,
뜻하지 않은 지독한 충격으로 그걸 고치곤 했소.
당신이 날 안심하고 보내주어야 할 가장 절박한 이유는

아내인 펄비아가 죽었다는 것이오.

【 23-64 】

교제를 싫어하는 사람에게는 To One Not Sociable

『심벨린』 4막 2장 12행

Stick to your journal course: the breach of custom
Is breach of all. I am ill, but your being by me
Cannot amend me; society is no comfort
To one not sociable.
일과를 지키셔야 합니다. 습관을 파괴하는 건
만사를 파괴하는 거니까요. 난 병들었어요. 그러나 당신들이
곁에 계신다고 병이 나을 리 없습니다. 교제가 위안이 된다지만,
교제를 싫어하는 사람에겐 아무런 위안도 되지 않습니다.

【 23-65 】

잃어버린 걸 칭찬하는 건 Praising What Is Lost

『끝이 좋으면 모두 좋다』 5막 3장 19행

Praising what is lost
Makes the remembrance dear. Well, call him hither;
We are reconciled, and the first view shall kill
All repetition: let him not ask our pardon;
The nature of his great offence is dead.
잃어버린 걸 칭찬하는 것은
기억을 더욱 뼈저리게 할 뿐. 자, 그를 여기로 불러 오시오.
화해가 된 셈이오. 만나 보면 첫눈에,

과거의 일들은 다 사라질 거요. 용서는 빌게 하진 마시오.
그가 얼마나 큰 죄를 범했던 난 모두 잊어버렸소.

【 23-66 】

제 손가락도 핥을 줄 모르는 Cannot Lick His Own Fingers

『로미오와 줄리엣』 4막 2장 6행

Marry, sir, 'tis an ill cook that cannot lick his own fingers: therefore he that cannot lick his fingers goes not with me.

걱정하지 마세요, 나리. 제 손가락도 핥을 줄 모르는 놈은 엉터리 요리사죠. 그러니 그런 자는 한 놈도 불러오지 않겠습니다.

【 23-67 】

외국여행을 해보지 못한 젊은이 Home-keeping Youth

『베로나의 두 신사』 1막 1장 2행

Home-keeping youth have ever homely wits.
Were't not affection chains thy tender days
To the sweet glances of thy honoured love,
I rather would entreat thy company
To see the wonders of the world abroad.
외국여행을 해보지 못한 젊은이는 우물 안 개구리지.
자네가 연정 때문에, 사랑하는 여인의 아름다운 눈길에다,
상처받기 쉬운 젊은 날들을 사슬로 묶어 두지만 않았다면,
난 자네와 함께 해외로 여행을 가서
새로운 세상의 놀라운 것들을 구경하자고 청하고 싶네.

【 23-68 】

장미를 다른 이름으로 불러도 Call a Rose by Any Other Name

『로미오와 줄리엣』 2막 2장 43행

'Tis but thy name that is my enemy:
Thou art thyself, though not a Montague.
What's Montague? it is nor hand, nor foot,
Nor arm, nor face, nor any other part
Belonging to a man. O, be some other name!
What's in a name? that which we call a rose
By any other name would smell as sweet;
So Romeo would, were he not Romeo called,
Retain that dear perfection which he owe
Without that title. Romeo, doff thy name,
And for that name which is no part of thee
Take all myself.
당신 이름만이 내 원수지요.
몬태규란 이름이 아니어도 당신은 당신.
몬태규가 무엇이죠? 손도 발도 팔도 얼굴도 아니요,
사람의 신체 그 어느 부분도 아니죠.
제발 다른 이름을 택하세요. 대체 이름이 뭐죠?
장미꽃을 다른 이름으로 불러도
그 향기는 그대로 남을 게 아니겠어요?
그러니, 당신이 로미오란 이름으로 불리지 않아도,
당신의 본래 미덕은
그 이름과는 상관없이 그대로 남을 게 아닌가요?
로미오, 당신과 아무런 상관없는 그 이름을 버리시고

대신 나의 몸 전부를 가지세요.

【 23-69 】

샘처럼 깊지는 않지만 Not So Deep as a Well

『로미오와 줄리엣』 3막 1장 96행

No, 'tis not so deep as a well, nor so wide as a church-door, but 'tis enough, 'twill serve. Ask for me to-morrow, and you shall find me a grave man.

아니야, 상처가 샘처럼 깊진 않고 교회의 문만큼 넓지 않지만, 이만하면 충분해. 죽기에 충분한 상처란 말일세. 내일 날 찾게. 그럼 무덤 속에서나 날 찾을 수 있을 거야.

표제 문구 목록 (작품별)

『햄 릿』 Hamlet

♠ 친구를 네 영혼에 묶어 두라 Grapple Them to Thy Soul (04-23)
♠ 싸움판에 말려드는 걸 조심 Beware of Entrance to a Quarrel (04-27)
♠ 옷은 흔히 입는 사람의 인품을 말해준다 (14-38)
The Apparel Oft Proclaims the Man
♠ 돈을 빌리지도 빌려주지도 마라 Neither a Borrower Nor a Lender Be (22-01)
♠ 자신에게 충실하라 To Thine Own Self Be True (04-09)

(1막 4장)

♠ 어딘가 푹 썩었어 Something Is Rotten (12-02)

(1막 5장)

♠ 천상의 잠자리에 식상하여 Sate Itself in a Celestial Bed (19-13)
♠ 미소 짓고 있는 저주받을 악당 Smiling, Damned Villain (13-21)
♠ 이 천지간에는 In Heaven and Earth (02-02)
♠ 미친 체하는 행동 Antic Disposition (13-17)
♠ 관절이 어긋난 세상 The Time Is Out of Joint (02-03)

(2막 1장)

♠ 상사병 Ecstasy of Love (17-12)

(2막 2장)

♠ 간결함은 지혜의 정수 Brevity is the Soul of Wit (14-01)
♠ 진리가 거짓이 아닌가를 의심 Doubt Truth to Be a Liar (17-13)
♠ 정직한 사람을 찾기란 To Find the Honest (13-34)
♠ 말, 말, 말 Words, Words, Words (14-02)
♠ 광증 속의 조리 Method in the Madness (13-20)
♠ 처음부터 좋고 나쁜 건 없어 There Is Nothing Either Good or Bad (08-02)
♠ 광대한 우주의 제왕 A King of Infinite Space (08-04)
♠ 인간이란 얼마나 멋진 걸작인가! What a Piece of Work Is a Man! (07-01)
♠ 늙으면 다시 어린애가 된다 An Old Man Is Twice a Child (05-13)
♠ 배우는 한 시대의 축도 Abstract & Brief Chronicles of the Time (01-06)

(1막 4장)

♠ 아는 것보다는 덜 말해야 해 Speak Less Than Thou Knowest (04-02)

♠ 독사 이빨보다 더 날카로운 Sharper Than a Serpent's Tooth (21-13)

(2막 2장)

♠ 운명의 수레바퀴 The Wheel of Fortune (11-02)

(2막 4장)

♠ 아비가 누더기를 걸치고 있으면 Fathers That Wear Rags (21-15)

♠ 겉으로만 따르는 놈은 Follows but for Form (02-05)

♠ 필요를 따지지 마라 Reason Not the Need (22-18)

♠ 스스로 불러들인 고통 The Injuries That They Themselves Procure (09-26)

(3막 2장)

♠ 바람아 불어라 Blow, Winds (09-20)

♠ 마음속에 간직해야 할 것을 What He His Heart Should Make (08-19)

♠ 지은 죄 이상으로 대가를 치르다 More Sinned Against Than Sinning (12-17)

♠ 궁핍은 천한 것도 귀한 것으로 That Can Make Vile Things Precious (22-26)

(3막 4장)

♠ 큰 병을 앓고 있을 땐 Where the Greater Malady Is Fixed (09-02)

♠ 그렇게 생각하니 미칠 것 같군 That Way Madness Lies (09-03)

♠ 불쌍하고 헐벗은 자들 Poor Naked Wretches (07-31)

♠ 가련하고 벌거벗은 두 발 짐승 A Poor, Bare, Forked Animal (07-12)

(3막 6장)

♠ 창녀의 맹세를 신뢰하는 자 One Who Trusts a Whore's Oath (08-10)

(4막 1장)

♠ 최악의 상황이 웃을 수 있는 상황으로 The Worst Returns to Laughter (08-11)

♠ 두 눈이 있을 때는 넘어졌어 I Stumbled When I Saw (23-54)

♠ 이것이 최악 This Is the Worst (11-03)

♠ 장난꾸러기가 파리를 다루듯 As Flies to Wanton Boys (11-32)

♠ 지나치게 많이 가진 것을 나누어 So Distribution Should Undo Excess (22-19)

(4막 2장)

♠ 생명의 수액 Material Sap (21-04)

♠ 미덕도 천한 자에겐 천하게 비치고 Goodness to the Vild Seem Vild (12-06)

(4막 3장)

♠ 우리의 상태를 좌우하는 별들 The Stars, Govern Our Conditions (11-04)

(4막 6장)

♠ 어느 모로 보나 왕 EveryI nch a King (07-13)

♠ 어느 쪽이 도둑놈인지? Which Is the Thief? (13-33)

♠ 개도 감투를 쓰면 A Dog in Office (04-17)

♠ 금도금을 한 죄 Plate Sin with Gold (12-24)

♠ 울면서 태어난 세상 Wc Came Crying Hither (02-04)

(4막 7장)

♠ 불 수레에 결박되어 Bound Upon a Wheel of Fire (09-04)

(5막 2장)

♠ 중요한 건 마음의 준비 Ripeness Is All (07-14)

(5막 3장)

♠ 새장 속의 새들처럼 Like Birds in the Cage (08-12)

♠ 완전히 한바퀴 Full Circle (11-35)

『맥베스』 Macbeth

(1막 1장)

♠ 천둥과 번개가 치고 비가 내릴 때 In Thunder, Lightning, or in Rain (23-32)

(1막 3장)

♠ 시간의 씨앗 The Seeds of Time (05-07)

♠ 웃음 속에 숨은 시퍼런 칼날 Daggers in Men's Smiles (13-36)

♠ 마음에도 없는 슬픔 An Unfelt Sorrow (13-43)

(2막 4장)

♠ 어처구니없는 야심 Thriftless Ambition (15-31)

(3막 2장)

♠ 얻은 것은 없고 모든 것이 허사 Nought's Had, All's Spent (09-11)

♠ 이미 지난 일은 어쩔 수가 없는 일 What's Done is Done (11-10)

♠ 인생의 발작적인 열병 Life's Fitful Fever (03-04)

(3막 5장)

♠ 큰일은 오전 중에 Great Business Must Be Wrought Ere Noon (22-21)

(4막 1장)

♠ 고생도 두 배, 근심도 두 배 Double, Double Toil and Trouble (09-12)

♠ 웬 고약한 놈이 이리로 Something Wicked This Way Comes (07-15)

♠ 최후 심판일의 뇌명(雷鳴) The Crack of Doom (11-11)

(4막 2장)

♠ 겁을 먹고 떨고 있으면 역적으로 몰린다 (14-58)
Our Fears Do Make Us Traitors

(4막 3장)

♠ 사랑의 강한 끈 Strong Knots of Love (20-04)

♠ 단번에 낚아채기 One Fell Swoop (21-14)

(5막 1장)

♠ 없어져라, 저주받을 흔적이여! Out, Dammed Spot! (12-19)

♠ 엎지른 물을 다시 담을 순 없다 What's Done Cannot Be Undone (23-03)

♠ 부자연스런 행위 Unnatural Deeds (12-08)

(5막 3장)

♠ 환자 스스로 고쳐야 해 The Patient Must Minister to Himself (09-22)

(5막 5장)

♠ 인생은 걸어 다니는 그림자 Life's but a Walking Shadow (01-01)

『오셀로』 Othello

(1막 1장)

♠ 쓸데없는 말 뿐 Mere Prattle (14-27)

♠ 소개장이나 정실로 승진 Preferment Goes by Letter and Affection (15-32)

♠ 겉과 속이 다른 사람 I Am Not What I Am (13-18)

(1막 3장)

♠ 솔직하고 꾸밈없는 이야기 A Round Unvarnished Tale (14-28)

♠ 굉장히 이상한 Passing Strange (23-18)

♠ 내가 겪은 위험 때문에 For the Dangers I Had Passed (17-29)

♠ 이미 끝난 일을 That Is Past and Gone (10-25)

♠ 우리의 의지는 정원사 Our Wills Are Gardeners (07-26)

♠ 지갑에 돈을 채워 Put Money in Thy Purse (22-05)

(2막 1장)

♠ 아름답지만 거만하지 않고 Ever Fair and Never Proud (19-24)

♠ 천한 자도 연애를 하면 Base Men Being in Love (17-57)

(2막 3장)

♠ 명예, 명예, 그리고 명예! Reputation, Reputation, Reputation! (15-01)

♠ 머리로 일을 하는 것 Work by Wit (23-13)

(3막 3장)

♠ 혼돈이 다시 온다 Chaos is Come Again (18-14)

♠ 겉 다르고 속 다르면 안 돼 Men Should Be What They Seem (13-35)

♠ 명예, 영혼의 귀한 보석 The Immediate Jewel of Souls (15-02)

♠ 녹색 눈빛의 괴물 The Green-eyed Monster (18-10)

♠ 가난해도 마음이 편하면 부자 Poor and Content Is Rich (22-13)

♠ 의심하기 전에 먼저 잘 살피고 I'll See Before I Doubt (04-18)

♠ 세월의 골짜기 Vale of Years (05-08)

♠ 저주스런 결혼 Curse of Marriage (20-28)

♠ 공기처럼 가벼운 것도 Trifles Light as Air (23-25)

♠ 도둑을 맞아도 He That Is Robbed (22-14)

♠ 당당한 위풍 Pomp and Circumstance (15-17)

♠ 솔직하고 정직한 건 To Be Direct and Honest (04-03)

(3막 3장)

♠ 미리 정해진 결과 Foregone Conclusion (11-12)

(3막 4장)

♠ 남자들은 꼭 위장 같고 Men Are All But Stomachs (19-33)

♠ 이유가 있어 질투하는 게 아니다 Not Ever Jealous for the Cause (18-29)

(4막 1장)

♠ 많은 남자를 속이면서도 To Beguile Many (17-65)

♠ 승자는 웃는 법 They Laugh That Win (15-36)

♠ 곰도 순하게 만드는 노래 Music Which Can Tame a Bear (16-07)

(4막 3장)

♠ 여인의 짠 눈물 Her Salt Tears (09-18)

♠ 아내가 잘못을 저지르면 If Wives Do Fall (20-37)

(5막 2장)

♠ 그렇게 향기로운 게 그리도 치명적 So Sweet Was Never So Fatal (18-11)

♠ 인생 항로의 종착지 Sea-mark of My Utmost Sail (03-05)

♠ 명예로운 살인자 An Honorable Murderer (15-03)

♠ 현명하게 사랑하진 못했지만 Loved Not Wisely (17-30)

『로미오와 줄리엣』 Romeo and Juliet

(서 막)

♠ 한 쌍의 불운한 연인 A Pair of Star-crossed Lovers (11-30)

(1막 1장)

♠ 여성, 깨지기 쉬운 그릇 Women, the Weaker Vessels (19-06)

♠ 사랑은 차가운 불꽃 Love, Cold Fire (17-32)

♠ 한숨으로 이루어진 연기 A Smoke Made with the Fume of Sighs (17-33)

(1막 2장)

♠ 내게 남은 유일한 희망인 딸 The Hopeful Lady of My Earth (21-03)

♠ 다른 고통으로 덜어지는 Lessened by Another's Anguish (09-01)

(1막 5장)

♠ 춤을 출 시기 Dancing Days (05-17)

♠ 속세에 두기엔 너무 귀한 For Earth Too Dear (19-29)

♠ 불길한 사랑의 탄생 Prodigious Birth of Love (11-27)

(2막 2장)

♠ 줄리엣은 태양이다 Juliet Is the Sun (18-16)

♠ 그대는 왜 로미오인가요? Wherefore Art Thou Romeo? (18-25)

♠ 장미를 다른 이름으로 불러도 Call a Rose by Any Other Name (23-68)

♠ 사랑의 가벼운 날개를 타고 With Love's Light Wings (17-34)

♠ 천 번이라도 안녕 A Thousand Times Good Night (18-23)

♠ 은방울처럼 감미로운 목소리 Silver-sweet Sound (18-17)

♠ 이별은 그렇게도 달콤한 슬픔 Parting Is Such Sweet Sorrow (18-24)

(2막 3장)

♠ 자연의 어머니인 대지 The Earth That's Nature's Mother (23-01)

♠ 세상에서 아무리 보잘것없는 것이라도 So Vile That on the Earth (12-32)

♠ 덕도 악으로 변할 수 있고 Virtue Itself Turns Vice (12-21)

『끝이 좋으면 모두 좋다』 All's Well That Ends Well

♠ 분에 넘치는 사랑 Unmatched Love (17-05)
♠ 처녀성의 상실 Loss of Virginity (20-31)
♠ 처녀성은 매장되어야 한다 Virginity Should Be Buried (20-32)
♠ 남편이 그대를 대하듯 As He Uses Thee (20-01)
♠ 자신의 손에 달린 치유책 Remedies in Ourselves (07-38)

(1막 3장)

♠ 자녀들은 축복 Barnes Are Blessings (21-06)

(2막 1장)

♠ 돌에도 생명을 Breathe Life into a Stone (06-07)
♠ 확실하다고 생각 했던 일도 Where Most It Promises (15-19)

(2막 3장)

♠ 결혼한 젊은이는 A Young Man Married (20-14)

(3막 4장)

♠ 부드러운 말 속에 날카로운 가시 Sharp Stings in Mildest Words (14-09)
♠ 비통한 마음은 눈물을 자아내고 Grief Would Have Tears (09-05)

(3막 7장)

♠ 은밀하게 계획을 실행에 옮기자 Let Us Assay Our Plot (23-44)

(4막 2장)

♠ 진실은 소박한 한 가지 맹세 Truth, the Plain Single Vow (13-01)
♠ 내 목숨까지도 당신 것 My Life Be Thine (18-05)

(4막 3장)

♠ 인생이란 피륙 The Web of Our Life (04-31)

(4막 4장)

♠ 끝이 좋으면 모두 좋다 All's Well That Ends Well (15-16)

(5막 3장)

♠ 잃어버린 걸 칭찬하는 건 Praising What Is Lost (23-65)
♠ 소리 없는 시간의 발걸음 Noiseless Foot of Time (05-10)

『당신 좋으실대로』 As You Like It

♠ 다양한 시간의 걸음걸이 Time Travels in Divers Paces (05-01)

♠ 사랑이란 미친 짓 Love Is Merely a Madness (17-59)

(3막 3장)

♠ 가장 진실한 시도 가장 거짓 The Truest Poetry Is the Most Feigning (14-43)

♠ 정절과 미모가 짝을 이루면 Honesty Coupled to Beauty (19-28)

(3막 5장)

♠ 사랑의 날카로운 화살 Love's Keen Arrows (17-08)

♠ 팔 수 있을 때 팔아 Sell When You Can (04-05)

♠ 첫눈에 반한 사랑 Love at First Sight (17-09)

(4막 1장)

♠ 말문이 막히면 침을 뱉는다 When They Are Out, They Will Spit (14-51)

♠ 사랑 때문에 죽은 남자는 없어 Men Have Died, But Not for Love (17-54)

♠ 여자의 생각 A Woman's Thought (19-05)

♠ 남성들이 구애할 때는 춘 사월 Men Are April When They Woo (20-22)

♠ 여성의 재치에 문을 달아 보라 Make the Doors Upon a Woman's Wit (19-35)

(4막 2장)

♠ 뿔을 쓴 게 창피할 건 없어 Take Thou No Scorn to Wear the Horn (20-36)

(5막 1장)

♠ 바보는 자신을 현명하다고 생각 The Fool Doth Think He Is Wise (15-25)

(5막 2장)

♠ 타인의 눈으로 보는 행복 Happiness Through Another Man's Eyes (09-07)

(5막 3장)

♠ 인생은 봄에 피는 꽃 Flower in the Spring Time (03-01)

『실수연발』 The Comedy of Errors

『심벨린』 Cymbeline

♠ 도둑을 구할 수도 있는 돈 Gold Which Saves the Thief (22-06)

(2막 5장)

♠ 여성의 몫 The Woman's Part (19-08)

(3막 2장)

♠ 어떤 슬픔은 약이 된다 Some Griefs Are Medicinable (10-10)

(3막 4장)

♠ 남성들의 맹세 Men's Vows (19-09)

♠ 한 숨도 눈을 붙이지 못했다 I Have Not Slept One Wink (09-08)

(3막 6장)

♠ 돌바닥에 누워서도 코를 골 수 있다 Can Snore Upon the Flint (23-55)

♠ 모든 금은보화는 진흙덩이가 되라 All Gold and Silver Turn to Dirt (22-25)

(4막 2장)

♠ 교제를 싫어하는 사람에게는 To One Not Sociable (23-64)

♠ 입에 문 칼 My Dagger in My Mouth (14-14)

♠ 모두가 죽어서 진토가 된다 All Must Come to Dust (06-27)

♠ 모두가 흙으로 돌아갈 것이니 All Follow This, and Come to Dust (03-12)

(4막 3장)

♠ 키를 잃은 배 Boats That Are Not Steered (11-18)

(5막 5장)

♠ 의사 자신도 죽음을 면할 순 없다 Death Will Seize the Doctor Too (06-21)

『사랑의 헛수고』 Love's Labours Lost

(1막 1장)

♠ 모든 쾌락은 헛된 것 All Delights Are Vain (10-04)

♠ 하늘에 빛나는 태양과 같은 Like the Heaven's Glorious Sun (23-60)

♠ 고통도 머지않아 미소를 Affliction May One Day Smile Again (09-10)

(4막 3장)

♠ 사랑은 시를 짓게 한다 Love Hath Taught Me to Rhyme (17-20)

♠ 낙원을 얻을 수 있다면 To Win a Paradise (14-46)

♠ 아름다움은 노인을 광내게 하고 Beauty Doth Varnish Age (05-25)

♠ 여자의 눈처럼 아름다운 것 Such Beauty As Woman's Eye (19-18)

♠ 사랑하는 사람의 눈 A Lover's Eyes (17-21)

(5막 1장)

♠ 말잔치 A Feast of Languages (14-20)

(5막 2장)

♠ 있는 그대로의 진실 The Naked Truth (13-12)

♠ 어린애처럼 변덕스런 Wanton as a Child (17-22)

♠ 고통에 잠긴 사람을 움직일 순 없다 Cannot Move a Soul in Agony (09-24)

♠ 아폴로의 노래 The Songs of Apollo (14-21)

『자에는 자로』 Measure for Measure

(1막 1장)

♠ 사람이 횃불을 쓰듯 As We With Torches Do (12-30)

(1막 4장)

♠ 자신을 의심하는 건 스스로를 배반하는 것 (14-54)
Our Doubts Are Traitors

(2막 1장)

♠ 법률을 허수아비로 Make a Scarecrow of the Law (23-58)

♠ 도둑들이 도둑들을 심판 Thieves Do Pass on Thieves (22-17)

♠ 어떤 사람은 죄를 짓고도 출세하고 Some Rise by Sin (03-11)

『한여름 밤의 꿈』 A Midsummer Night's Dream

(1막 1장)

(2막 1장)

(3막 2장)

(4막 1장)

(5막 1장)

『헛소동』 Much Ado About Nothing

(1막 1장)

(2막 1장)

♠ 수염 있는 남자라면 He That Hath a Beard (19-37)

♠ 용감한 흙덩이 Valiant Dust (19-21)

♠ 사랑한다고 말할 땐 If You Speak Love (17-23)

♠ 미인은 마녀 Beauty Is a Witch (17-24)

♠ 침묵은 기쁨의 더 이상 없는 전령 (10-21)
Silence Is the Perfectest Herald of Joy

♠ 근심 걱정이 미치지 못하는 곳 On the Windy Side of Care (09-14)

(2막 3장)

♠ 허황한 말잔치 A Very Fantastical Banquet (18-09)

♠ 사랑이 날 굴로 변하게 할지도 (17-25)
Love May Transform Me to an Oyster

♠ 더 이상 슬퍼하지 말아요 Sigh No More (19-22)

♠ 거기에 그런 소문이? Sits the Wind in That Corner? (23-34)

(3막 1장)

♠ 큐피드의 화살 Cupid's Arrows (17-26)

♠ 매우 건강한 As Sound as a Bell (23-35)

(3막 2장)

♠ 누구나 남의 고통은 참을 수 있다 (09-23)
Every One Can Master A Grief But He That Has It

(3막 5장)

♠ 나이가 들면 지혜는 사라지고 When the Age Is in, the Wit Is out (05-24)

(4막 1장)

♠ 감히 무슨 일을 하려고 What Men Dare Do (07-05)

♠ 가장 더럽고, 가장 아름다운 존재 Most Foul, Most Fair (19-23)

♠ 제 손에 있는 걸 소중하게 생각하지 않는다 (23-53)
What We Have We Prize Not to the Worth

(5막 1장)

♠ 참을 수 없는 치통 Unendurable Toothache (09-15)

(5막 3장)

♠ 헐뜯는 말 때문에 By Slanderous Tongue (14-17)

(5막 4장)

♠ 인간은 어지러운 존재 Man Is a Giddy Thing (07-16)

♠ 머리에 뿔을 단 사람 One Tipped With Horn (20-07)

『베니스의 상인』 The Merchant of Venice

(1막 2장)

♠ 아는 것만큼 쉽다면 As Easy as to Know (14-60)

♠ 차디찬 계율을 뛰어넘는 열정 (17-61)

A Hot Temper Leaps Over a Cold Decree

(1막 3장)

♠ 원수에게 돈 빌려주었다고 생각 Lend It Rather to Thine Enemy (22-16)

♠ 같이 먹고 마시진 못해 I Will Not Eat With You, Drink With You (09-16)

♠ 악마라도 성경을 인용할 수 있지 The Devil Can Cite Scripture (13-14)

♠ 숨을 죽이고 With Bated Breath (23-09)

♠ 새끼도 치지 못하는 쇠붙이 Barren Metal (22-10)

(2막 2장)

♠ 늙은이의 지팡이 The Very Staff of My Age (21-01)

♠ 진실은 반드시 밝혀진다 Truth Will Come to Light (13-03)

(2막 3장)

♠ 제 자식을 알아보는 아비 A Father That Knows His Own Child (21-17)

(2막 6장)

♠ 새로운 사랑의 맹세 Love's Bonds New-made (17-27)

♠ 사랑은 눈먼 봉사 Love Is Blind (17-28)

(2막 7장)

♠ 번쩍이는 것이 다 금은 아니다 All That Glisters Is Not Gold (13-24)

(2막 9장)

♠ 눈을 끔뻑이는 바보 A Blinking Idiot (07-04)

♠ 아내를 얻는 건 팔자소관 Wiving Goes by Destiny (20-05)

(3막 1장)

♠ 내 피붙이 My Own Flesh and Blood (21-02)

♠ 유대인은 눈도 없소? Hath Not a Jew Eyes? (09-17)

(3막 2장)

♠ 음악 속에 사라지는 Fading in Music (23-36)

♠ 그럴듯한 외양으로 With Fair Ornament (13-16)

♠ 기쁨의 비를 알맞게 내려 In Measure Rain the Joy (10-05)

(3막 5장)

♠ 아비의 죄는 The Sins of the Father (21-05)

(4막 1장)

♠ 입을 헤벌린 돼지를 싫어하고 Love Not a Gaping Pig (23-56)

♠ 자비란 강요할 수 없는 것 The Quality of Mercy Is Not Strained (07-36)

♠ 살 1파운드 A Pound of Flesh (23-26)

♠ 마음이 흡족하면 보답은 충분 Well Paid That Is Well Satisfied (22-11)

(5막 1장)

♠ 음악에 감동하지 않는 That Is Not Moved with Sounds (07-18)

♠ 험한 세상에 빛나는 빛 Shines in a Naughty World (13-46)

♠ 종달새 소리처럼 아름답게 As Sweetly as the Lark (10-26)

♠ 제철을 만나 양념이 처져야 By Season Seasoned (05-23)

♠ 경박한 아내 A Light Wife (20-06)

『윈저의 즐거운 아낙네들』 The Merry Wives of Windsor

(2막 1장)

♠ 요점 The Short and the Long (14-26)

(2막 2장)

♠ 세상만사 내 뜻대로 The World's Mine Oyster (02-09)

♠ 돈을 얼마든지 쓰고 또 쓰라 Spend It, Spend It (22-12)

(3막 2장)

♠ 도대체 뭐지 What the Dickens (23-24)

♠ 4월과 5월의 향기 He Smells April and May (05-16)

『페리클레스』 Pericles

(1막 1장)

♠ 제 죄를 듣고 좋아할 사람은 없다 (12-25)

Few Love to Hear the Sins They Love to Act

(1막 2장)

♠ 폭군이 키스하려고 다가올 것처럼 보일 때 (15-29)

When Tyrants Seem to Kiss

(1막 3장)

♠ 아첨은 죄악의 불꽃을 불러일으키는 풀무 (13-30)

Flattery Is the Bellows Blows up Sin

(2막 1장)

♠ 분수에 맞아야 하는 Things Must Be as They May (04-13)

♠ 그물에 걸린 고기 A Fish Hangs in the Net (23-51)

(2막 3장)

♠ 시간은 인간을 지배하는 왕 Time Is the King of Men (05-26)

『말괄량이 길들이기』 The Taming of the Shrew

(서막 1장)

♠ 난 꼼짝도 하지 않을 것 I'll Not Budge an Inch (23-10)

(서막 2장)

♠ 세상 돌아가는 대로 Let the World Slip (02-08)

(1막 1장)

♠ 썩은 사과를 고를 사람은 없다 (04-33)
There Is Small Choice in Rotten Apples

(1막 2장)

♠ 부자가 되면 난 행복하다 If Wealthily, Then Happily (10-07)

♠ 어떤 짓인들 하지 못할까 Nothing Comes Amiss (22-02)

♠ 당당하게 싸워 Strive Mightily (23-21)

(2막 1장)

♠ 거대한 돌풍 Extreme Gusts (20-13)

♠ 여자나 걸터타는 법 Women Are Made to Bear (19-25)

(3막 2장)

♠ 결혼은 느긋하게 To Wed at Leisure (20-17)

♠ 내 것의 주인 Master of What Is Mine Own (20-08)

(4막 1장)

♠ 오싹하게 해줄까? Cold Comfort (23-22)

♠ 재미있는 까닭이 있지 Hangs a Tale (23-37)

♠ 친절로 아내를 잡는 방법 To Kill a Wife with Kindness (20-09)

(4막 3장)

『폭풍우』 The Tempest

『베로나의 두 신사』 The Two Gentlemen of Verona

♠ 미인의 눈에는 In Beauteous Ladies' Eyes (17-58)

『십이야』 Twelfth Night

(1막 1장)

♠ 음악이 사랑의 양식이라면 If Music Be the Food of Love (17-44)

♠ 사랑은 환상으로 가득 차 있어서 So Full of Shapes Is Fancy (17-45)

(1막 3장)

♠ 쇠고기를 많이 먹다 보니 I Am a Great Eater of Beef (23-62)

♠ 타고난 재능을 숨겨줄 세상 A World to Hide Virtues In (12-31)

(1막 5장)

♠ 교수형 덕택에 For a Good Hanging (20-18)

♠ 바보 같은 현자보단 영리한 바보 A Witty Fool, Than a Foolish Wit (04-19)

(2막 3장)

♠ 연인을 만나면 In Lovers Meeting (18-07)

♠ 앞으로의 일은 언제나 알 수 없는 것 What's to Come Is Still Unsure (05-20)

♠ 술과 안주 Cakes and Ale (23-11)

(2막 4장)

♠ 여인은 장미꽃과 같다 Woman Are As Roses (19-02)

(2막 5장)

♠ 어떤 이는 높은 신분을 타고나고 Some Are Born Great (11-13)

(3막 1장)

♠ 늑대보다는 사자 밥이 되는 게 To Fall Before the Lion Than the Wolf (23-52)

♠ 구하지 않고도 얻는 사랑 Love, That Is Given Unsought (17-46)

(3막 2장)

♠ 옆구리가 터져 꿰맬 때까지 웃기 Laugh Yourself into Stitches (07-24)

(3막 4장)

♠ 개연성 없는 허구 An Improbable Fiction (13-26)

♠ 살기 아니면 죽기 Hob Nob (06-19)

♠ 아름다움을 가장한 악덕 The Beauteous Evil (12-38)

(5막 1장)

♠ 세월의 수레바퀴 The Whirligig of Time (11-01)

『겨울 이야기』 The Winter's Tale

(1막 2장)

♠ 부정한 아내 둔 사내들 All That Have Revolted Wives (20-35)

♠ 여자의 부정은 음란한 별과 같다 It Is a Bawdy Planet (17-66)

(2막 1장)

♠ 차라리 몰랐으면 For Lesser Knowledge (23-50)

(3막 2장)

♠ 과거지사를 슬퍼해봐야 소용없는 일 (10-17)
What's Past Help, Should Be Past Grief

(4막 4장)

♠ 사랑을 위해 신도 야수의 모습으로 (17-51)
Gods, in the Shapes of Beasts to Love

♠ 당신이 춤을 추면 When You Do Dance (18-26)

♠ 거짓말은 장사꾼에게나 어울려 (22-20)
Lying Becomes None But Tradesmen

『헨리 4세 1부』 1 Henry Ⅳ

(1막 2장)

♠ 나는 태양을 모방하겠다 I Imitate the Sun (01-08)

♠ 일 년 내내 노는 날이라면 If All the Year Were Playing Holidays (23-02)

(1막 3장)

♠ 사자 한 마리를 성나게 하는 게 To Rouse a Lion (23-08)

(3막 1장)

♠ 과감하게 진실을 말하시오 Tell Truth and Shame the Devil (13-11)

(3막 2장)

♠ 혜성처럼 Like a Comet (16-12)

♠ 인생의 종말 The End of Life (06-08)

(4막 3장)

♠ 자신의 힘을 알게 되자 As Greatness Knows Itself (15-26)

(5막 1장)

♠ 명예가 도대체 뭐지? What Is Honor? (15-11)

(5막 2장)

♠ 여우가 받는 신임 정도밖에 Be Trusted Like the Fox (15-35)

(5막 4장)

♠ 하나의 궤도에 두 개의 별 Two Stars in One Sphere (15-30)

♠ 생명은 시간의 장난감 Life Is Time's Fool (05-27)

♠ 최상의 용기는 분별력 The Better Part of Valour Is Discretion (07-28)

『헨리 4세 2부』 2 Henry Ⅳ

(1막 1장)

♠ 독에도 약효가 있다 In Poison There Is Physic (09-25)

♠ 이토록 적었던 적이 Never So Few (23-42)

(1막 2장)

♠ 잠자는 늑대 A Sleeping Wolf (07-06)

♠ 빌어먹는 건 불치의 병 Borrowing is the Disease Incurable (22-04)

(1막 3장)

♠ 현재는 최악 Things Present Worst (05-02)

(2막 1장)

♠ 모든 걸 저 뚱뚱한 뱃속에 All My Substance into That Fat Belly (23-14)

(2막 4장)

♠ 여성은 허약한 배 Woman, the Weaker Vessel (19-16)

(3막 1장)

♠ 왕관을 쓴 제왕은 The Head that Wears a Crown (03-16)

♠ 운명의 책 The Book of Fate (11-19)

(3막 2장)

♠ 모두에게 죽음은 필연적 Death Is Certain to All (06-26)

(4막 3장)

♠ 왔노라, 보았노라, 이겼노라 I Came, Saw, and Overcame (15-18)

♠ 내게 천 명의 아들이 있다면 If I Had a Thousand Sons (21-19)

(4막 5장)

♠ 왕관이라면 천륜도 배반 Nature Falls into Revolt for the Crown (08-05)

♠ 황금왕관을 가질 목적이면 When Gold Becomes Her Object (22-24)

♠ 그리 생각한 건 그러길 바랐기 때문 (08-18)
Thy Wish Was Father to That Thought

『헨리 5세』 Henry V

(서 막)

♠ 왕국은 무대 A Kingdom for a Stage (01-04)

(1막 2장)

♠ 집을 떠나 있을 때 When They Are from Home (20-33)

(2막 3장)

♠ 아무도 믿지 말라 Trust None (08-06)

(2막 4장)

♠ 적을 과대평가하는 것 To Weigh the Enemy More Mighty (04-32)

♠ 자신을 소중하게 다루는 것 Self-love (04-22)

(3막 1장)

♠ 다시 한 번 더 돌파구로 Once More unto the Breach (23-17)

(3막 2장)

♠ 말 수 적은 사람 Men of Few Words (14-15)

(3막 7장)

♠ 바보는 금방 제 밑천을 드러낸다 A Fool's Bolt Is Soon Shot (07-35)

(4막 1장)

♠ 더러운 물에서도 깨끗한 물을 (12-23)
Some Soul of Goodness in Things Evil

♠ 신하의 의무는 왕에게 충성하는 것 Subject's Duty Is the King's (23-59)

♠ 왕이 누릴 수 없는 안락 Heart's Ease, Kings Neglect (03-14)

(4막 3장)

♠ 평소에 쓰는 낯익은 말 Household Words (15-12)

♠ 마음의 준비만 되어 있으면 If Our Minds Be Ready (23-06)

(4막 4장)

♠ 요란한 빈 그릇의 소리 The Greatest Sound of the Empty Vessel (14-16)

♠ 깨끗한 마음을 가진 자는 A Heart Unspotted (12-34)
♠ 말하긴 쉬워도 실천하기는 어렵다 Often Spoke and Seldom Meant (14-61)

(3막 2장)

♠ 정의를 받드는 자는 [One] That Hath His Quarrel Just (12-26)

(3막 3장)

♠ 우리 모두가 죄인 We Are Sinners All (07-07)

(4막 2장)

♠ 법률가 놈들을 모조리 죽이자 Let's Kill All the Lawyers (07-08)

(4막 7장)

♠ 무지를 보는 건 신의 저주 Seeing Ignorance Is the Curse of God (11-33)

(5막 1장)

♠ 죄스런 맹세를 지키는 건 더욱 큰 죄 (14-45)
Greater Sin to Keep a Sinful Oath

『헨리 6세 3부』 3 Henry VI

(1막 1장)

♠ 개가 물려고 이를 드러내면 When a Cur Doth Grin (12-36)

(1막 2장)

♠ 왕국을 얻을 수 있다면 For a Kingdom (04-10)

(2막 5장)

♠ 신록이 우거진 그늘 밑의 낮잠 Sleep Under a Fresh Tree's Shade (09-09)

(3막 1장)

♠ 내 마음속의 왕관 My Crown Is in My Heart (08-09)

(3막 3장)

♠ 운명의 멍에 Fortune's Yoke (11-21)

(4막 1장)

♠ 성급한 결혼 Hasty Marriage (20-15)

(4막 8장)

♠ 모닥불은 빨리 밟아 끌 수 있지만 (04-11)
A Little Fire Is Quickly Trodden Out

♠ 사자가 양의 비위를 맞추면 When the Lion Fawns upon the Lamb (13-25)

(5막 2장)

♠ 어떻게 살던 결국 죽게 마련 (03-17)
Live We How We Can, yet Die We Must

♠ 숨을 거두다 Breathed His Last (06-09)

『헨리 8세』 Henry VIII

(1막 1장)

♠ 친구를 대하는 것처럼 As You Would to Your Friend (04-21)

♠ 분노는 용을 쓰는 말 같은 것 Anger Is Like a Full-hot Horse (09-31)

(1막 2장)

♠ 해야 할 일 Necessary Actions (14-53)

♠ 전례가 없는 일이라면 Things Done Without Example (14-59)

(2막 1장)

♠ 마음의 밧줄을 늦추지 마라 Be Sure You Be Not Loose (04-24)

(2막 3장)

♠ 황금으로 된 슬픔의 관 A Golden Sorrow (10-13)

(3막 1장)

♠ 승복만 입었다고 승려가 되는 건 아냐 All Hoods Make Not Monks (13-09)

♠ 유덕한 사람은 고독 Virtue Finds No Friends (12-37)

(3막 2장)

♠ 내 모든 위대함과 이별 Farewell to All My Greatness (11-20)

♠ 이 세상 그 어떤 권세와도 바꿀 수 없는 Above All Earthly Dignities (08-08)

♠ 야심을 버려라 Fling Away Ambition (07-25)

♠ 미워하는 사람을 소중히 하라 Cherish Those Hearts That Hate Thee (04-20)

(4막 2장)

♠ 인간의 악행은 놋쇠에 새겨진다 Men's Evil Manners Live in Brass (12-29)

『존 왕』 King John

(1막 1장)

♠ 어떻게 태어났던 간에, 나는 나 I Am I, However I Was Begot (07-41)

♠ 달콤한 독약 Sweet Poison (14-19)

(2막 1장)

♠ 축복받은 사람의 나머지 반 The Half Part of a Blessed Man (20-16)

♠ 부자가 되는 것 외엔 죄가 없어 There Is No Sin But to Be Rich (22-07)

(3막 1장)

♠ 매춘부 같은 운명 Strumpet Fortune (11-25)

♠ 무책임한 짓을 하다 To Play Fast and Loose (13-23)

(3막 1장)

♠ 허위로 허위를 바로 잡는다 Falsehood Falsehood Cures (13-40)

(3막 3장)

♠ 파문 의식 Bell, Book and Candle (23-30)

(3막 4장)

♠ 아들이 사라진 빈자리에 Of My Absent Child (21-07)

♠ 되풀이되는 이야기처럼 지루한 As Tedious as a Twice-told Tale (03-02)

♠ 사라지는 악행은 Evils That Take Leave (12-28)
♠ 좋은 걸 베풀려고 할 때 Means to Men Most Good (15-34)
♠ 미끄러지기 쉬운 장소에 서 있는 Stands Upon a Slippery Place (15-33)

(4막 2장)

♠ 타인의 죽음에 의지한 생명 Life Achieved by Others' Death (06-13)

(5막 1장)

♠ 공정한 조약 Fair Play (23-15)

(5막 7장)

♠ 충분한여유 Elbow Room (23-31)

『리처드 2세』 Richard Ⅱ

(1막 1장)

♠ 오점 없는 명예 Spotless Reputation (15-04)

(1막 3장)

♠ 진실에는 조용한 마음이 Truth Hath a Quiet Breast (13-04)
♠ 한 마디 짧은 말 속에 In One Little Word (14-29)
♠ 비탄의 땅에서 여정을 마친 사람 A Journeyman to Grief (10-15)
♠ 궁핍보다 더 좋은 것은 없다 There Is No Virtue Like Necessity (22-22)

(2막 1장)

♠ 가랑비는 오래 간다 Small Showers Last Long (17-31)
♠ 수천 명의 아첨꾼들이 A Thousand Flatterers (14-30)
♠ 수치를 안고 죽어서는 안 돼 Die Not Shame with Thee! (15-24)
♠ 잘 익은 과일이 먼저 떨어지는 법 The Ripest Fruit First Falls (06-17)

(2막 2장)

♠ 스무 가지 그림자를 가진 슬픔 A Grief Hath Twenty Shadows (10-16)

(2막 3장)

♠ 기쁜 일이 기다리고 있다는 희망 Hope to Joy (10-20)

♠ 좋아하는 친구들을 생각하는 것 Remembering My Good Friends (23-43)

(3막 2장)

♠ 텅 빈 왕관 속에는 죽음이 Death, Within the Hollow Crown (03-08)

(3막 3장)

♠ 거대한 왕국을 작은 무덤으로 Large Kingdom for a Little Grave (03-09)

(4막 1장)

♠ 황금의 왕관은 깊은 우물 같은 것 Golden Crown Like a Deep Well (03-15)

(5막 1장)

♠ 사악한 자들의 우정 The Love of Wicked Men (09-27)

(5막 5장)

♠ 혼자서 여러 사람의 역을 Play I in One Person Many People (01-05)

♠ 인생이란 음악 The Music of Men's Lives (03-03)

♠ 시간을 알리는 소리 Sound That Tells What Hour It Is (05-05)

『리처드 3세』 Richard Ⅲ

(1막 1장)

♠ 우리를 짓누르던 불만의 겨울 The Winter of Our Discontent (03-06)

(1막 2장)

♠ 이상한 구애 Strange Woo (20-20)

(1막 3장)

♠ 벌거벗은 악행 Naked Villainy (13-15)

♠ 말 많은 자는 실천력이 없다 Talkers Are No Good Doers (14-31)

(1막 4장)

♠ 키스로 날려버린 왕국 Kingdoms Lost by the Kiss (18-03)

(3막 13장)

♠ 패한 주인을 끝까지 모시는 To Follow a Fallen Lord (13-08)

♠ 운명과 인간의 분별력 Fortune and Men's Judgments (11-15)

(4막 1장)

♠ 자신을 지키지 못한다 Never Made Good Guard for Itself (09-30)

(4막 14장)

♠ 단죄하려고 찾아온 걸 환영 Welcome Which Comes to Punish Us (12-39)

(4막 15장)

♠ 명예와 안전은 양립할 수 없다 (15-23)
Honour and Safety Do Not Go Together

(5막 2장)

♠ 운명의 여신의 종 Fortune's Knave (11-16)

♠ 영원불멸의 것이 그립다 I Have Immortal Longings (15-08)

♠ 나는 불과 공기 I Am Fire, and Air (23-05)

♠ 아프긴 하지만 바랄만한 것 Which Hurts, and Is Desired (06-28)

『코리오레이너스』 Coriolanus

(2막 1장)

♠ 짐승도 제 친구는 알아본다 Beasts to Know Their Friends (07-40)

(3막 1장)

♠ 전쟁터에서 자란 사람 He Has Been Bred in the Wars (14-36)

(3막 2장)

♠ 행동이 곧 웅변 Action Is Eloquence (14-13)

(5막 3장)

♠ 복수처럼 달콤한 키스 A Kiss, as Sweet as Revenge (18-08)

(5막 6장)

♠ 비둘기 집을 습격하는 독수리처럼 Like an Eagle in a Dove-cote (23-48)

『줄리어스 시저』 Julius Caesar

(1막 2장)

♠ 삼월 보름날을 조심하라 Beware the Ides of March (11-22)

♠ 명예라는 칭호 The Name of Honor (15-05)

♠ 운명의 지배자 Masters of Their Fates (11-23)

♠ 여위고 굶주린 인상 A Lean and Hungry Look (07-09)

♠ 뭐가 뭔지를 몰라 It's Greek to me (23-29)

(1막 3장)

♠ 약한 모닥불로 With Weak Straws (04-08)

(2막 1장)

♠ 화창한 날 독사가 The Adder in the Bright Day (13-19)

♠ 야심에 불타는 자의 사다리 Young Ambition's Ladder (15-28)

♠ 독사의 알 The Serpent's Egg (12-05)

♠ 신들에게 바치는 제물 A Dish Fit for the Gods (15-15)

♠ 남편으로 둔 Being so Husbanded (20-03)

(2막 2장)

♠ 거지가 죽는다고 When Beggars Die (06-10)

♠ 용자의 죽음 Death of the Valiant (06-11)

♠ 죽음을 맞는 건 불가피한 하늘의 뜻 Death, a Necessary End (06-24)

(3막 1장)

♠ 북극성처럼 확고부동한 Constant as the Northern Star (07-30)

『트로일러스와 크레시다』 Troilus and Cressida

♠ 생명보다 귀한 명예 Honor, Far More Precious-dear Than Life. (15-14)
♠ 진심은 티끌만큼도 없다 No Matter From the Heart (14-32)

『아테네의 타이몬』 Timon of Athens

(1막 1장)
♠ 부싯돌이 부딪히기 전에는 Till the Flint Be Strook (23-04)
(1막 2장)
♠ 감히 타인을 믿다니 Men Dare Trust Themselves With Men (19-34)
♠ 남의 맹세나 약속을 믿을 만큼 To Trust Man on His Oath or Bond (14-44)
♠ 지는 해를 향해 Against a Setting Sun (02-07)
(2막 1장)
♠ 신용에 금이 가다 Have Smit My Credit (22-15)
(3막 5장)
♠ 현명하게 참고 견딜 수 있는 용기 Valiant That Can Wisely Suffer (13-48)
(4막 3장)
♠ 돈 많은 바보 앞에선 To the Golden Fool (22-23)
♠ 창백한 불꽃 Pale Fire (23-40)

『타이터스 안드로니커스』 Titus Andronicus

(1막 1장)
♠ 상처받은 내 가슴을 긋는 칼날 Razors to My Wounded Heart (14-33)
(2막 1장)
♠ 천 번의 죽음도 A Thousand Deaths (17-43)

『소네트』 Sonnets

55 ♠ 금빛 찬란한 기념비 Gilded Monuments (16-04)
65 ♠ 대지도, 끝없는 바다도 Nor Earth, nor Boundless Sea (03-13)
70 ♠ 의심은 아름다움의 장식 The Ornament of Beauty Is Suspect (19-19)
94 ♠ 잡초보다 더한 악취를 풍긴다 Smell Far Worse Than Weeds (13-49)
102 ♠ 달콤함이 너무 흔한 것이 되면 Sweets Grown Common (17-37)
111 ♠ 염색공의 손 The Dyer's Hand (07-33)
116 ♠ 진실한 영혼들의 결혼 The Marriage of True Minds (20-23)
119 ♠ 악의 은혜 Benefit of Ill (12-09)
121 ♠ 사악하다는 평판보단 Than Vile Esteemed (12-10)
129 ♠ 치욕의 황야 A Waste of Shame (17-39)
137 ♠ 거짓인줄 알면서도 Though I Know She Lies (18-15)
147 ♠ 내 사랑은 열병과 같다 My Love Is As a Fever (17-38)
151 ♠ 양심이 뭔지를 알기엔 To Know What Conscience Is (05-21)

『비너스와 아도니스』 Venus and Adonis

♠ 시간을 선용하고 기회를 잡아 (04-14)
Make Use of Time, Let Not Advantage Slip
♠ 아름다움을 길러내는 아름다움 Beauty Breedeth Beauty (21-16)
♠ 닫힌 가마솥은 더욱 뜨겁게 타오르고 (17-52)
An Oven That Is Stopped Burneth More Hotly
♠ 사랑은 죽음 속의 삶 Love, a Life in Death (17-47)
♠ 사랑은 비 온 후의 햇살처럼 Love Like Sunshine After Rain (17-48)

『열정적인 순례자』 The Passionate Pilgrim

『루크리스의 능욕』 The Rape of Lucrece

주요 단어 색인

편역자 약력

편역자 김종환 교수는 1981년 계명대학교 영문과를 졸업하고 1992년에 미국 네브라스카 주립대학에서 셰익스피어 연구로 박사학위를 취득했다. 1995년에 제4회 재남우수논문상(한국영어영문학회)을 받았고, 1998년에는 제1회 셰익스피어학회 우수논문상을, 2006년에는 원암학술상을 수상한 바 있다. 1986년부터 계명대학교 교수로 재직하고 있고, 현재 한국영어영문학회의 섭외이사와 한국셰익스피어학회, 신영어영문학회의 편집이사로 활동하고 있다. 저서로는 『셰익스피어와 타자』와 『셰익스피어 연극사전』(공저)이 있으며, 『연극개론』, 『햄릿』, 『맥베스』, 『오셀로』, 『베니스의 상인』, 『로미오와 줄리엣』, 『줄리어스 시저』 등의 번역서가 있다.

셰익스피어의 **명구와 명대사**

지 은 이 김종환

인 쇄 일 2008년 6월 25일
발 행 일 2008년 6월 30일

펴 낸 이 이진우
펴 낸 곳 계명대학교 출판부
출판등록 1970년 9월 1일(제347-1998-1호)
주 소 대구광역시 달서구 달구벌대로 2800
전 화 053-580-6233 · 팩스 053-583-5213
홈페이지 www.kmupress.com
주 문 전화 053-580-6233 · 팩스 053-583-5213
I S B N 978-89-7585-424-8

- 책값은 뒤표지에 있습니다.

- 본 저작물의 소유권은 계명대학교 출판부에 있습니다.

- 잘못된 책은 바꾸어 드립니다.